Dʳ GARSONNET (MAURICE)
Conservateur du Musée Historique de l'Orléanais
et du Musée Jeanne d'Arc

HISTOIRE

DE

LA COMMUNAUTÉ DES NOTAIRES

AU CHATELET D'ORLÉANS

(1303-1791)

ORLÉANS
IMPRIMERIE MODERNE
91, rue d'Illiers

1922

HISTOIRE
DE LA COMMUNAUTÉ DES NOTAIRES
AU CHATELET D'ORLÉANS

Dr GARSONNIN (Maurice)

*Conservateur du Musée Historique de l'Orléanais
et du Musée Jeanne d'Arc*

HISTOIRE

DE

LA COMMUNAUTÉ DES NOTAIRES

AU CHATELET D'ORLÉANS

(1303-1791)

ORLÉANS
IMPRIMERIE MODERNE
91, rue d'Illiers

1922

INTRODUCTION

L'étude que je présente aujourd'hui aurait dû paraître il y a longtemps. Mes premières recherches datent de 1898. Elles furent entreprises à l'instigation de M. Ch. Cuissard, le regretté bibliothécaire de la ville d'Orléans, qui m'avait signalé les nombreux documents manuscrits et imprimés possédés par son dépôt et relatifs à cette question.

Mon intention n'était d'abord que de publier les listes des Notaires au Châtelet avec une courte monographie de leur Communauté. Mais en 1905, au moment où le XV° Congrès des Notaires de France vint tenir ses assises à Orléans, je fus chargé de réunir en une exposition à la Salle des Thèses tout ce qui concernait le notariat orléanais et j'eus ainsi l'occasion de découvrir, dans les archives de la Chambre des Notaires de l'arrondissement d'Orléans, de très précieux documents : factums imprimés, lettres patentes originales et, surtout, les registres des délibérations de la Communauté. Le dépouillement de ces derniers me fournit une moisson si abondante de renseignements que je résolus d'augmenter mon travail et de donner à la partie historique une place plus importante.

D'ailleurs le sujet était nouveau et peu connu. Les Notaires parisiens, qui possèdent de riches archives et dont les titres ont été réunis et publiés dès le XVII° siècle (1), n'a-

(1) *Chartes, lettres, titres et arrests de l'antiquité..... Privilèges des Notaires et Gardenottes du Roy au Chastelet de Paris recueillis par M° Guillaume Levesque notaire audit Chastelet, à Paris, imprimé aux despens de la Communauté, 1663.*

vaient pas d'histoire complète de leur Compagnie qui n'a
été étudiée que tout récemment dans une thèse de l'Ecole
des Chartes (1). L'excellent ouvrage de M. Langlois sur les
Notaires de Tours ne devait paraître qu'en 1911. Ce que l'on
connaissait se bornait à 3 ou 4 monographies de Notaires
du Midi de la France (2), à un essai sur les Notaires royaux
de Rennes au XVIII⁰ siècle et à un travail de M. Tricou sur
les 40 Conseillers du Roi Notaires de Lyon. Quant aux Notaires d'Orléans qui, grâce à leurs privilèges considérables,
avaient été les rivaux les plus redoutables des Notaires de
Paris, ils étaient tombés dans l'oubli. L'un d'entre eux,
F.-C. Hubert, avait cependant esquissé au XVIII⁰ siècle une
étude d'ensemble qui fut déposée sur le Bureau de la Communauté le 16 février 1753 et dont il fut fait 2 copies ; mais
ce travail est perdu et l'on n'en trouve traces nulle part.

A la suite de mes nouvelles recherches de 1905, j'aurais
pu rédiger mon travail, mais nommé sur ces entrefaites
conservateur adjoint des Musées d'Orléans, le temps me fit
défaut et je dus me borner à classer mes notes en les com-
plétant de loin en loin par des fiches résumant les pièces
de collections particulières qui me furent très gracieuse-
ment ouvertes. En 1918 seulement je réussis à reprendre
ce travail que j'avais abandonné pendant si longtemps et à
le mettre au point.

Je l'ai divisé en trois parties très inégales. Il m'a paru utile
de rappeler très rapidement les origines du Notariat en
France et j'ai consacré à cette revue la première partie de
mon ouvrage. Dans la seconde partie relative aux seuls Notaires au Châtelet d'Orléans j'ai consigné les très rares no-

(1) A. DE BOUARD. Etudes de diplomatique sur les actes des notaires
du Châtelet de Paris, 1910.
(2) Lodève, Toulouse, Sisteron, Valence.

tions que j'ai pu recueillir sur les Notaires orléanais des xiv°
et xv° siècles. La troisième partie, qui commence à l'année
1512 et prend fin en 1791, est la seule qui ait une importance et un développement véritables parce que j'ai pu réunir, pour cette période, des détails nombreux et caractéris-
tiques que j'ai exposés avec toute l'exactitude possible ; en
matière de notariat en effet, la précision est de règle :

> « ... Dieu nous gart d'et cœtera de notaires,
> de quiproquos d'apothicaires... » (1)

A cette étude de la Communauté, j'ai joint les listes de
tous les Notaires au Châtelet que j'ai rencontrés ou qui
m'ont été signalés. Ces « généalogies des offices », comme
on les appelle quelquefois, pourront rendre des services
d'autant plus utiles que je les ai complétées par des listes
alphabétiques de tous les titulaires connus et par l'indication des études actuelles où doivent se trouver leurs minutes respectives. L'avenir dira si j'ai atteint, en les publiant, le but que je m'étais proposé dès 1898.

Orléans, le 20 juin 1919.

(1) LEROUX DE LINCY. Le livre des proverbes français, t. II, p. 142.

DIVISION DE L'OUVRAGE

PREMIÈRE PARTIE

Les origines du Notariat en France

DEUXIÈME PARTIE

Les Notaires au Châtelet d'Orléans pendant les XIVᵉ et XVᵉ siècles (1303-1512)

TROISIÈME PARTIE

Les Notaires au Châtelet d'Orléans pendant les XVIᵉ, XVIIᵉ et XVIIIᵉ siècles (1512-1791)

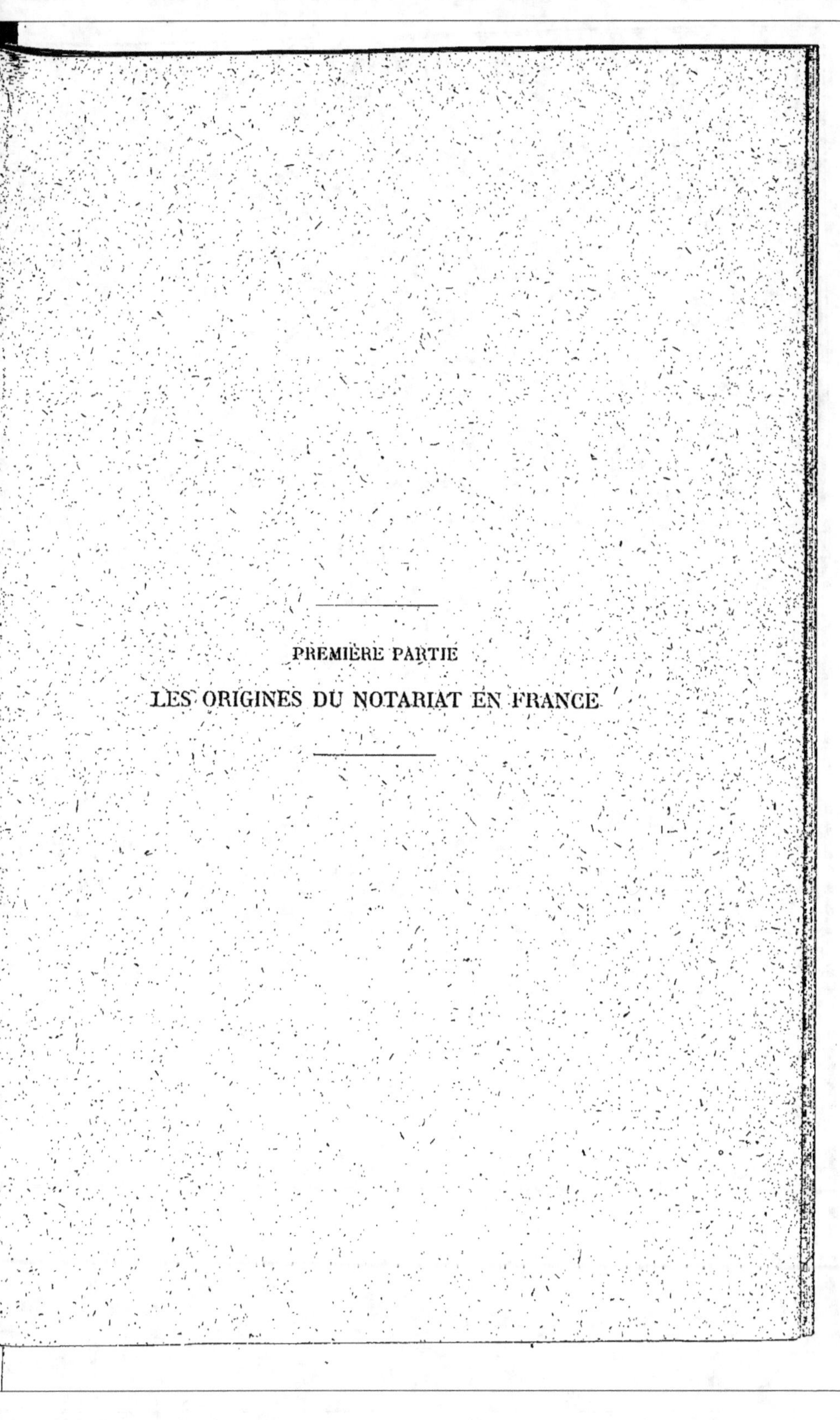

PREMIÈRE PARTIE

LES ORIGINES DU NOTARIAT EN FRANCE

LES ORIGINES DU NOTARIAT
EN FRANCE

Avant de parler de la condition du notaire sous l'ancien régime il est utile de rappeler brièvement les origines du notariat en France.

Les notaires ne furent pas toujours les officiers publics jouissant, comme aujourd'hui et comme aux derniers siècles de la Monarchie, d'un monopole considérable.

Le notaire dans l'Empire romain. — Dans l'empire romain (1), le notaire n'était qu'un scribe recruté d'abord parmi les esclaves publics et dont les fonctions mal définies se confondaient avec celles des *tabelliones*, des *scribœ*, des *argentarii*, des *cancellarii*, etc., et consistaient à rédiger les contrats. Avec le temps leur situation s'améliora peu à peu en raison des services qu'ils rendaient et de l'importance qu'ils prirent et, dès la fin du IVe siècle, les empereurs Arcadius et Honorius défendirent de les prendre parmi les hommes de condition servile. En même temps leurs fonctions s'étaient précisées et aux derniers temps de l'Empire l'on faisait la distinction entre les tabellions et les notaires. Les premiers (*tabelliones* ou *tabularii*) rédigeaient les contrats privés et réussirent à faire attribuer à leurs actes la valeur d'écritures publiques. Les *notarii* au contraire, d'abord simples sténographes dénués de toute autorité, puis scribes remplissant auprès des princes, fonctionnaires ou magis-

---

(1) Rome avait emprunté l'institution des notaires à l'Egypte où ils existaient déjà antérieurement aux Ptolémées et où leurs fonctions étaient confiées à des prêtres.

trats, les emplois de secrétaires ou de greffiers, notaient aussi rapidement et aussi fidèlement que possible les décisions des personnages auxquels ils étaient attachés (1) ; d'où la nécessité pour eux de consigner à l'aide de signes abréviatifs ou de *notes* (2) les actes qu'ils devaient rédiger « *notas qui didicerunt proprie notarii appellantur* (3). » Pour être exécutoires, tous ces actes ou contrats devaient être présentés au Magistrat qui en ordonnait l'enregistrement *apud acta*, c'est-à-dire le dépôt au nombre des actes publics (4).

Le notaire sous les Mérovingiens, les Carolingiens et les premiers Capétiens. — L'usage de faire consigner par les notaires et les tabellions les jugements et les conventions privées passa très certainement en Gaule avec la domination romaine et survécut à la chûte de l'Empire. Pendant la longue période de barbarie qui succéda en Gaule à la ruine de la civilisation romaine, très peu de personnes, en dehors du clergé, étaient capables d'écrire et c'est pour cette raison que les parties eurent le plus souvent recours à un clerc pour faire rédiger leurs conventions : aussi beaucoup des actes qui nous sont parvenus portent-ils la souscription du rédacteur qui s'intitule *lector, scriba, notarius* ou porte un titre ecclésiastique *levita, clericus, monachus, sacerdos* (5).

A l'époque mérovingienne on tenait déjà des écritures importantes bien que la procédure fut, en général, verbale et publique. « Il y avait, dans les cours de justice, des fonctionnaires chargés de rédiger certains actes ; ils étaient

(1) A. GIRY, *Manuel de Diplomatique*, 1894, p. 824-825.

(2) Les *Notes Tironiennes* qui constituaient un système d'écriture abrégée furent usitées non seulement par les Grecs et les Romains, mais également en France : on a publié des diplômes de Louis le Débonnaire ainsi écrits.

(3) SAINT AUGUSTIN, *De doctrina christian,* lib. II, cap. 25, cité par DELAMARE, tome I, p. 131.

(4) DELAMARE, *Traité de la Police,* tome I, p. 105.

(5) A. GIRY, *op. cit.*

nommés par le Comte et ordinairement choisis parmi les clercs. On les appelait *notarii, cancellarii* ou *scribæ* (1). »

« Les notaires ou greffiers étaient nommés de la même manière que les *scabins* et les *advocati* : le Comte choisissait son greffier avec la participation de pure forme des habitants du pays. Un capitulaire réserve aussi aux *Missi* le droit de nommer les greffiers ou notaires. Il paraît même résulter d'un capitulaire de Thionville que les évêques, les abbés ou les comtes étaient tenus d'avoir des notaires ou greffiers, car les deux termes sont synonymes à cette époque. Ces notaires devaient réunir certaines conditions d'honorabilité et de capacité ; ils prêtaient avant d'entrer en fonctions un serment, celui de ne jamais commettre de faux ni de dissimulation (2) ». Ces auxiliaires de la justice, après avoir rédigé le jugement par écrit, en délivraient au gagnant une copie (*carta judicii, judicium, notitia, testamentum, placitum*), qui n'était pas revêtue de la signature du notaire rédacteur et n'avait pas le caractère d'un acte authentique puisqu'on pouvait toujours l'attaquer au moyen de témoins.

En enjoignant aux *Missi* d'instituer des notaires dans chaque localité, Charlemagne interdit aux prêtres de rédiger des contrats (3), mais cette interdiction n'eut aucun effet et ce n'est guère qu'au xvi° siècle que les prêtres cessèrent définitivement de remplir, vis-à-vis des particuliers, sauf pour les testaments, les fonctions réservées aux notaires.

Ceux-ci ne rédigeaient pas seulement les actes émanant des tribunaux, bien que ce fût là leur rôle principal. Les actes privés étaient parfois dressés par les parties elles-mêmes ; le plus souvent ils l'étaient par un tiers, le notaire, dont la profession consistait précisément à constater les volontés des autres. C'est ainsi que dès le vii° siècle on le voit

(1) GLASSON, *Histoire du Droit et des Institutions de la France,* tome III, p. 210.

(2) GLASSON, *ibid.*, p. 386.

(3) A. GIRY, *op. cit.*

écrire les testaments : «*Testamentum nostrum condidimus quod illi notario scribendum commisimus* » (1).

Le notaire d'alors « pouvait exercer son ministère en dehors de son ressort ordinaire mais avec la permission du Comte auquel il était attaché. Des dispositions des Capitulaires déterminaient le tarif de ses émoluments : pour les actes les plus importants le salaire était fixé à une demi-livre d'argent ; pour les autres il devait être inférieur à cette somme et arrêté par le Comte. Enfin ces agents prêtaient gratuitement leur ministère aux orphelins et aux pauvres » (2).

« L'influence de l'Italie et la diffusion du droit romain amenèrent, au xiie siècle, en Provence et en Languedoc d'abord, puis dans toutes les régions réputées plus tard pays de droit écrit, une réforme dans le mode de rédiger les contrats. Les notaires redevinrent ce qu'avaient été sous l'Empire les tabellions. Les *tabellions* ou *notaires publics* eurent le privilège de donner à leurs écritures, par l'addition d'un certificat et par l'apposition de leur seing manuel, le caractère d'écritures authentiques » (3).

Les notaires érigés en titres d'offices par Philippe-le-Bel. — Lorsque la Justice royale était passée des mains du Comte à celles d'un Vicomte et plus tard lorsque ce dernier avait été lui-même remplacé par un Prévôt, les notaires avaient continué à être attachés à ces divers magistrats. Leur nombre avait augmenté peu à peu et au xiiie siècle il était devenu si considérable qu'on dût songer à le réduire (4). D'après Delamare, ce fut Saint Louis qui, en 1254 ou en 1270, réduisit à 60 le nombre des notaires au Châtelet de Paris et qui les érigea en titres d'offices, mais cette assertion est le résultat

(1) MARCULFE, *Formul*, lib. 2.

(2) GLASSON, *op. cit.*, p. 387.

(3) A. GIRY, *op. cit.*

(4) DELAMARE, *op. cit.*, tome I, p. 105. — *Ex confusa multitudine Notariorum Castelleti nostri multa imminebant pericula*, 1re charte des Notaires de Paris.

d'une erreur et les auteurs (1) invoqués par Delamare se
sont bornés à rappeler les réformes effectuées par Saint
Louis dans l'administration de la Justice, notamment en ce
qui concerne la Prévôté. La réduction des notaires de Paris
ne fut opérée qu'au début du xiv° siècle par Philippe-le-
Bel qui, au cours des années 1300 à 1304, adressa, à cet effet,
au Prévôt de Paris, 12 lettres patentes (2). C'est également
en 1304 que ce même roi promulgua une ordonnance en
28 articles réglementant le notariat et le déclarant office
royal. Dès lors les actes passés par les notaires devaient faire
foi dans tout le royaume.

LES NOTAIRES AU CHATELET DE PARIS

Ainsi qu'on vient de le voir, les notaires au Châtelet de
Paris sont les descendants directs des notaires ou greffiers qui, de temps immémorial, étaient attachés au Comte,
au Vicomte ou au Prévôt pour rédiger les jugements et,
accessoirement, les contrats privés. Du jour où leurs charges
furent érigées en titres d'offices, ils échappèrent peu à
peu à l'autorité immédiate du Prévôt pour ne plus dé-
pendre que de l'autorité royale. En même temps, ils furent
de moins en moins chargés de rédiger les actes de la juridiction contentieuse et ils se cantonnèrent presque exclusivement dans la rédaction des actes de la juridiction
volontaire (3).

(1) JOINVILLE, Nicolas GILLES et GAGUIN, LOYSEAU.

(2) *Encyclopédie*, 1765, article *Notaire*, p. 241. — Charles LOISEAU,
dans son *Traité des Offices*, fixe à 1302 l'établissement des notaires
en France.

(3) Ces termes de *juridiction contentieuse* et *juridiction volontaire*,
opposés l'un à l'autre, surprendront peut-être les lecteurs très au
courant des fonctions du notariat moderne : le notaire actuel, en
effet, n'a aucun droit de juger et son ressort n'est pas celui d'un
juge. Néanmoins, en raison de leur commodité, je conserverai ces
deux termes, que j'emprunte au *Traité de la police* de DELAMARE,
tome I, p. 211 : « l'objet de leur création (des soixante notaires de
Paris) était d'écrire et d'expédier dans le Châtelet tous les actes de la

Les soixante notaires créés en titres d'offices devaient passer tous leurs actes dans le Châtelet, où une salle leur était réservée. Lorsque l'acte était rédigé, les deux notaires qui l'avaient reçu le portaient ensemble au scelleur, dont le bureau était situé près de leur salle, pour y faire apposer le sceau de la juridiction, et ils versaient entre ses mains, pour le compte du roi, les trois quarts des honoraires qu'ils avaient perçus.

Philippe-le-Bel ne se contenta pas de cette réduction du nombre des notaires au Châtelet ; il voulut encore en surveiller le recrutement. Aussi le voit-on réprimander le Prévôt qui aurait contrevenu à l'ordonnance sur la nomination des notaires et même, en 1313, remplacer par des sujets capables plusieurs notaires qui n'avaient pas les qualités et capacités requises.

Cet ensemble de sages mesures eut un résultat excellent et la Confrérie ou Communauté des Notaires au Châtelet de Paris devint rapidement célèbre. Le nombre de ses membres, augmenté à diverses reprises, fut porté à 113 en 1639 et resta tel jusqu'à la Révolution.

Les notaires au Châtelet surent profiter de leur crédit pour se faire octroyer de nombreux privilèges. L'un des plus considérables, qu'ils partageaient d'ailleurs avec les notaires du Châtelet d'Orléans et ceux du Châtelet de Montpellier, était de pouvoir instrumenter dans toute l'étendue du royaume. Ils étaient en la sauvegarde du roi, eux, leurs biens et leurs domestiques ; ils jouissaient du droit de garde-gardienne et leurs causes, tant civiles que criminelles, étaient appelées en première instance au Châtelet et par appel au Parlement ; ils étaient exempts de tutelle, curatelle, guet, garde et autres charges publiques ; ils étaient dispensés de loger les gens de guerre, même dans leurs maisons de campagne, et cette exemption s'éten-

Juridiction volontaire, et mettre en grosse tous les actes de la Juridiction contentieuse. » Dans ses *Recherches historiques sur le Tabellionage royal principalement en Normandie*, p. 11, BARABÉ s'est servi des mêmes termes empruntés au *Dictionnaire canonique*.

dait aux troupes de la maison du roi, aux officiers de la Cour et à la suite de Sa Majesté. Enfin l'exercice d'une charge de notaire au Châtelet de Paris n'emportait pas, pour son titulaire, dérogeance à la noblesse.

Les notaires au Châtelet de Paris n'avaient pas, comme beaucoup d'autres notaires royaux, à subir le contrôle et la rivalité des Garde-Notes et des Tabellions. Ils étaient propriétaires de leurs minutes, qu'ils conservaient dans leurs études et dont, seuls, ils délivraient des expéditions. Avec le temps, ils finirent même par s'affranchir presque entièrement de la formalité du sceau qu'ils ne firent plus apposer que sur les actes auxquels on voulait assurer force exécutoire par voie parée. La plus grande partie des actes reçus par eux n'étaient rédigés qu'en minutes, sans être grossoyés, et les notaires les délivraient aux parties revêtus seulement de leurs seings manuels *sans sceau*.

Dans les villes où le siège de la juridiction royale était, comme à Paris, établi dans un Châtelet, à Orléans, à Montpellier, etc..., les notaires royaux de la ville portaient le titre de Notaires au Châtelet. Mais ce n'était qu'un titre honorifique et toutes les Communautés de Notaires au Châtelet, même celle de Paris, ne se différenciaient en rien des Communautés ordinaires de Notaires royaux constituées dans les villes moins importantes, sinon par le nombre plus ou moins grand de privilèges que chacune d'elles avait su se faire octroyer. Il est donc utile de voir, d'une façon générale, ce qu'étaient les Notaires royaux.

NOTAIRES ROYAUX

« Le Notaire royal est celui qui tient ses provisions du Roi (1). » Son origine remonte, ainsi qu'on l'a dit plus haut, à l'époque où la Prévôté fut démembrée et où ses diverses attributions (judicature, greffe, notariat et sceau) furent érigées en offices distincts. Ce démembrement de la Pré-

(1) *Encyclopédie*, art. *Notaire*.

vôté de Paris fut étendu à toutes les Prévôtés du royaume. Par une ordonnance datée du 23 mars 1302 (1303 n. s.), Philippe-le-Bel « défendit à tous ses juges de se servir de leurs clercs pour les fonctions du notariat, se réservant, à lui et à ses successeurs, le droit appartenant au seul souverain de, créer des notaires dans le royaume pour leur attribuer le libre exercice de la justice volontaire. L'institution des notaires royaux fut conseillée à Philippe-le-Bel par Pierre Dubois dans le double but de lutter contre les notaires apostoliques et de se procurer de l'argent » (1).

L'ordonnance de 1303 réglementa le notariat, en tant qu'office royal. « Les notaires étaient tenus d'instrumenter publiquement ; aussi siégeaient-ils d'habitude sur la place publique, souvent à côté des changeurs, dans des boutiques qui devaient ressembler fort à des échoppes d'écrivains publics de nos jours. C'était là qu'en présence et à la requête des parties, devant les témoins, ils recevaient la plupart des actes et les écrivaient sur leur registre » (2).

Les actes ainsi rédigés étaient réputés authentiques et faisaient foi en justice. Un auteur du xvi⁰ siècle, Fontanon, à l'occasion d'une ordonnance de Charles V du 8 mai 1372, s'exprime de la manière suivante à ce sujet : « La mémoire de l'homme étant moult fluxible et tost descoulable, le remède des lettres et escriptures doit estre adjousté. Puis est mis et soubsécrit le nom et signet du notaire royal, qui est de si grande dignité efficace et vertu, que tout ainsi qu'aux escrits des quatre évangélistes ; et de chacun d'eux on croit pleinement des faits, et de la doctrine de nostre Seigneur Jésus-Christ, tout comme il conversa en terre avec les hommes ; aussi croit-on et adjouste-t-on foi plainière aux notaires royaux. » (3)

Ces officiers ne prirent pas tout d'abord le titre de

(1) P. VIOLLET, *Le Roi et ses Ministres pendant les trois derniers siècles de la Monarchie*, 1912, p. 151.

(2) A. GIRY, *op. cit.*

(3) *Edits des rois de France*, 1585, t. II, p. 312.

notaires royaux. On les désigna sous le nom de *notaires publics*, et c'est ainsi que Philippe V les qualifie dans une ordonnance de juin 1319 adressée aux habitants d'Auvergne. Parfois également ils se donnaient, dans les actes qu'ils rédigeaient, le titre de *notaire juré* pour indiquer qu'ils étaient en titres d'offices et avaient prêté serment. Plus tard ils ajoutèrent à leur nom primitif de *notaire* celui de tous les offices qu'ils furent obligés de racheter ou réunir. Mais quel que soit le titre dont il se pare, il faut bien se garder de confondre le *notaire royal* avec le *notaire du roi*. Ce dernier en effet était un officier de la Grande Chancellerie, faisant presque toujours partie des Secrétaires du roi, et chargé de rédiger les lettres de chancellerie et les arrêts des cours.

Le nombre des notaires royaux était considérable et il en existait un ou plusieurs dans les plus petites villes. Leur situation sociale et pécuniaire était par suite fort variable suivant les localités où ils exerçaient : alors que les notaires de Paris étaient de gros personnages dont les enfants vivaient comme les fils des plus nobles maisons (1), les notaires de Bourges étaient si pauvres qu'au

(1) « Il n'y a ni fils, ni petit-fils de procureur, *notaire* ou avocat qui ne veuille faire comparaison avec les enfants des conseillers, maîtres des comptes, maîtres des requêtes, présidents et autres grands officiers : l'on ne peut les distinguer ni en habits ni en dépenses superflues. Ils hantent les banquets à deux pistoles par tête ; ils empruntent argent, jouent aux dés, au piquet, à la paume, à la boule, vont à la chasse, et font le même exercice des grands. Ils empruntent à usure de Traversier..., et puis qu'en advient-il enfin ? Ils sont contraints de faire l'amour à la vieille, ou d'enjôler la fille d'une bonne maison, lui faire un enfant par avance, afin d'être condamnés à l'épouser... On ne voit que bâtards..., que filles débauchées ; et toutes les autres qui sont honnêtes... demeurent en friche et n'ont pour toute retraite que la religion. » (*Les caquets de l'accouchée*).

Un autre exemple, pris à une autre époque, montrera l'importance de certains notaires parisiens. Dans le Recueil Clairambault-Maurepas (*Chansonnier historique du XVIII° siècle*, t. 9, p. 111), se trouve une très spirituelle satire sur Mademoiselle Duparc et son ami, le notaire Duclos « très épicurien, grand amateur des belles ; le conseil, l'ami, le consolateur des impures ; d'ailleurs riche comme il faut l'être pour soutenir l'éclat de qualités aussi respectables ».

xviii° siècle un tiers d'entre eux à peine possédait plus de
1.000 livres. (1)

La cause de cette médiocrité de fortune résidait non seulement dans le trop grand nombre d'offices, mais encore
dans la concurrence dont les notaires étaient victimes.
Beaucoup d'actes, qui auraient dû être reçus exclusivement par les notaires, étaient passés devant d'autres personnes. Profitant de ce que la présence d'un prêtre était
indispensable lors de la déclaration des dernières volontés
d'un mourant et arguant des dispositions des Conciles,
reconnues par les rois de France (2), qui permettaient de
considérer comme nul tout testament ne contenant pas de
legs pieux, les religieux de tous ordres et notamment les
curés de paroisse s'étaient arrogés le droit de recevoir les
testaments. D'autre part les juges et leurs greffiers élu-
daient fréquemment les prohibitions de l'ordonnance de
1303 : pour profiter des honoraires dus aux notaires
royaux, ils obligeaient les parties contractantes à comparaître devant un magistrat qui, *de leur propre volonté*,
insérait-on dans l'acte, *les condamnait* à exécuter des conventions purement volontaires (3) ; et, sauf dans les
grandes villes, les notaires étaient de trop petites gens
pour réclamer contre cet abus. Les inventaires et les partages, réservés aux seuls notaires, étaient assez souvent
reçus par les huissiers ou les greffiers, avec la complicité
des divers officiers des bailliages. Enfin il arrivait que,
pressés par l'insuffisance de leurs gains, des notaires ou-
bliaient leur dignité, passaient des actes à vil prix et permettaient aux avocats et aux procureurs de rédiger les
minutes de leurs principaux actes, dont ils leur laissaient

(1) Hip. Boyer, Introduction au tome 3° de l'*Inventaire-sommaire
des Archives départementales du Cher, série E*, Bourges, H. Sire, 1893.

(2) Un édit royal de 1656 obligeait tous ceux qui recevaient des
testaments à inscrire la mention qu'ils avaient invité les testateurs
à faire quelque legs en faveur des pauvres, à peine de nullité de l'acte.

(3) *Encyclopédie méthodique. Jurisprudence*, tome 6, article *Notaire*.

toucher le montant, se contentant du prix d'expédition (1). Claude d'Expilly, avocat général, puis président au Parlement de Grenoble, prétend même que la pauvreté, la timidité ou la facilité de plusieurs petits notaires de cette province leur faisaient commettre de fréquentes faussetés (2). Pour augmenter leurs ressources, certains notaires royaux de petites villes exerçaient simultanément plusieurs fonctions ou métiers : c'est ainsi qu'on voit M° Pougin être à la fois à Cléry notaire royal et directeur de la Poste aux lettres.

Diverses ordonnances rendues à maintes reprises, notamment en 1421, 1490, 1542, 1554, etc..., en faveur des notaires royaux, essayèrent, sans grand succès, de remédier à ces abus. D'ailleurs l'autorité royale elle-même, toujours à court d'argent, leur suscita souvent de nouveaux rivaux en créant de nouveaux offices.

Tabellions. — Jusqu'au xvi° siècle les notaires furent en beaucoup d'endroits, sous la dépendance des *tabellions.* Dans chaque juridiction royale il y avait, depuis les règlements de Philippe-le-Bel, une petite chancellerie placée sous la direction du Garde du scel royal. A cette chancellerie était annexé un tabellionage, c'est-à-dire un bureau où un *tabellion-juré* avait pour fonction de recevoir, des notaires royaux du ressort, les minutes des actes dressés par eux, de les mettre au net en les transformant en expéditions originales ou *grosses (in purum seu in mundum redacti)*, de leur faire conférer l'authenticité par l'apposition du sceau de la juridiction, de conserver les minutes et d'en délivrer des expéditions aux parties. Une ordonnance de Charles VII datée du mois de juillet 1433 avait décidé qu'il n'y aurait qu'un tabellion par châtellenie royale ; mais, un siècle plus tard, François Ier, par un édit de novembre 1542, multiplia le nombre de ces officiers en

(1) Mémoire de Berry, notaire à Bourges, cité par M. Hip. Boyer dans une étude mentionnée plus haut.

(2) De la Roque, *Traité de la Noblesse,* 1710, p. 518.

ordonnant qu'il serait créé un tabellion dans toutes les villes où plusieurs notaires royaux étaient établis. En 1560 les charges des tabellions furent réunies à celles des notaires royaux, avec lesquelles elles faisaient double emploi. Malgré cette réunion et malgré une nouvelle suppression des tabellionages ordonnée par Henri IV, il subsista encore quelques tabellions et, au xviii° siècle, il existait encore, paraît-il, un petit nombre de localités où la fonction des tabellions était encore séparée de celle des notaires. (1)

Notaires Garde-Notes. — Un autre office, celui des *Notaires Garde-Notes*, n'eut qu'une existence éphémère. L'article 83 de l'ordonnance d'Orléans de janvier 1560 avait enjoint aux juges de dresser, lors du décès d'un notaire de leur ressort, l'inventaire de toutes ses minutes et de tous ses registres et de les remettre aux mains des greffiers des lieux qui, pendant la durée de la vacance, étaient chargés de délivrer des expéditions. Cette ordonnance n'ayant pas été exécutée, Henri III, par un édit du mois de mai 1575, créa dans chaque bailliage un ou plusieurs offices de Notaires Garde-Notes chargés de conserver toutes les minutes, sans exception, qui se trouveraient dans l'étude d'un notaire décédé et d'en délivrer des expéditions jusqu'à ce qu'un autre titulaire eût été nommé à la place du défunt. Cette création suscita de telles réclamations que les Garde-Notes furent supprimés par déclaration du 9 avril 1578 et leurs offices réunis à ceux des notaires royaux.

Pour ne laisser subsister aucune incertitude sur ces diverses suppressions, Henri IV, par un édit du mois de mai 1597, réunit à son domaine, afin de les supprimer, tous les offices de notaires, de tabellions, de garde-notes, etc... ; puis il créa, à titre héréditaire, de nouveaux officiers sous le nom collectif de *Notaire Tabellion et Garde-Notes.* Un arrêt du Conseil d'Etat de 1635 confirma cette création.

Au cours des xvii° et xviii° siècles de nouveaux offices.

_____

(1) *Encyclopédie,* art. *Tabellion.*

furent encore créés en concurrence avec ceux des notaires royaux. C'était là une forme de fiscalité destinée à procurer au Trésor des subsides extraordinaires ; au bout de peu de temps, en effet, on obligeait les Communautés de notaires à *réunir* ces nouveaux offices, c'est-à-dire à payer une somme importante pour avoir le droit d'exercer des fonctions qui, jusque-là, avaient toujours été considérées comme leur appartenant. Je me bornerai à citer les principales créations et réunions, me réservant d'en parler plus longuement à propos des Notaires au Châtelet d'Orléans :

Au mois de mars 1673, vingt offices de *Conseillers du Roi Greffiers des arbitrages* sont créés, puis supprimés au mois d'août suivant.

En décembre 1691, Louis XIV crée des offices de *Notaires royaux et apostoliques* et de *Gardes du Petit Scel* qui, à de rares exceptions près, furent réunis aux offices de Notaires royaux séculiers.

En 1702 des *Notaires-arpenteurs royaux* sont créés dans toutes les juridictions royales et ne tardent pas à être supprimés.

Le 4 septembre 1706 des offices de *Notaires Syndics* sont créés dans les villes possédant au moins quatre notaires ; en août 1707 une charge de *Syndic et Garde-Scel* est imposée dans chaque justice où exerçaient deux notaires royaux. Mais ces fonctions sont supprimées dès le 24 avril 1708.

En août 1712, on crée dans toutes les villes un certain nombre de *Conseillers du Roi Commissaires aux prisées et ventes*, qui sont réunis aux notaires royaux six mois plus tard.

Ces réunions d'offices n'étaient pas les seules taxes que les notaires eussent à acquitter envers le Trésor royal. On verra, au cours de cette étude, qu'après avoir acheté, en 1597, l'hérédité de leurs offices, ils furent frappés, à maintes reprises, d'impositions extraordinaires pour supplément, ratification ou confirmation de cette hérédité.

NOTAIRES SEIGNEURIAUX.

Les notaires royaux n'étaient pas les seuls officiers établis, en France, pour recevoir les actes de la *juridiction volontaire*. Avant même la création par Philippe-le-Bel de notaires royaux, les seigneurs justiciers usaient du droit de nommer un ou plusieurs notaires dans l'étendue de leur justice. Ce droit leur fut reconnu dans l'ordonnance du 23 mars 1303 et confirmé en octobre 1351. Sauf en Auvergne où, pendant longtemps, il n'y eut pas de notaires royaux et où les notaires des seigneurs pouvaient seuls instrumenter en vertu d'ordonnances datées de mars 1304 et de juin 1319, les notaires seigneuriaux ne devaient passer d'actes que dans leur ressort, entre personnes sujettes à leur juridiction, et pour des immeubles ou choses situés sur leur territoire. Mais ces prohibitions, réitérées maintes fois notamment en 1539 et 1705, ne furent pas toujours observées et, au xviiie siècle, il suffisait, pour qu'un acte reçu par un notaire seigneurial fût déclaré valable, qu'il eût été dressé devant les parties contractantes sur le territoire de la justice du seigneur. A la vérité un tel acte n'était, en principe, exécutoire que dans le ressort de la seigneurie où il avait été reçu et scellé, mais, pour le mettre à exécution dans l'étendue d'une autre justice, il suffisait d'obtenir la permission du juge du lieu. Ce qui était plus grave, c'est que les actes d'un notaire seigneurial emportaient hypothèque sur tous les biens des contractants, en quelqu'endroit que ces biens fussent situés.

Les fonctions des notaires seigneuriaux étaient généralement considérées comme incompatibles avec celles des notaires royaux.

Les notaires seigneuriaux, qualifiés souvent *Notaires subalternes* et parfois aussi *Notaires authentiques*, étaient à la fois notaires et tabellions. C'est pourquoi, principalement au xviiie siècle, l'usage s'était établi de les désigner sous ce simple titre de *tabellions*.

Le nombre des notaires seigneuriaux devait être consi-

-dérable ; il en existait en des villages qui aujourd'hui ne sont plus même des communes, et l'on s'explique aisément que Bernard Palissy, dans ses Mémoires, confonde le notaire avec les ouvriers manuels : « Aucuns artisans comme chaussetiers, cordonniers, sergens et notaires ».

NOTAIRES APOSTOLIQUES

Une troisième catégorie de notaires, fort importante, exista en France, jusqu'à la fin du xviie siècle, concurremment avec les notaires royaux et les notaires seigneuriaux. Les *notaires apostoliques*, jadis établis par le pape, puis commissionnés par les archevêques, les évêques et les abbés, avaient pour fonctions de recevoir tous les actes relatifs aux matières spirituelles et ecclésiastiques dans l'étendue du diocèse ou dans les dépendances de l'abbaye dont ils avaient obtenu leurs lettres de provisions. Leurs actes n'emportaient pas d'hypothèque et n'étaient pas exécutoires sous le scel de la juridiction ecclésiastique. Malgré ces imperfections et aussi malgré les défenses qui leur furent adressées bien des fois, les notaires apostoliques recevaient fréquemment des actes en matière temporelle et, en 1554, Rebuffe enseignait que les notaires apostoliques pouvaient recevoir tous actes en France. En 1490, Charles VIII avait essayé de les supprimer en défendant à ses sujets, sous peine de nullité, de confier à des notaires impériaux, apostoliques ou épiscopaux, la rédaction d'actes en matière temporelle ; mais son interdiction était restée lettre morte. « Louis XIV se préoccupa à son tour des notaires apostoliques, en vue tout à la fois de les absorber et d'en tirer quelque argent. En 1691 il érigea ces charges en titre d'offices héréditaires, de sorte qu'à partir de ce moment les notaires apostoliques exercèrent, chose vraiment singulière, un office royal. Dans plusieurs villes, les notaires royaux, craignant la concurrence, offrirent une finance au roi pour obtenir que le ministère des notaires apostoliques fût uni à leurs offices... Ainsi l'institution qui, à ses origines, avait alimenté, semble-t-il, les caisses pontificales, vint mourir dans celles du roi (1) ». La plupart de ces charges furent en effet réunies, peu après leur création, par les Communautés de notaires royaux.

Les notaires apostoliques ont été désignés sous différents titres : notaires ecclésiastiques, notaires de cour d'église, notaires épiscopaux, notaires de la cour épiscopale, notaires communs des évêques, etc.

En dehors des trois grandes catégories de notaires : royaux, seigneuriaux et apostoliques, il y eut, sous l'ancienne monarchie, un grand nombre d'autres officiers séculiers ou laïcs qui prirent ce titre de notaires : notaires pour les actes des martyrs, notaire-audiencier, notaires des capitouls de Toulouse, notaires de la Chambre, notaires palatins, notaires de l'autorité delphinale ou du Dauphin, notaires des Italiens ou notaires des foires de Brie et de Champagne, notaires de l'hôtel du roi, notaires impériaux, notaires du parlement, notaires de sang, notaires du secret, notaires de l'université, etc.

Ce serait nous éloigner trop de notre sujet que d'entreprendre une revue, même succincte, de ces différents offices et nous nous bornons à les énumérer.

(1) Viollet, op. cit., p. 153.

DEUXIÈME PARTIE

LES NOTAIRES AU CHATELET D'ORLÉANS
PENDANT LES XIVᵉ ET XVᵉ SIÈCLES
(1303-1512)

LES NOTAIRES AU CHATELET D'ORLÉANS PENDANT LES XIVᵉ ET XVᵉ SIÈCLES
(1303-1512)

Dans la première partie de cette étude nous avons montré, d'après les auteurs les plus autorisés en la matière, qu'en France, jusqu'à la fin du XIIIᵉ siècle, les contrats volontaires furent, à part quelques rares actes sous seings privés, reçus par les divers magistrats et rédigés par les scribes (greffiers ou notaires) attachés à leur personne.

A Orléans il en fut de même que dans les autres parties du royaume : les greffiers ou notaires du Bailli et du Prévôt rédigeaient les contrats des nobles, bourgeois, marchands et vilains ; les greffiers de l'Officialité étaient chargés de la rédaction des actes concernant les gens d'église ; ceux des seigneurs justiciers recevaient les conventions dans l'étendue de leurs terres et justices ; quant aux autres particuliers habitant hors la ville, dans la banlieue et justice de la Prévôté, ils faisaient écrire leurs contrats par les greffiers de leurs juridictions respectives.

Création des Notaires au Châtelet d'Orléans. — Lemaire et Lottin prétendent, sans donner de preuves sérieuses, que ce fut à la suite d'un édit du 10 août 1270 que l'on créa à Orléans douze notaires chargés de recevoir tous les actes de la juridiction volontaire. Ces officiers, disent ces auteurs, devaient être versés dans la science des lois romaines, françaises et pratiques d'icelles et avoir suivi les cours de l'Université d'Orléans.

Aucun texte ne permet de telles affirmations. Il est bien peu probable que les candidats aux offices de notaires aient été, à cette époque, obligés de suivre les cours, non de l'Université qui n'existait pas encore, mais de l'Ecole de Droit. Cependant ils ont pu profiter dans une certaine mesure de l'enseignement de l'Ecole d'Orléans qui, au xiv° siècle, ainsi que l'a fait remarquer M. Marcel Fournier, ne se bornait pas à l'étude des Decrétales et avait des cours de droit usuel et pratique, contrairement à l'Ecole de Bologne qui n'enseignait que le droit théorique (1).

Quant à la date de 1270 attribuée à la création des notaires, elle est très douteuse et nous avons vu que, malgré une assertion semblable, les notaires de Paris ne furent créés qu'un peu plus tard.

C'est à Philippe le Bel que l'on doit attribuer la création des Notaires au Châtelet d'Orléans. Dans les lettres données à Blois au mois de mai 1512, Louis XII y rappelle en effet « les privilèges à iceux suplians octroyés et ordonnances sur ce faittes en l'an 1302 au mois de janvier (2) ». Un mémoire non daté, dressé par les officiers de la Prévôté d'Orléans au xviii° siècle, mentionne également « l'établissement fait en 1302 de douze clercs royaux à Orléans », et Claude de la Lande fixe également cette création à janvier 1302 (3).

Il ne nous a pas été possible de retrouver cet édit de création du mois de janvier 1303. Il est cependant permis de supposer que, dans son ensemble, l'exercice du notariat à Orléans dût être, à cette époque, soumis à des règlements identiques à ceux qui étaient appliqués à Paris. Quelques points seulement sont à signaler.

---

(1) Au xiv° siècle Orléans était l'une des quatre grandes villes du monde savant :

Quatuor sunt urbes caeteris praeminentes

Salerna in medicinis, Bononia in legibus, Parisius in scientiis, Aure-
[lianis in actoribus.

(2) 1203 n. s.

(3) Delalande, *Coutume d'Orléans commentée,* Orléans, 1704-1705.

Actes passés par les notaires aux XIVe et XVe siècles. — En
dehors des actes de la juridiction volontaire dont il avaient
le monopole, les notaires au Châtelet d'Orléans restèrent
chargés dés actes de la juridiction contentieuse sous les
ordres du Garde de la Prévôté. C'est ainsi que lorsque Jean
Dasnières « garde de prévosté d'Orliens » confirma en 1306
une sentence de Matheo de Chilli, bailli de Saint-Mesmin,
en faveur des religieux de Micy, la rédaction de la sentence,
qui devant l'Official avait été confiée à Guillaume Rousselli (1) clerc notaire fut effectuée par Huguenin d'Amboise
« notaire de la Prevosté d'Orliens ». Le même Jean Dasnières
envoya, en 1308, à Boissy-la-Rivière, Jean Desez « notaire
juré de la Prevosté d'Orléans » pour y recevoir un contrat et
Jean le Saulnier, Prévot, confia la même mission, en 1319
et en 1320, à Jemot Lindim, notaire.

En 1320 Philippe V confirma cet usage en ordonnant que
« les notaires du Châtelet pourraient examiner témoins en
toutes causes mües et à mouvoir audict Châtelet selon ce
que le Prévost et les Auditeurs du Châtelet leur commet-
traient et spécialement ceux que les parties requiéreraient et
nommeraient de commun accord » (2). C'est en vertu de
cette ordonnance qu'en 1429 Jehan Caseau, notaire au Châtelet d'Orléans fut chargé d'informer contre Guiot de Mareau
et diverses autres personnes accusés de vol de blé (3).

En créant les notaires, Philippe le Bel avait réservé au
seul souverain le droit de nomination ; mais ce règlement
fut méconnu pendant longtemps. Malgré un mandement de
Louis X ordonnant que les offices de notaires ou « notai-
ries » seraient à l'avenir vendus aux enchères au profit du
Roi (4) le Prévot et le Bailli d'Orléans continuèrent à en dis-

(1) Ou plutôt Guillaume Rousseau, la lecture Rousselli étant certainement mauvaise.

(2) Bibilothèque d'Orléans, ms. 977, pièce 105.

(3) Cuissard, *Etude sur le commerce et l'industrie à Orléans avant
1789.* (Mémoires de la Soc. des Sciences d'Orléans, 2e série, t. XXXV,
p. 80.)

(4) Mandement d'avril 1315 : « Item les notteries scans et les
exploiz d'iceux seront desores en avant venduz et par encheres. »

poser. En 1483 nous voyons Louis XI défendre à Guy Pot, comte de Saint-Pol et Bailli d'Orléans, de vendre ou affermer les charges de notaires. Mais cette défense ne produisit pas grand effet et, en 1493, Charles VIII enleva définitivement les greffes et notariats aux Prévôt et Bailli et les donna à ferme (1).

Un autre point qu'il est utile de signaler est la dispense du tabellionage. Bien que les documents fassent à peu près complètement défaut pour les xiv° et xv° siècles, nous pouvons affirmer qu'il n'exista pas de tabellionage, à cette époque, au Châtelet d'Orléans : aucun document n'en fait mention. Les notaires étaient simplement tenus, après avoir rédigé leurs actes, de les porter au Châtelet pour y faire apposer le sceau de la Prévôté qui leur conférait l'authenticité et la force exécutoire: En outre ils avaient, dans le Châtelet, la jouissance d'une salle où ils pouvaient déposer leurs minutes.

Les actes rédigés à cette époque furent certainement nombreux. Déjà, avant l'invasion anglaise, les concessions de tous genres accordées par les seigneurs, le morcellement de la propriété coïncidant avec la hausse du prix des terres avaient déterminé beaucoup de contrats. Si, pendant la Guerre de Cent ans, l'épouvantable misère des campagnes ralentit les transactions, en revanche le mouvement commercial reprit d'une façon très active dès le milieu du xv° siècle dans tout le centre de la France et particulièrement à Orléans qui a toujours été une cité aimant le négoce ; une mobilisation progressive des biens fonciers fut la conséquence naturelle de cette prospérité dont les notaires furent les premiers à bénéficier. Cependant on ne retrouve que très peu d'actes originaux datant de cette époque, notamment pour la première moitié du xiv° siècle. Cette rareté provient, semble-t-il, de l'anarchie qui régnait alors et, peut-être aussi, de ce fait que, très souvent, les actes étaient remis aux parties intéressées par le notaire rédacteur qui n'en conservait ni minute ni duplicata. L'usage des con-

(1). Bibilothèque d'Orléans, ms. 977, pièce 105.

trats chirographaires ou chartes mi-parties ne disparut lui-même que lentement à la suite de l'institution des notaires royaux et l'on a pu citer un tel acte rédigé en avril 1591 à Denain (1).

Titres. — Au xiv° et au xv° siècles, les notaires au Châtelet d'Orléans sont désignés sous différents noms : *notaire juré de la Prévôté, notaire sous le scel de la Prévôté, notaire juré du Châtelet, notaire de Châtelet, notaire en Châtelet.* Très souvent aussi ils se qualifient de *clercs-notaires.* Ce titre de *clercs* qu'ils aimaient à prendre était probablement pour eux, une façon d'affirmer leur instruction professionnelle, de même qu'aujourd'hui certains notaires de petites villes mentionnent dans leurs actes ou sur les affiches émanant de leurs études, leurs grades universitaires de capable, de licencié ou de docteur en droit. Evidemment les notaires du xiv° siècle n'étaient point, en grande majorité, des érudits, des *clercs à sapience* comme on disait alors, et leurs travaux ne se prêtaient guère aux études littéraires. Les monastères, avec leurs librairies et leurs calmes salles d'étude, étaient beaucoup plus favorables que les boutiques des notaires aux purs travaux intellectuels et ceux d'entre eux qui désiraient s'y livrer devaient faire comme le notaire du Dialogue de Saint Grégoire qui

> delessa la noterie
> et se mist en une abbéie. (2)

Mais quel que fût leur recrutement, les notaires d'Orléans étaient certainement des gens d'expérience et de savoir, car les lettres de Louis XII assurent qu'ils étaient « souventefois priés et requis par plusieurs personnes de notre Royaume et le plus souvent par les princes et seigneurs de notre sang et autres gens et notables personnages tant de l'ecclésiastique chapitre que autres ». Quelques actes reçus

(1) Cet exemple a été cité par BARABÉ dans ses *Recherches historiques sur le tabellionage royal en Normandie,* 1863, p. 88-89.

(2) Ms. Evreux, fol. 15, r°.

pàr eux et dont la mention nous a été conservée montrent bien la réputation dont ils jouissaient : c'est à J. Geolet, notaire sous le scel de la prévosté d'Orléans, que s'adressent les membres de la grande famille de Châtillon pour rédiger leur partage, à Blois, en 1327 (1) ; c'est encore un notaire d'Orléans, Chaillo, qui, en 1349, figure dans l'acte d'exécution de la donation du Dauphiné à la France (2) ; plus tard, le 28 août 1485, un notaire d'Orléans reçoit le contrat de mariage de René de Lorraine et de Barrois, comte de Vandemont et de Harcourt, avec Mlle de Gueldres, ainsi qu'une ampliation de douaire par Pierre de Lorraine en faveur de la jeune épouse ; un peu plus tard, c'est devant deux notaires d'Orléans, Jehan Courtin et Jehan Naudet, qu'est fait le testament de Jean, roi de Navarre, comte de Foix et d'Etampes (3).

Privilèges. — Grâce à cette réputation d'hommes « experts et entendus en leurs offices », les notaires d'Orléans obtinrent de bonne heure le privilège de pouvoir instrumenter dans toute l'étendue du royaume et d'y « recevoir et passer toutes lettres, contracts, testamens, inventaires, instrumens et toutes convenances et dépendances de leur dit office... à la charge toutes fois qu'ils ne s'habitueront ou feront leur résidence ailleurs, qu'à Orléans ». Cette obligation de la résidence à Orléans avait, pour corollaire, l'obligation de faire apposer le sceau du Prévôt d'Orléans sur tous leurs actes, même sur ceux qu'ils avaient reçus en dehors du ressort de la Prévôté. La conséquence fut que le privilège des notaires d'Orléans d'instrumenter par tout le Royaume détermina un autre privilège au profit du Prévôt d'Orléans, celui du Sceau du Châtelet d'Orléans attributif de juridiction.

(1) Du Chesne, *Hist. de la maison de Châtillon*, p. 99, preuves.

(2) Bibliothèque d'Orléans, ms. 985.

(3) Ce testament existe parmi les minutes de Me Berlencourt. Une copie authentique en a été faite le 5 janvier 1824 par Me Charles Bordas, notaire, et est déposée à la Bibliothèque d'Orléans.

Suivant les besoins du moment, les notaires furent exemptés des charges publiques ou y furent astreints. Alors qu'en 1368 Philippe Ier, duc d'Orléans, les exempta de contribuer à une levée de 5.000 livres qu'il demandait aux habitants de son Duché (1), Charles V, au contraire, ordonna, en 1376, qu'ils seraient tenus de contribuer à la taxe mise sur les habitants pour le rétablissement des fortifications de la ville. De même, en 1389, un notaire au Châtelet, Etienne de Montdidier, ne pût se soustraire à la charge de l'échevinage : il eut beau alléguer sa qualité de notaire des chaussées de la ville et lieutenant-général des receveurs du Roi tant du fait ordinaire que des aydes, et faire valoir qu'il était père de huit enfants, il fut contraint par le bailly d'Orléans, Louis de Tignonville, d'exercer la charge de procureur à laquelle les habitants l'avaient nommé ; et pourtant il avait eu soin d'obtenir de Charles VI des lettres d'exemption qui furent inutiles (2).

Nombre des Notaires au Châtelet d'Orléans. — D'abord fixé à 12, le nombre des notaires au Châtelet d'Orléans fut bientôt augmenté. Dès 1368, il y avait quinze notaires en exercice et ce ne fut qu'au début du xvi° que de nouveaux offices furent créés.

Antérieurement au xiv° siècle nous ne connaissons que de très rares noms de notaires ayant exercé à Orléans :

J. Baron, signalé en 1265 (Bibliothèque d'Orléans, n° 277).

E. Desfossés, en 1268 (titres de la Source possédés par M. de Tristan).

Adam et Droart, en 1275 (titres de la Source possédés par M. de Tristan).

G. Goron, en 1280 (Bibliothèque d'Orléans, n° 310).

Bochard, en 1285 (titres de la Source possédés par M. de Tristan).

Et enfin Guillaume Rousseau (Bibliothèque d'Orléans,

---

(1) Le ms. 557 de la Bibliothèque d'Orléans donne *in-extenso* la copie des lettres de Philippe Ier, duc d'Orléans, datées du 1er mai 1368 (p. 103 et suiv.).

(2) Bibliothèque d'Orléans, ms 977, pièce 105.

sentence de l'Official en faveur des religieux de Saint-Mesmin (1).

Pour les xive et xve siècles beaucoup de noms de notaires au Châtelet d'Orléans sont connus. Malheureusement, pour le plus grand nombre, nous ignorons si leurs minutes ont été conservées et dans quelles études elles sont déposées actuellement. Force nous est de nous borner à en dresser une liste certainement incomplète avec l'indication des dates où ils ont reçu des actes.

Huguenin d'Amboise, not' juré de la prév.	1306	Bibliothèque d'Orléans.
Jean Desez	1308	id.
Jemot Lindim	1319, 1320	id.
Jehan Géolet, not' sous le scel de la prévôté	1323, 1327	Du Chesne.
Guy Bollève	1340	
Chaillo.	1349	Biblioth. d'Orl., ms 985.
Louis Cormier	1379,	
Guillaume Asselin	de 1385 à 1403	min. chez M' Fauchon.
Jean Detroies (ou de Troyes).	1389-1414	Généal. de Hubert.
Etienne de Montdidier.	1389-1390	
Jean Barbier, not' au Châtelet d'Orléans.	1392	Hubert (gén. de Troyes ?)
Jean Huau, not' au Châtelet d'Orléans.	1392	Archives du Loiret, dossier des ponts (réfection du pont de Saint-Mesmin, 1389-1392).
Guillaume Girault	institué le 21 janv. 1392	Ses minutes, de 1407 à 1439, sont dans l'étude de M' Fauchon.
Jean Mahy	1396 à 1437	
Etienne Cailly.	1404 à 1412	min. chez M' Fauchon.
Burelles	1413	
Denis de la Salle.	1413-1444	minutes chez M' Joblin.
Pallu	1416	Acte concernant la Maille d'Or, reçu le 14 janvier (Lemaire, Limbenet).
Pierre Christophe	1422 à 1451	min. chez M' Fauchon.
Jean Turpin.	1424	
Johan Cailly.	1401 à 1430	minutes chez M' Joblin.
Johan Casseau.	1420	
Colin Mahy	1431 à 1483	
Preau	1432	
Guillaume Chenu.	1433-1430	
Jean Recoing	1433-1438	min. chez M' Fauchon.
Pierre Chauvreux.	1433-1481	minutes chez M' Joblin.
J. Dechamenay	1436	Titres de la Source (M. de Tristan).
Bernard Bureau	1436	id.
Sarre	} XVe siècle	} ms. cité par M. P. Bouvier, p. 196 du Bulletin de la Soc. Archéol., tome XVI.
De Maubodet		

(1) Le ms. de la Bibliothèque d'Orléans porte Guillaume *Rousselli*.

Louis Cornier (Voir en 1379)	1437	
Arnault Sarce (1)	1439 à 1458	min. chez M⁰ Fauchon.
Pofert	1440-1441	min. chez M⁰ Fauchon.
Michel Filleul	1449 à 1453	min. chez M⁰ Fauchon.
Prévost	1449-1499	min. chez M⁰ Fauchon.
Guillaume Garsonnet	1455 à 1479	min. chez M⁰ Fauchon.
Jean Gidoin ou Gédoin	1455 à 1491	min. chez M⁰ Fauchon.
Jean Bureau, le jeune	1456	
Guillaume Mahy	1457	
Jean Petit	1464-1467-1468	min. chez M⁰ Fauchon,
Guiot	1468	min. chez M⁰ Fauchon.
Tassin Berthelin	1467-1473	
Etienne Bertelin	1469	
Jean Pouret	1469	
Pierre Noblet, seigneur de Villemont (2)	1475-1510	min. chez M⁰ Fauchon.
Colin	avril 1476	minutes chez M⁰ Gitton. (Doinel, Bulletin, t. VI, pp. 413 et 414).
Guillaume Berault	1478 à 1482	min. chez M⁰ Fauchon.
Bernard Bureau (voir en 1436)	1456-1486	minutes chez M⁰ Baron.
Louis Sevin	1480	
Jean Penost	avant 1482	
Barthelemy Sevin	pourvu en 1481	min. chez M⁰ Fauchon. (1497-1502)
Nicolas Meran	1482	
Simon Dupont	1482	
Pierre Noblet (voir en 1475)	1487-1491	
Pierre Simart	1487-1491	
Pierre Girard	1488-1496	minutes chez M⁰˙ Gaultier et Machereau.
Jean Jaupitre	1489	
Jean Prevost	1490-1492	
Jean de Loynes	1491	minutes chez M⁰ Joblin.
Jehan Marchand	1491-1505	min. chez M⁰ Fauchon.
J Naudet (voir en 1500)	1491	Titres de la Source.
Jean Damont, notaire à Orléans	1491	
Pierre Brissonnet	1492	
Gilbert	1493	minutes chez M⁰ Joblin.
Et. Colin (3), not. juré de Chastellet d'Orl.	23 décembre 1495	Pièce de la Soc. Archéol.
Girard (voir en 1488)	1496	
Sévin (voir en 1481)	1494	Titres de la Source.
Guynant	1496	id.
P Gilbert	1497	id.
Martin Benoît	1497	
Droin Jacquet	1499 et 1500	
Jehan Courtin	1500	
Jehan Naudet (voir en 1491)	1500	
J Breton	1502	Titres de la Source.
Etienne Rousseau	1502	
B. Martin (4)	1503	Titres de la Source.
Pierre Mahy	1503	
Jean Brachet	1504	
Etienne Chenu	avant 1512	
Jean Recoing	avant 1512	

(1) SARRE, cité par M. P. Bouvier, et A. SARCE ne sont-ils pas un même personnage ?

(2) Pierre NOBLET décéda le 13 juillet 1515, laissant 12 livres ts de rente à l'église Saint-Maurice par acte reçu le 14 septembre 1501 devant Jehan Marchant, notaire (épitaphe à Saint-Maurice).

(3) Etienne COLIN décéda le 15 octobre 1496 (son épitaphe au Grand-Cimetière).

(4) B. MARTIN est vraisemblablement le même que Benoit Martin, cité en 1497.

TROISIÈME PARTIE

LES NOTAIRES AU CHATELET D'ORLÉANS
PENDANT LES XVIᵉ, XVIIᵉ ET XVIIIᵉ SIÈCLES
(1512-1791)

LES NOTAIRES AU CHATELET D'ORLÉANS PENDANT LES XVIᵉ, XVIIᵉ ET XVIIIᵉ SIÈCLES
(1512-1791)

CHAPITRE PREMIER

Le notaire au Châtelet d'Orléans

Avec le commencement du xviᵉ siècle nous arrivons à une époque où l'histoire des Notaires au Châtelet d'Orléans repose sur des documents précis et nombreux et non plus, comme auparavant, sur des pièces incomplètes et difficiles à contrôler ou sur des analogies avec ce qui se passait ailleurs. C'est en effet de l'année 1512 que datent les premières lettres royales qui nous ont été conservées relativement aux privilèges des notaires ; c'est en 1512 que commencent les listes de notaires régulièrement dressées ; enfin c'est à partir de 1516 que nous possédons, sinon les registres originaux, au moins le résumé des registres de la Communauté.

Fonctions. — A cette époque les pouvoirs des notaires sont à peu près délimités. Ils ne dépendent plus des Prévôts ou des Baillis et ils sont nommés directement par le Roi ou par le Duc apanagiste. Leur « vray office, dit Jean Papon (1), est d'escrire ce qui est convenu par les contrahans : ou ordonné en plaids : ou ottroyé par le Prince. » Le plus généralement ils se bornent à rédiger les contrats volon-

(1) *Secrets du troisième et dernier notaire*, de Jean PAPON, Lyon, 1583, p. 74.

taires entre les particuliers : contrats de mariage, donations, ventes, testaments, inventaires, partages, liquidations, baux, etc......

Titres. — Le titre qu'ils prennent le plus habituellement au xvi° siècle est celui de *clerc-notaire juré* mais ils se qualifient également, à cette époque, de *notaires au Châtelet, notaires jurés du Roy notre Sire au Chastellet d'Orléans ;* quelquefois aussi ils s'intitulent *Notaires royaux* malgré l'opposition des ducs d'Orléans à cette prise de qualité.

Après la réunion des tabellions et des gardes-notes aux notaires, ils prennent parfois le titre de *notaire royal tabellion et garde-notes* auquel ils ont droit et que prennent habituellement beaucoup de leurs collègues des villes environnantes (1).

Au xvii° et au xviii° siècles, ils s'intitulent *notaires royaux au Châtelet d'Orléans* puis, à cause de la réunion à leurs charges des offices de Conseillers Commissaires aux prisées et ventes et de Conseillers Gardes-Scel au Châtelet, *Conseillers du Roi Notaires au Châtelet d'Orléans.* Ce dernier titre est celui qu'ils portaient lorsque survinrent les événements de 1789 qui devaient ne leur laisser que le titre de *notaires* et bientôt même amener, sinon leur suppression, au moins leur réorganisation.

Bien qu'ils y eussent droit depuis longtemps les notaires au Châtelet ne prirent, dans leurs actes, la qualité de *Conseillers du Roi* qu'à partir du 9 mai 1758. Pendant quelques années les officiers du Bailliage refusèrent de leur laisser prendre ce titre mais en mars 1762, à la suite d'une médiation de l'abbé de Breteuil, il leur fut reconnu sans conteste. C'était un titre purement honorifique qu'on avait attaché à certains offices nouvellement créés afin de les « parer pour les mieux vendre (2) ». Il ne conférait aucun privilège et le

(1) C'est ce titre de notaire tabellion et garde notes du Roy notre sire du Chastellet d'Orléans que prend Pierre Goyneau, le 21 janvier 1581, dans le procès-verbal de transfert du corps de Jacques Guesset, curé de Saint-Paterne tué en 1562, de la chapelle des Aydes à Saint-Paterne.

(2) LOYSEAU, *Traité des offices.*

public le raillait à tel point qu'on en trouve l'écho dans
maints ouvrages du temps :

« Petits procureurs, sergents secs, vieux notaires,
Conseillers que le roi jamais ne consulta
Et que jamais sans doute il ne consultera. » (1)

Toutefois il n'y eut guère de ville importante dont les
notaires n'aient acheté le droit de se dire « Conseillers du
Roi ».

Nombre des notaires à Orléans. — Les charges de notaires
royaux furent, de tout temps, nombreuses à Orléans relativement au nombre des habitants. Nous avons vu, dans la
seconde partie de cette étude, qu'au début de leur création,
au xiv° siècle, ils étaient au nombre de douze et que plus
tard, à une date inconnue mais antérieure à 1368, ce
nombre fut porté à quinze. Orléans ne comptait alors que
15 à 20.000 habitants environ.

Les lettres de Louis XII sont encore adressées « à nos chers
et bien aymés nos quinze notaires en nostre chastellet d'Orléans », mais quelques années après, en décembre 1519, des
lettres patentes de François Ier créèrent à Orléans neuf nouvelles charges de notaires, dont le nombre fut, par suite,
porté de quinze à vingt-quatre. Il est probable que cette
création d'offices nouveaux n'eut pas pour objet le bien public, mais que ce fut une simple mesure de fiscalité destinée
à procurer quelques subsides au Trésor très appauvri par les
guerres d'Italie. Dans une assemblée tenue en mai 1522, les
quinze anciens notaires décidèrent de former opposition à
cette création ; ils furent déboutés de leur opposition et l'arrêt de vérification des lettres patentes de 1519 fut rendu au
Grand Conseil tenu à Blois le 12 août 1522. Me Michel Dubois fut le premier titulaire pourvu d'un de ces neuf offices
nouveaux ; ses provisions datent du 21 novembre 1522 et il
fut admis à prêter serment devant Jacques Groslot, bailli

(1) GRESSET, à propos des officiers de la ville de Gerberoy. —
BOURSAULT, dans *Esope à la Cour*, s'en moque également.

d'Orléans, le 2 décembre suivant (1). Malgré tout, les quinze anciens notaires refusèrent de reconnaître les collègues qu'on leur imposait et ce ne fut que longtemps après, le 18 août 1533, qu'ils les admirent dans leur confrérie, à la charge de supporter une part proportionnelle dans les dettes et les charges communes.

Vingt-quatre notaires pour une ville comme Orléans, qui ne comptait guère, au XVI⁰ siècle, que 35.000 habitants, était un nombre considérable. On essaya de le réduire et une déclaration du Roi, en date du 17 octobre 1563, ordonna de ramener à vingt le nombre des offices. Cette déclaration, enregistrée par arrêt du 9 juin 1569, n'eut cependant aucune suite. On était alors en pleine lutte religieuse et un édit du 25 septembre 1568, donné à Saint-Maur-des-Fossés avait enjoint à tous les officiers de la religion réformée de se démettre de leurs offices dans les vingt jours. L'édit fut publié au bailliage d'Orléans présidé par Monseigneur de Lamoignon, conseiller maistre des requestes ordinaires de l'Hostel du Roy. Sur les huit notaires huguenots de la ville, deux, Nicolas Provenchère et Pierre Gruin, abjurèrent immédiatement le protestantisme et conservèrent leurs charges. Les six autres, Pierre Constans, Jean Pasquier, François Vivien, Jean Housset, François Stuard et Guillaume Sevin, ayant refusé de remettre leur démission, une déclaration royale du mois de décembre et un arrêt du Parlement firent savoir que les six offices étaient vacants et impétrables. Les cinq premiers de ces offices furent levés par Sébastien Herpin, Louis de Gyvès, Etienne Mazué, Jean Séguin et Denis Thibault. Mais, à la suite de l'Edit de Pacification donné à Saint-Germain-en-Laye en août 1570 et enregistré à Orléans le 10 du même mois, les six notaires protestants rentrèrent en possession de leurs charges et les cinq notaires catholiques, nouvellement pourvus et déjà menacés d'être dépossédés, furent réduits à implorer la bienveillance royale. Ils obtinrent, le 8 octobre 1570, une déclaration leur permettant d'exercer, sous cette réserve que les cinq premiers offices de

(1) Bibliothèque d'Orléans, M. 977, pièce 105.

la ville, qui viendraient à vaquer par mort ou autrement, seraient supprimés. Aucune suppression n'ayant été exécutée
dans la suite (1), il en résulta que le nombre des notaires
fut augmenté de cinq et s'éleva à vingt-neuf à partir de
1570.

Pendant la Ligue, quatre nouveaux offices furent créés.
Deux charges créées en 1583 (2) par le duc de Mayenne, au
profit de Jacques Saintonge et François Bertrand, portèrent
à trente et un le nombre des offices. Supprimées au mois de
février 1594, ces deux charges furent rétablies par Henri IV.

Deux autres notaires en exercice, Symphorien Foucher
et Louis Saulger, avaient été, au cours des troubles, en
1591 ou 1592, cassés par le duc de Mayenne qui avait
nommé à leur place Jacques Bidault et Jean Dumont. Après
l'occupation d'Orléans par les troupes royales il y eut, à
ce sujet, entre la Communauté des Notaires et le sieur Fougeu d'Escures, un procès qui se termina par un compromis : un arrêt du Conseil en date du 5 septembre 1594 créa
deux nouveaux offices en faveur de Christophe Riou et Florent Peigné, successeurs des deux officiers dépossédés en
1591, et les deux notaires nommés par le duc de Mayenne
continuèrent à exercer. De cette manière, à partir de 1594,
il y eut à Orléans trente-trois notaires pour une population
qui, en 1762, ne s'élevait qu'à 35.764 habitants. Ce nombre
était beaucoup trop considérable mais il en était de même
dans toutes les villes du royaume.

Le pouvoir royal ne fut pas sans remarquer les inconvénients causés par la multiplicité des offices et un édit d'a-
vril 1664 ordonna d'en réduire le nombre. Mais, pour une
cause inconnue, l'arrêt du Conseil du Roi, portant qu'il se-

(1) « Guillaume Sevin, Claude Couet, Jean Seguin, Denis Thibault
et Sébastien Herpin furent ceux dont les offices vinrent à vaquer les
premiers et quoy qu'aux termes de la déclaration ils eussent dû être
supprimés cependant cela fut passé sous silence ; leurs offices furent
accordés à d'autres... » Mémoire ms. du notaire Leddet, daté de 1737.

(2) La date de création de ces offices est incertaine. Certains prétendent que Saintonge fut pourvu de provisions en novembre 1578
et que la Communauté s'étant opposée à sa réception, il lui fut permis de rembourser Saintonge de sa finance.

rait incessamment procédé audit Conseil à là réduction des
notaires conformément à l'édit, ne fut pas mis à exécution
à Orléans (1). Aussi le nombre des Notaires au Châtelet
d'Orléans resta-t-il fixé à trente-trois jusqu'à la Révolution.
Il ne devait pas tarder à diminuer par suite de nombreuses
réunions d'offices et, en 1798, il n'y avait déjà plus que
vingt-neuf notaires à Orléans. Actuellement le nombre en
est moins grand encore et, pour une population de 71.576
habitants, Orléans ne compte plus que quinze études de notaires.

Réception. — En dehors des règles imposées par les Statuts de la Communauté, les formalités administratives
étaient nombreuses pour la réception d'un notaire.

Au xvı° siècle, alors que les notaires ne possédaient pas
encore l'hérédité de leurs offices, le candidat s'adressait au
Roi ou au Duc qui, moyennant une somme importante, lui
délivrait des lettres de provisions et l'autorisait à prêter serment. La capacité du candidat, les qualités de l'homme
privé, ses croyances religieuses étaient choses secondaires ;
l'important c'était le paiement d'une finance aussi élevée
que possible. Aussi lorsqu'en 1544 il fut question d'établir
un tabellionage à Orléans, le duc Charles demanda-t-il au
roi, son père, de ne créer aucun tabellion dans son duché,
cette création devant amener la ruine des vingt-quatre notaires au Châtelet « lesquels nous appartiennent la provision
quand elles vacquent qui nous sont de grand profit ». A cette
époque en effet un office de notaire au Châtelet d'Orléans
se vendait un prix élevé, ainsi que nous le verrons plus
loin à propos de la valeur des études. En plus de la finance
de son office, le nouveau notaire achetait, s'il le jugeait

(1) Même dans les villes, comme Tours, où l'on essaya de mettre
l'édit de 1664 à exécution, la réduction du nombre des notaires n'eut
pas lieu. Des procès infinis furent engagés entre les notaires supprimés et les notaires réservés ; d'autre part les notaires supprimés
continuèrent, en beaucoup d'endroits, à exercer leurs offices « par
la tolérance des officiers des lieux ». Pour mettre fin à cette anarchie un arrêt du Conseil du Roi du 15 décembre 1667 rétablit en leurs
charges les notaires supprimés en 1664.

utile, les minutes de son prédécesseur aux héritiers de ce dernier, ou à lui-même s'il avait résigné son office. Mais les résignations étaient rares et les notaires mouraient le plus souvent en exercice.

Au XVIIe et au XVIIIe siècles les formalités étaient plus compliquées. Après avoir acheté une charge au titulaire ou à ses héritiers, le candidat s'adressait d'abord au duc d'Orléans pour obtenir de lui des provisions ; à sa demande, il joignait son extrait baptistaire. Puis il faisait parvenir au bailli ou au lieutenant-général une supplique, qui était communiquée au procureur du Roi, afin d'être reçu à l'office qu'il avait acquis. Après conclusions préparatoires, une information était ouverte sur les vie et mœurs du suppliant : trois certificats étaient nécessaires, délivrés et signés le premier par un prêtre, le second par un avocat ou un notaire n'ayant avec le postulant aucun degré de parenté ou d'alliance, le troisième par un procureur au Châtelet. Si l'information était favorable, il était rendu une ordonnance de « soit fait ainsi qu'il est requis ». Mais, avant d'être reçu, il fallait encore fournir, en outre d'une quittance du receveur des droits de la Bourse commune justifiant du paiement des droits d'installation, un certificat de la Communauté des notaires portant consentement à la réception. Pour obtenir ce consentement de la Communauté des notaires, le candidat devait justifier d'avoir fait cinq années de cléricature chez un notaire ou un procureur d'une ville ayant Bailliage royal, d'avoir au cours de ces cinq années habité, au moins pendant deux ans, chez le notaire qui l'employait et durant le temps de ce stage, de s'être comporté avec honneur et d'avoir travaillé avec assiduité et intelligence. Cet agrément de la Compagnie fut parfois refusé et en 1784, un clerc, contre lequel des fautes graves avaient été constatées, ne put réussir à se faire recevoir et dut recéder l'office qu'il avait acquis (1). L'agrément n'était parfois que différé : ce fut le cas pour Me Hamonière qui, après

(1) Délibération du 10 juillet 1784 contre la réception de M. Légier, acquéreur de l'office de Me Vée.

avoir été clerc pendant onze ans chez M° Danglebermes, avait fini par acheter l'étude. M° Hamonière avait cru pouvoir se dispenser de faire les visites d'usage chez tous les confrères ; la Compagnie lui rappela cette obligation en lui refusant, pendant huit jours, son consentement à sa réception.

Jusqu'en 1784 les fils de notaires et les avocats en parlement furent dispensés de fournir la justification du temps de stage. Mais, à partir du 2 août 1784, tout aspirant notaire dut justifier qu'il avait été clerc pendant six ans au moins, dont quatre chez des notaires et deux chez des procureurs des Sièges royaux. Le postulant devait également, à moins d'obtenir une dispense d'âge, être âgé d'au moins 25 ans (1).

Vis-à-vis du Roi et du Duc, rien ne s'opposait plus alors à l'admission du candidat ; cependant comme il était indispensable qu'il fut « suffisant et capable » pour exercer son office, le lieutenant-général lui faisait subir un examen. S'il le passait avec succès, le postulant était « reçu et admis en l'exercice et fonctions de l'état et office de notaire royal en ce Chastelet ». C'était le lieutenant-général du Bailliage qui prononçait cette admission et c'était devant lui que le nouveau notaire prêtait serment « de bien et fidèlement exercer ledit office, vivre et mourir en la religion catholique, apostolique et romaine, garder fidélité au Roi, obéissance à S. A. S., observer les édits, ordonnances, déclarations, arrêts et règlements, à la charge par lui de tenir bon et fidèle répertoire des minutes des actes qu'il recevra et de se charger de celles de ses prédécesseurs sur les répertoires qui s'en trouveront, sinon sur l'inventaire qui en sera fait. »

En 1776, l'examen devant le lieutenant-général ne fut plus jugé suffisant. « Il y aurait nécessité, dit une délibération du 20 janvier 1776, pour l'honneur de la Compagnie

---

(1) Gabriel-Pierre Porcher n'ayant que 24 ans en 1790 dut obtenir une dispense d'âge pour succéder à son père. (Voy. ses Lettres de provisions, Archives départementales du Loiret, B. 93.)

et le bien public, de porter grande attention pour qu'il ne
pût être reçu notaire que des sujets sur la capacité et la probité desquels on ne pût avoir de doutes ; le consentement de
la Compagnie, obligatoire depuis le règement de 1735 et
qui doit précéder la réception par le lieutenant-général,
n'est qu'une formalité puisqu'il suit l'obtention des provisions et se donne sans aucun examen. En conséquence, une
députation fut envoyée au lieutenant-général pour le prier
de ne recevoir dans la Compagnie aucun membre qui n'ait
subi, devant quatre députés de la Compagnie, un examen
sur les devoirs et fonctions des notaires et sur les matières
de leur ressort et obtenu un certificat ; on s'adressera au
Conseil du duc pour le prier de ne plus expédier de provisions qu'à ceux qui auront subi cet examen. »

Toutes ces formalités étaient longues à remplir. Aussi
arrivait-il très souvent que les notaires exerçaient leurs
charges avant même d'y être reçus régulièrement. C'est
ainsi que, le 16 juillet 1736, à Theuvy (1) nous voyons François-Gabriel Pichet, sieur d'Hautigneul et d'Amonville, se
qualifier, lors de son mariage avec Anne-Madeleine-Paul
Noyer, de Conseiller du Roy et notaire au Châtelet d'Orléans (2) ; or sa réception ne date que du 1er décembre 1736.
C'était là une irrégularité admise et couverte par la Communauté des notaires ; le cas qui suit le prouve suffisamment. Le lundi 30 janvier 1736, Me Jean-Claude Leddet, licencié ès loix, praticien à Orléans, se présente à la Compagnie des Notaires et déclare qu'il a acquis l'état et office de
Me Ducloux, auquel il s'est fait pourvoir par lettres de provisions obtenues en la Chancellerie du duc d'Orléans le
19 janvier ; à l'appui de son dire, il exhibe et représente
ces lettres. Comme il promet et s'oblige de satisfaire à tous
les règlements de la Communauté et d'en acquitter toutes
les charges en attendant sa réception, la Compagnie l'ac-
cepte et lui donne tout consentement requis pour sa récep-

(1) Theuvy, département actuel d'Eure-et-Loir.

(2) Inventaire des Archives d'Eure-et-Loir, tome IV, p. 215.

tion : il lui suffira de payer les droits d'installation habituels (1).

Ces droits d'installation avaient augmenté dans de fortes proportions au xviiie siècle. Alors qu'en 1560 le droit d'entrée n'était que de 2 écus payés après la réception, qu'en 1618 il était de 6 livres et qu'en 1634 il n'était encore que de 2 écus, nous voyons ce droit porté successivement à 100 livres dans les Statuts de 1735, à 200 livres à partir de 1765 et à 600 livres à partir de 1784. Ces droits d'installation étaient, au xviiie siècle tout au moins, réduits de moitié en faveur des fils ou gendres de notaires qui prenaient l'étude paternelle. Ils étaient destinés à subvenir aux affaires et aux nombreux procès de la Communauté.

En outre de ces droits, le nouveau notaire avait à payer le *marc d'or*, impôt établi par Henri III sur tous les offices du royaume à chaque changement du titulaire et dont la quittance de paiement devait être annexée aux provisions pour être scellées. Par le mémoire manuscrit de Me Leddet dressé en 1737, nous savons qu'en 1602 on fit recherche de tous les officiers qui n'avaient pas acquitté le marc d'or et que plusieurs notaires d'Orléans durent payer 27 livres entre les mains de Pierre Pasquier, commis à la recette, par quittance du 15 octobre.

Aussitôt reçu, le nouveau notaire était tenu de rendre visite à tous les membres de la Communauté et de se faire présenter, dans ces visites, par un confrère de son choix. La visite devait se faire en robe (2).

Cumul de fonctions. — Pendant longtemps les notaires d'Orléans ne se firent pas faute d'exercer simultanément plusieurs fonctions. Me Michel Boudeau était, en même temps que notaire, greffier en chef de la prévôté criminelle d'Orléans (3). En 1752, Me Lion, notaire au Châtelet, cumulait les charges de receveur des amendes du bailliage et du

---

(1) Bibliothèque d'Orléans, II. 2787, pièce 2.

(2) Délibération du 9 mai 1744.

(3) Voir mariage de sa fille, en l'église Saint-Éloi, le 10 mai 1728.

présidial, receveur des amendes de police, commis à la direction générale des économats des bénéfices au département d'Orléans, greffier des justices seigneuriales de l'Evê-
ché, de Saint-Samson, de la Bretauche et de Villiers. En
cette même année 1752, M⁰ Thué était greffier de la justice
de Saint-Pierre-Empont, M⁰ Prevost greffier de celle de Saint-
Pierre-le-Puellier, M⁰ Chollet greffier de celle de Saint-Euverte, M⁰ Chappé greffier de celle de Saint-Benoist du Retour, M⁰ Johanneton greffier de celle de Saint-Magloire et
M⁰ Blandin greffier de celle de Saint-Gervais (1) ; ce dernier
notaire était, en outre, notaire de l'Hôtel-Dieu mais, de
même que pour l'Hôtel de Ville qui avait lui aussi ses notaires (2), on ne peut considérer l'exercice de cette fonction
comme un cumul mais plutôt comme un privilège.

Du 13 mars 1499 au 13 mai 1500 un cumul plus extraordinaire s'était produit en la personne de Droin Jacquet qui,
à sa qualité de « notaire du roy nostre sire au Chastellet
d'Orléans » joignit celle de « garde du scel aux contracts ».
Il remplaçait le prévôt et, comme tel, tous les actes reçus par
ses confrères et par lui-même, devaient être intitulés de son
nom.

Dans la seconde moitié du xviii⁰ siècle, les cumuls de
fonctions furent peu à peu interdits aux notaires. En 1761,
la Communauté, en recevant M⁰ François Johanneton
comme successeur de son père, le pria de ne pas continuer
l'exercice de greffier au bailliage criminel et de commis à
la recette des consignations ; vainement le récipiendaire
allégua-t-il qu'il n'y avait pas incompatibilité entre ces diverses fonctions que son père avait cumulées pendant
37 ans ; la Communauté tint bon. Le 30 juillet 1784, la

(1) *Détail historique de la Ville d'Orléans.*

(2) L'Hôtel de Ville d'Orléans a encore aujourd'hui ses notaires.
Actuellement deux études sont désignées pour recevoir successivement tous les actes passés au nom de la Ville. Le changement d'étude
s'opère lorsque le titulaire de l'étude qui reçoit les actes meurt ou
résigne sa charge ; les actes sont alors rédigés par le titulaire de la
seconde étude et cela jusqu'à sa mort ou à sa résignation, époque à
laquelle les fonctions reviennent au titulaire de la première étude.

Compagnie arrêta qu'un de ses membres ne pourrait remplir, ni par lui-même ni par un de ses clercs, les fonctions de Commis-greffier dans aucune juridiction, et, en conséquence, invita M° Destas à ne plus exercer la charge de Commis-greffier de la justice de Saint-Mesmin.

Situation sociale des Notaires d'Orléans. — Le notaire au Châtelet d'Orléans appartenait généralement à la classe de la bourgeoisie aisée. Parmi les acquéreurs d'offices de notaires la plupart étaient licenciés ès loix et avocats en parlement ; quelques-uns étaient des notaires royaux des localités environnantes qui désiraient posséder une charge plus importante ; d'autres étaient des praticiens, procureurs, procureurs fiscaux, e'c...; nous y trouvons également un huissier au Grand Conseil du Roi et un greffier en chef du Grenier à sel.

En revanche les simples huissiers n'étaient pas jugés dignes de devenir notaires. Claude Vidy, huissier-audiencier au bailliage criminel d'Orléans, ayant voulu acheter l'office de M° Chollet en 1769 et demandé l'agrément de la Communauté, celle-ci décida d'écrire à M. Pitoin, intendant des finances du Prince « en lui faisant part de la répugnance de la Compagnie à l'admission d'un huissier dans son corps » et de le prier de refuser des provisions au postulant (1).

S'ils n'avaient pas les gros revenus des notaires de Paris, les notaires d'Orléans avaient du moins une fortune suffisante pour être indépendants et rien ne permet de penser qu'ils se livrassent, pour vivre, aux expédients que le notaire Berry reprochait, en 1760, à ses malheureux confrères de Bourges, ou qu'ils fussent, comme le tourangeau Beaulieu en 1758, obligés de vendre la nue-propriété de leur office (2).

Même à la fin du xvii° siècle qui fut partout en France, pour le notariat, l'époque la plus critique et la plus désas-

---

(1) Délibération du 15 avril 1769.

(2) Langlois, *La Communauté des Notaires de Tours*, p. 68.

dreuse, la situation du notaire à Orléans semble avoir été encore suffisante. En 1695, on n'en compte que trois qui n'aient pas de servante à leur service et presque tous ont, en outre, un clerc dans leur étude (1). A la même époque, à Tours, « la situation des notaires est si précaire que la plupart de leurs femmes sont séparées de biens » et que leurs successions sont presque toujours bénéficiaires. L'un d'eux, Claude Phellion, décédé en 1700, était à ce point misérable que sa chambre lui servait de cuisine et que tout son mobilier ne fut prisé que 118 livres 5 sols (2).

En dehors de leurs études, beaucoup de notaires orléanais étaient possesseurs de terres et de fiefs plus ou moins importants : Benoît Martin était seigneur de Varennes aux Loges ; Guillaume Le Breton, « homme riche et opulent », dit Hubert, était seigneur de Gouffant ; Pierre Noblet, qui donna par testament à l'église Saint-Maurice 12 livres tournois de rente, était seigneur de Villemont. Au xviii° siècle, ils ajoutaient souvent à leur nom celui de leurs terres, suivant l'usage du temps : Thué de Beauvais, Pichet d'Hautigneul et d'Amonville, Jullien des Bordes, Couet de Montarant, Odigier de la Couronnerie, Chevreuil de Villebelle, etc.....

Une autre preuve, caractéristique de leur bonne situation pécuniaire, nous est fournie par l'examen des Comptes de la Bourse commune. Ayant à faire face à de nombreux procès ou à des réunions d'offices onéreuses, celle-ci était fréquemment en déficit et la Communauté se trouvait dans l'obligation d'emprunter : or, bien souvent, ce ne sont pas des tiers qui consentent ces prêts d'argent, ce sont des membres de la Compagnie des Notaires. En 1720 Me Thué l'aîné avance plus de 40.000 livres pour le remboursement de diverses dettes ; d'autres prêts moins importants sont faits par Me Philippe-Etienne Jullien, Me Porcher, etc...

(1) Registres de la Capitation pour 1695. Archives municipales d'Orléans, C. C. 92.

(2) LANGLOIS, *op. cit.*, p. 457.

Notaires condamnés et Notaires réprimandés. — Est-ce à cette situation de fortune suffisante, à cette *aurea mediocritas* qui leur permettait de vivre honnêtement en se contentant de revenu de leurs charges et du produit de leurs biens, qu'on doit attribuer la bonne renommée des notaires d'Orléans ? La chose est vraisemblable et toute à leur louange. Vivant dans une ville de négoce où le luxe a toujours été modéré et la vie de famille appréciée, ils savaient éviter les irrégularités et les malversations. Cependant quelques défaillances firent grand bruit et on ne saurait les passer sous silence.

> « Il n'est rien de plus beau qu'un notaire honnête homme,
> mais dans tous les grands corps on a vu de tout temps
> se glisser des fripons parmi d'honnêtes gens ;
> et quand on trouverait dans le corps un faussaire,
> cela ne blesserait aucun autre notaire. » (1)

S'il faut en croire M° Poignart, notaire à Jargeau, « ung notaire d'Orléans nommé Peaulx (2), pour faulsté, fut pendu à Paris »; (3)

Un autre notaire, M° Thomas Jeuslin, fut, en 1669, en vertu d'une sentence rendue au bailliage d'Orléans, condamné, pour malversation, à être pendu ; son office fut saisi à la requête de sa femme et ce fut son beau-père qui s'en rendit adjudicataire.

Un demi-siècle plus tard, un titulaire de la même étude se rendait également coupable de faux. Cédant aux mauvais conseils d'un sieur Martin, conseiller au bailliage d'Orléans, Louis Godefroy consentit à rédiger, avec la complicité de son confrère, Jacques Guindel, un testament au nom de M° Allego, conseiller au bailliage, décédé récemment. La fraude fut découverte et les deux faussaires condamnés à être pendus, ce qui s'exécuta par effigie. L'étude de Louis Godefroy fut probablement saisie et vendue par voie de

(1). BOURSAULT.

(2) Il s'agit probablement de Charles Piot qui fut notaire au Châtelet de 1631 à 1636.

(3) Registre des minutes de Poignart, notaire à Jargeau, année 1637.

justice, car l'acquéreur, M° Fascon, n'entra pas en possession des minutes de l'étude qui passèrent entre les mains
d'un autre notaire, M° Thué le jeune.

La Communauté des Notaires tenait d'ailleurs la main à
ce que tous ses membres vécussent honorablement. En 1736,
informée que M° Charles Gaillard avait au bailliage une instance qui pouvait le déshonorer, elle l'entendit, prit connaissance des pièces du greffe et n'hésita pas à l'exclure.

En 1750, pour avoir injurié un confrère, M° Chaubert fut
exclu des Assemblées.

En 1761 M° Godeau fut, à son tour, exclu de la Communauté pour avoir refusé de répondre à des citations.

M° Daviau avait gratté et surchargé son répertoire pour se
soustraire aux versements à la Bourse commune basés sur
le nombre des actes ; il avait, en outre, reçu deux obligations portant intérêts, ce qui était contraire à la loi et considéré comme contrats usuraires. Il fut, en 1768, cité au
Bureau, menacé d'interdiction et exclu de la Communauté.
Ces menaces n'ayant pas suffi, ses confrères refusèrent de
lui signer aucun acte et, en 1775, la Communauté fit, auprès des « puissances supérieures », des démarches pour obtenir qu'il fût obligé de se défaire de son office.

Le 22 février 1776, l'exclusion fut prononcée contre
M° Ragu qui fut mis en quarantaine par ses confrères et dut
vendre sa charge. La Compagnie lui refusa même un certificat lorsqu'en 1777 il voulut se faire recevoir procureur à
Montargis.

Quatre ans auparavant, un autre notaire, M° Vallée-Dunant, ayant épousé la veuve Bruère « caffetière » et celle-ci
continuant son état, la Communauté le fit comparaître devant elle et le mit en demeure de faire cesser un tel scan-
dale et de transporter sa demeure en dehors de la maison du
« Caffé », s'il ne préférait se défaire de son office. Il était
« indécent » pour l'épouse d'un notaire de faire les fonctions de Caffetière en donnant des cartes, recevant l'argent
et faisant lier les parties en y jouant elle-même. M° Vallée-
Dunant était peut-être un homme faible ; il répondit qu'il
n'était pas sûr de réussir à empêcher sa femme de continuer

son métier et il refusa de signer le procès-verbal. Pourtant il dut se soumettre et, moins d'un mois après, le 4 juin, il déclara que dorénavant ce serait sa belle-sœur, la demoiselle Roussellet, qui serait maîtresse de l'Académie et ferait les fonctions de Caffetière et que, lui et sa femme, iraient demeurer rue Royale à la Saint-Jean (1).

Les syndics et les doyens eux-mêmes n'étaient pas à l'abri des foudres de la Communauté. M° Louis Regnault n'ayant exécuté aucune des charges de son syndicat, la Communauté les fit acquitter à ses frais et demanda, en 1731, aux officiers du Bailliage que M° Regnault fût interdit de ses fonctions.

Un autre syndic, Louis Godefroy, s'était fait rappeler à l'ordre, en 1708, par le doyen, M° Thué, parce qu'il négligeait les affaires de la Communauté. En pleine assemblée, il répondit par des grossièretés disant qu'il « se foutait de toute la Compagnie » et il leva le poing sur un de ses confrères qui l'avait eu chez lui pendant 17 ans comme clerc et qui le rappelait aux convenances. L'assemblée fut à ce point scandalisée de ces « insolences et mauvaises paroles » qu'elle mit incontinent son syndic à la porte, dressa procès-verbal de cette séance mouvementée et en demanda acte au Prévôt d'Orléans, Elie Delafons.

Au cours de son syndicat, en 1777, M° Sonnier fut convaincu d'avoir cherché à diffamer un confrère auprès d'un client. Il fut, sur le champ, suspendu de ses fonctions de syndic.

En 1783, le même M° Sonnier, alors doyen, condamné par le Bailliage et la Cour à remettre des pièces à un de ses clients à peine de contrainte par corps, fut mis en demeure par la Communauté de se soumettre, s'il ne voulait s'exposer à être privé de toute entrée en la Salle, de toute voix délibérative au Bureau et aux Assemblées, et de toute distribution.

(1) Archives de la Chambre des Notaires d'Orléans. Registre des délibérations.

Durée d'exercice des Notaires. — Sauf peut-être au xviii° siècle, les notaires au Châtelet d'Orléans demeuraient fort longtemps en charge et la mort les surprenait souvent alors qu'ils étaient toujours titulaires de leurs offices : 3o ans d'exercice ininterrompu étaient un délai fréquent et on trouve plusieurs notaires qui ont exercé 5o ans et plus. Qu'il nous suffise de citer François Vivien qui resta en charge 58 ans au cours du xvi° siècle, Abraham Lasne 54 ans et Gabriel Hurault 5a ans pendant le xvii° siècle, Joseph Pompon, le père, 53 ans, Louis Boucher, le fils, 58 ans et Jean-Antoine-Denis Sonnier 52 ans au xviii° siècle.

Dès le milieu du xvii° siècle cependant, les résignations se font plus fréquentes et c'est alors que l'on voit s'établir de véritables dynasties de notaires. Nous en donnerons un exemple caractéristique : le 23 août 1662, mourait en charge, après 22 ans d'exercice, Philippe Thué ; son fils Pierre Thué l'aîné étant trop jeune pour lui succéder, l'étude fut gérée pendant trois ans par un procureur au Châtelet, ami de la famille, qui, en 1665, remit l'office entre les mains de l'héritier naturel ; Pierre Thué l'aîné devait exercer 53 ans et mourir, lui aussi, en charge. Lorsqu'il décéda, en 1718, son fils aîné, Pierre Thué, avait acquis, depuis 6 ans, un office de notaire qu'il transmit, en 1735, à son neveu, J.-P. Chappé, lequel à son tour le résigna, en 1779, en faveur de son gendre Martin Brûlé. Quant à l'étude de Pierre Thué l'aîné, elle passa, à sa mort, à son second fils, Etienne Thué de Beauvais, qui mourut en charge en 1758. L'étude passa à Jean Defaucamberge qui, en 1790, la transmit à son gendre, Joseph-Amable Lefebvre. Depuis lors, sauf pendant une période de cinq ans nécessitée par une minorité d'âge, l'étude a toujours été possédée par la même famille, avec cette particularité que les successeurs ont toujours été des gendres, sauf en 1847 où ce fut le fils qui prit la succession aussitôt qu'il fut en âge.

Quatre notaires d'Orléans, à notre connaissance, exercèrent à deux reprises. Etienne Chaussier fut notaire de 1588 à 1595, puis de 1597 à 1630. Pierre Chenot qui avait été notaire de 1627 à 1643 dut se rendre adjudicataire de

l'étude de son gendre qui avait été condamné et exerça à
nouveau de 1669 à 1675. Etienne Jacquet, notaire de 1628
à 1635, reprit son étude en 1637 et la conserva jusqu'en
1645. M° Etienne Trézin avait pris, en 1775, l'étude lors du
décès de son père ; pour une cause inconnue, il la céda en
1776 à Louis Asselin, qui la lui rétrocéda un an plus tard ;
il dut, comme la première fois, demander l'agrément de la
Communauté pour obtenir de nouvelles provisions du Conseil du Duc.

Notaires honoraires. — Habituellement, les notaires du
xviii° siècle résignaient leurs fonctions d'assez bonne
heure. Aussi voit-on, à cette époque, un assez grand
nombre de notaires *vétérans* ou *honoraires*. Un édit
d'août 1673 avait réservé au roi seul le pouvoir d'octroyer
aux notaires, après vingt ans d'exercice, des *lettres de
vétérance* ou *lettres d'honneur*. Mais comme les lettres de
vétérance conféraient au notaire honoraire, sa vie durant,
et parfois même à sa veuve pendant sa viduité, les mêmes
honneurs, privilèges et exemptions dont jouissaient les
notaires titulaires, le gouvernement de Louis XIV avait
intérêt à ne pas multiplier outre mesure le nombre des
officiers privilégiés. Au xviii° siècle, au contraire, les
notaires vétérans étaient plus nombreux et, en 1743, on
en comptait dix à Orléans (1). Ils continuaient à faire partie de la Communauté et y avaient voix délibérative.

Le registre de la Communauté nous a conservé le texte
des lettres d'honneur accordées par le Roi, le 17 février
1780, à M° Jacques-Philippe Chappé, notaire pendant quarante-quatre ans, neveu de deux notaires, petit-fils de
Pierre Thué, qui avait exercé cinquante-trois ans, et arrière-
petit-fils de Philippe Thué, également notaire. Les lettres
s'expriment ainsi : « voulons..... qu'il puisse toujours se

---

(1) Les noms de ces dix notaires vétérans sont portés sur la liste
imprimée en 1742. Nous ne pouvons affirmer cependant qu'ils aient
tous obtenu des lettres d'honneur, l'un, M° Joseph Legrand, n'ayant
exercé que douze ans, et l'autre, M° Jean-Claude Leddet, six ans
seulement.

dire nommer et qualifier..... notre conseiller notaire honoraire au Châtelet d'Orléans, et qu'en cette qualité il jouisse de tous les honneurs, prérogatives, prééminences, franchises, immunités, privilèges et exemptions attachés audit office et dont il a joui ou dû jouir avant sa résignation, sans néanmoins faire aucunes fonctions de Notaire. Luy permettons en outre d'assister et prendre place à ladite Communauté des notaires au Châtelet d'Orléans, aux assemblées ordinaires de ladite Communauté..... »

Noblesse. — Certaines lettres de vétérance du xviiᵉ siècle stipulaient que la qualité de vétéran ne pourrait faire souche de noblesse (1). Cette réserve pouvait ne pas être inutile vis-à-vis des notaires, car jamais question ne fut plus controversée que celle de la compatibilité ou de l'incompatabilité du notariat avec la noblesse.

Le classique *Traité de la Noblesse* de Gilles-André de la Roque consacre un chapitre entier à la question de savoir « si la fonction de notaire et tabellion déroge ». Après avoir rappelé que beaucoup d'auteurs (2), se basant sur ce que les notaires étaient à Rome choisis parmi les esclaves, considèrent le notariat comme une profession roturière amenant la dérogeance, et qu'un arrêt du Conseil d'Etat du 22 mars 1666 adopta cette manière de voir, De la Roque fait remarquer qu'en Provence, en Dauphiné, en Languedoc et en Bretagne les offices de notaires n'étaient ni dérogeants, ni anoblissants et qu'en ces provinces beaucoup de gentilshommes furent notaires avant 1550. Pour lui, il se range à ce dernier avis et soutient qu'un noble ne déroge pas en exerçant le notariat. M. de Ferrière, dans son traité du *Parfait Notaire*, considère également la charge de notaire comme « fort honneste » et compatible avec la noblesse.

Nous ferons observer qu'à Orléans la question de dérogeance ne dût pas se poser avant le xviᵉ siècle. De nom

(1) Cf. *Dictionnaire* de Littré, article *Vétéran*.

(2) Guy Pape, Bartole, Jean Ferrerius, Florentin de Therriat, Charles Loiseau, etc...

breux exemples montrent qu'assez fréquemment des offices
de notaires y furent exercés soit par des nobles, soit par
des officiers jouissant des privilèges de la noblesse : Pierre
et Jean Jaupître, Pierre Fauchet, Pierre Simart, Jean Prevost, Pierre Brissonnet, Jean Brachet, Jean Halle étaient,
au xv° siècle, en même temps que notaires, secrétaires du
Roi et par suite jouissaient des mêmes honneurs et prérogatives que les nobles ; Jean de Compain, notaire et secrétaire du Roi, fut envoyé en ambassade à Rome en 1479 ;
enfin Colas de Rieuze, qui exerça une charge de notaire au
xıv° siècle était gentilhomme. (1)

A partir du milieu du xvı° siècle, au contraire, il semble
qu'on ait considéré le notariat comme une dérogeance.
L'arrêt du Conseil d'Etat du 22 mars 1666 et le Règlement
du Conseil privé du 4 juin 1668 (article 7) mettent les
notaires au nombre de ceux qui dérogent et exercent une
profession roturière. Un édit du mois d'août 1673 excepta
de la dérogeance les seuls notaires de Paris, auxquels cette
faveur coûta 452.000 livres. Les notaires syndics des villes
et bourgs furent également exceptés de la dérogeance par
un édit de 1706. Mais les notaires royaux de province
étaient toujours censés déroger (2) et ce ne fut qu'à partir

(1) Bibliothèque d'Orléans, ms. 977.

(2) Bien que l'enregistrement d'armoiries à l'*Armorial Général*
ne doive pas être considéré comme une preuve de noblesse, ainsi
que le déclare expressément l'édit de 1636, il n'est pas inutile de
faire remarquer que, dans cet Armorial, on ne trouve que quatre
notaires royaux d'Orléans : Etienne Pasquier, Etienne Jacquet, Nicolas de Beausse et Jacques Mauduison. Et encore les armoiries qui
leur sont attribuées sont-elles des armoiries imposées d'office et non
des armoiries de famille !

Cette question de dérogeance est longuement examinée dans un
placard ayant appartenu à M° Ragu, notaire à Orléans et qui, rédigé
au xviıı° siècle, a pour titre : « *Discours pour montrer qu'un notaire
royal... ne déroge point.* » Suivant l'auteur de ce factum, les pro-
fessions qui dérogent à la noblesse sont de deux sortes : celles qui
s'occupent aux ouvrages du corps et des mains, comme les Arts
mécaniques, et celles dont le motif est le goin et l'intérêt, comme
la Marchandise. Or cela ne se peut pas dire de l'emploi du notaire.
Dans l'arrêt du 22 mars 1666 on désigne ceux qui dérogent à la
Noblesse, notamment les Procureurs, mais il n'y est pas fait mention
des notaires. A l'appui de sa thèse l'auteur, qui est certainement un

du mois de mai 1775 qu'un édit déclara les offices de notaires compatibles avec la noblesse.

Nous devons faire observer cependant qu'une certaine catégorie de notaires pouvaient acquérir la noblesse par le seul exercice du notariat. L'édit de 1691, qui avait créé des charges de notaires apostoliques et royaux, stipulait que, lorsqu'ils auraient servi pendant vingt ans ou seraient décédés en charge, les privilèges de la noblesse seraient acquis aux notaires apostoliques, à leurs veuves et à leurs enfants. (1)

Privilèges. — Si le notaire était généralement considéré comme exerçant une profession roturière, il possédait en revanche, à Orléans, des privilèges enviables.

D'une manière générale, ces privilèges étaient les mêmes que ceux qui avaient été octroyés aux notaires de Paris. Les lettres de confirmation, données par François Ier en août 1544, le disent très expressément : « d'ancienneté nos prédécesseurs roys de france créèrent..... quinze notaires au chastellet dudict orléans....., à l'instar et forme de ceulx du chastellet de nostre ville de paris et pour plus les rendre conformes leur donnèrent.:... telz et semblables privillèges, statuz, immunitez, libertez et franchises que ont les notaires dudict chastellet de Paris. » Enumérons les principaux :

Les notaires d'Orléans jouissaient de l'exemption de logement des gens de guerre. Ce privilège leur fut notamment confirmé par un arrêt du Conseil d'Etat en date du 6 novembre 1770.

Ils étaient exempts de tutelle, de curatelle, de guet et garde.

notaire, cite ce fait : en 1672, à Bourges, le sieur Archambault, notaire, fut nommé échevin et acquit par cette nomination le privilège de noblesse ; depuis lors, il a toujours joui de la noblesse, bien que continuant à exercer son office de notaire. Il conclut en disant qu'un anobli ou un gentilhomme d'extraction ne dérogent pas à leur noblesse par l'exercice de la charge de notaire.

(1) *Intermédiaire des Chercheurs*, t. XXIII, p. 373.

Leurs enfants et leurs premiers clercs étaient dispensés de tirer à la milice, ce qui n'empêchait pas les notaires de contribuer aux charges militaires : le 2 janvier 1762, il fut en effet enjoint aux notaires, procureurs et huissiers de fournir un homme pour leur part dans les cinquante hommes de recrue demandés à la ville d'Orléans pour compléter les corps de troupes actuellement sur pied (1). De leur côté, s'ils n'étaient pas assujettis au tirage personnel, les clercs devaient fournir un milicien (2). Au mois d'août 1789 les officiers municipaux invitèrent tous les citoyens privilégiés à fournir des lits aux troupes actuellement en garnison à Orléans pour décharger les personnes assujetties au logement des troupes ; en cette occasion les notaires montrèrent leur civisme et leur Communauté décida de payer entre les mains du receveur de l'Hôtel de Ville cent livres le 1er de chacun des mois de septembre, octobre, novembre et décembre, mais en spécifiant que cette générosité volontaire ne pourrait tirer à conséquence au sujet des privilèges de la Compagnie.

Les causes personnelles et possessoires des notaires étaient commises par devant les Bailly et Prévôt d'Orléans, conservateurs des privilèges de l'Université ; ils pouvaient citer devant ces juges toutes personnes demeurant « au dedans du bailliage et prevosté d'Orleans et anciens ressorts d'iceulx » (3). Ils n'étaient pas tenus d'user de ce droit de *Committimus* devant le Bailliage pour leurs causes personnelles et avaient la liberté de rédiger leurs demandes devant les juges qui leur convenaient. Lorsque la juridiction de la Prévôté fut supprimée en mars 1749, les notaires,

(1) Archives de la Chambre des Notaires d'Orléans.

(2) En avril 1768, les clercs de notaires et de procureurs engagèrent un particulier moyennant 300 livres et 24 livres pour boire, outre quelques menus frais, et les syndics le firent recevoir pour milicien par les Maire et Echevins. (Registre des délibérations, 7 avril 1768.)

(3) Comme exemple de ce privilège, nous citerons une sentence du bailliage d'Orléans rendue le 29 mars 1658 conformément à l'édit de 1544 et donnant gain de cause à Me Fieffé, notaire, contre un habitant de Châtillon-sur-Loire qui demandait son renvoi devant son juge. (Bibliothèque d'Orléans, ms. 982, papiers de Jousse.)

en vertu de lettres de garde-gardienne délivrées par le
Bailly, purent traduire devant le bailliage d'Orléans ceux
avec qui ils avaient des contestations (1). En 1758, ayant
eu à se plaindre de mauvais procédés de la part des officiers du bailliage, les notaires d'Orléans demandèrent et
obtinrent du Parlement, par un arrêt en date du 19 avril,
que leurs causes, tant communes que personnelles, civiles
et criminelles, en demandant et défendant, seraient renvoyées pendant deux ans au bailliage de Chartres (2) ; s'il
faut croire leurs adversaires, les notaires d'Orléans profitèrent pendant longtemps de cette faculté et, en 1764, quelques-uns d'entre eux menaçaient de traduire à Chartres
les particuliers qui se refusaient à payer des droits trop
considérables. (3)

Les offices des notaires au Châtelet d'Orléans n'étaient
pas domaniaux ni sujets à réunion : un arrêt du Conseil
du 29 janvier 1611 le reconnut.

Jamais aucun tabellionage ne leur fut imposé.

Un dernier privilège, beaucoup plus considérable et dont
nous avons déjà dit un mot, leur appartenait de toute
ancienneté : ils pouvaient instrumenter dans toute l'étendue du royaume. Les lettres de 1544 sont formelles : ils
pourront, comme auparavant, « eux transporter en toutes
les villes, lieux, terres et seigneuries du royaume pour y
recevoir, passer et grossoyer pour toutes et chacunes les
personnes dont ilz seront requis toutes lettres, testamens,
inventaires, contractz et autres actes et instrumens deppendans de leurs dicts estatz et offices de notaires..... pourveu touteffois que pour l'exercice de leurs dicts offices ilz
ne se habitueront ou feront leur résidence ailleurs que en
ladicte ville d'orléans et faulxbourgs d'icelle. »

Nous avons vu que ce privilège leur avait été octroyé en
janvier 1303. Il leur fut confirmé à maintes reprises, le

(1) Bibliothèque d'Orléans, ms. 977, pièce 105.

(2) Bibliothèque d'Orléans, recueil H. 2787, pièce 6, imprimé.

(3) Registre des délibérations, 2 août 1764. Archives de la Chambre
des Notaires d'Orléans.

plus souvent sur leur demande : sous l'ancien régime, en effet, il était non seulement d'usage, mais de nécessité d'obtenir à chaque avènement nouveau la confirmation des privilèges anciens ; mais pour éviter des frais trop souvent renouvelés, on attendait le plus longtemps possible pour demander cette confirmation.

Depuis quatorze ans le duché d'Orléans était réuni à la Couronne et son ancien duc Louis II était monté, sous le nom de Louis XII, sur le trône de France. Malgré ce grand laps de temps, les quinze notaires du Châtelet d'Orléans avaient négligé jusque-là de faire confirmer leurs privilèges par le nouveau roi. L'article 368 de la Coutume d'Orléans, rédigée en 1509 et imprimée par Eloi Gibier, avait bien reconnu leur droit d'instrumenter dans tout le royaume, mais, craignant pour l'avenir d'être inquiétés et molestés, les notaires d'Orléans résolurent d'imiter leurs confrères de Paris qui, en avril 1510, avaient obtenu des lettres de confirmation. Ils s'adressèrent au roi et, au mois de mai 1512, à Blois, Louis XII leur accorda la confirmation qu'ils sollicitaient. Les lettres royales furent enregistrées au Parlement puis en la prévôté d'Orléans, Louis Roillard étant prévôt.

Les notaires du Châtelet n'étaient plus, à cette époque, sous la dépendance du prévôt ou du bailly ; ils étaient organisés, comme nous le verrons plus loin, en une Communauté assez puissante pour pouvoir défendre à l'occasion les droits de tous ses membres. Aussi, dans la prévision des contestations futures, décidèrent-ils de réunir tous les titres ou documents qui pourraient leur être utiles. En 1516 ils retirèrent « de la cour du Parlement les chartres ou confirmations des privilèges à eux octroyés par les roys de france faisant, entre autres choses, mention du privilège de passer tous contracts et actes par tout le Royaume de france, ensemble la publication qui en a esté faicte par messieurs les gouverneurs et prevots d'orléans. »

Toujours poursuivis par la crainte que les officiers royaux « ne leur voulsissent à l'avenir en la jouissance d'iceux

privilèges donner aucun destourbier et empeschement »,
ils adressèrent au successeur de Louis XII une humble supplique et, au mois de décembre 1519, à Blois, ils obtinrent
de François Ier des lettres de don confirmant tous leurs privilèges, exemptions, libertés et franchises.

Le nombre des notaires au Châtelet d'Orléans ayant été
porté de quinze à vingt-quatre, il devint nécessaire d'obtenir de nouvelles lettres pour étendre aux neuf officiers
créés récemment le bénéfice des privilèges. Ceux-ci furent
confirmés par des lettres données à Paris au mois de juillet 1539, par d'autres lettres données à Nanteuil en août
1544 et par une déclaration royale en date du 6 août 1544
les exemptant et déchargeant spécialement du tabellionage
et leur permettant de jouir de leurs grosses comme ils
l'avaient fait de tout temps.

Ces lettres de confirmation n'étaient pas gratuites et
parfois la royauté les imposait aux notaires, ainsi qu'à tous
les officiers royaux, pour se procurer des revenus. A peine
Henri II était-il monté sur le trône qu'il enjoignit en 1547
à tous les officiers royaux de prendre, dans l'année de son
avènement, des lettres de confirmation sous peine d'être
privés de leurs offices ; et les notaires d'Orléans durent
suivre la loi commune. En décembre 1550, à Blois, Henri II
leur délivra des lettres pour confirmer « les privilèges,
exemptions, libertés et franchises à eux concédés et octroyés
par nos prédécesseurs même par le feu roy, nostre très
honnoré seigneur et père que dieu absolve ».

Sous Henri III, de nouvelles lettres confirmatives furent
accordées en 1580 et 1584.

Il en fut de même à l'époque de la Ligue. Après avoir
obligé les notaires à remettre leur démission entre ses
mains, le duc de Mayence leur accorda en 1593 de nouvelles lettres de provision en leur confirmant tous leurs
droits et exemptions antérieurs.

Lors de l'avènement d'Henri IV à la couronne, ils furent
encore une fois obligés de faire confirmer leurs privilèges
et il en coûta à chaque notaire la somme de dix livres

versée le 14 août 1597 entre les mains de Joseph Mercier commis par Sa Majesté.

Cette dernière confirmation devait avoir, à brève échéance, un intérêt majeur non seulement pour la Communauté en général, mais pour chaque notaire en particulier. Les offices n'avaient été, jusqu'alors, donnés qu'au titulaire et revenaient au domaine après la mort de ce dernier ; à la suite d'un édit du 14 octobre 1597, ils devinrent héréditaires et les notaires, contraints d'acheter très cher ce droit d'hérédité, sur lequel nous reviendrons avec détails un peu plus loin, eurent un intérêt direct à ce que les offices, dont ils étaient dès lors propriétaires, comportassent des privilèges aussi certains et aussi étendus que possible.

Depuis cette époque de nouvelles lettres de confirmation ne furent pas octroyées, mais le droit d'instrumenter dans tout le royaume fut à diverses reprises reconnu aux notaires d'Orléans, notamment le 29 novembre 1621 par un Arrêt du Conseil, en 1735 dans l'homologation par la Cour de leurs Statuts, en 1740 dans un procès contre le duc de Chevreuse qui voulait les empêcher d'acter dans l'étendue de son Comté de Dunois, et le 12 janvier 1745 dans un Arrêt du Conseil qui les maintenait dans le droit d'instrumenter dans tout le royaume et de faire contrôler leurs actes dans le bureau où ils les passent ou au bureau d'Orléans à leur choix.

En 1760, au moment de leurs démêlés avec les Officiers municipaux, les notaires crurent utile de faire confirmer leurs privilèges. Pour arriver à ce but ils envoyèrent à Paris des députés qui, moyennant une somme de 4.500 livres obtinrent un Arrêt du Conseil en date du 20 juillet, qui reconnaissait tous leurs droits.

A toutes les époques, les notaires au Châtelet d'Orléans jouirent d'une façon très effective de leur privilège d'instrumenter par tout le royaume. Le nombre des actes reçus par eux sur tous les points de la France est considérable :

ils en passaient même à Paris (1) et il n'est pas rare d'en rencontrer dans les divers dépôts publics d'archives ; à Blois et à Bourges notamment, il existe, aux Archives départementales, beaucoup d'actes reçus aux xve et xvie siècles par des notaires d'Orléans (2). On les chargeait de la rédaction d'actes importants tels que la transaction, faite en octobre 1560, entre François II et le duc de Montpensier au sujet du duché de Montpensier, ou le contrat de mariage d'Henri de Bourbon, duc de Montpensier, avec Henriette-Catherine de Joyeuse au mois d'avril 1597.

La meilleure preuve qu'ils actaient en dehors de leur ressort immédiat, c'est qu'on voulut les en empêcher : en 1598, Me Vaslin, notaire orléanais, fut, par une sentence du bailliage de Chartres en date du 9 avril, maintenu, contradictoirement avec les notaires de Chartres, dans son droit d'acter en cette ville (3) ; en 1740 un procès analogue fut gagné contre le duc de Chevreuse qui, dans l'espèce, défendait les notaires de son comté de Dunois. Pourtant, malgré cette longue possession, les notaires au Châtelet de Paris parvinrent, après quatre années de plaidoiries, à gagner, en 1787, un procès contre les notaires d'Orléans, qu'ils avaient exclus de la confection de deux inventaires. Ceux-ci décidèrent de chercher un moyen de cassation ou songèrent à faire reviser, dans une autre Cour, le procès qui les avait condamnés, mais la Révolution survint sur ces entrefaites qui mit fin, au moins en principe, à tous les privilèges.

Hérédité des offices et impositions diverses payées pour l'acquérir ou la conserver. — Les notaires, nous l'avons vu plus haut, ne furent propriétaires de leurs offices qu'à partir de 1597. Aux époques antérieures, lorsqu'un titulaire mourait sans avoir obtenu de lettres de survivance,

(1) Le 24 novembre 1785, les notaires d'Orléans furent invités à rechercher dans leurs minutes, depuis l'année 1600 jusqu'à 1785, les actes passés par eux ou leurs prédécesseurs à Paris. (Registre des délibérations.)

(2) Renseignement fourni par M. J. Soyer, ancien archiviste du Loir-et-Cher et du Cher.

(3) Archives de la Chambre des Notaires d'Orléans.

son office « tombait aux Parties casuelles », autrement dit revenait au domaine du roi ou du duc qui l'adjugeait à nouveau aux enchères ou le donnait à un titulaire en paiement de dettes ou de gages ou, plus rarement, à titre de libéralité.

Le 2 mars 1579 des lettres patentes avaient accordé aux notaires la survivance de leurs offices pour leurs veuves, leurs enfants et leurs héritiers et, en vertu de ces lettres, les notaires avaient acquis, moyennant 100 écus soleil chacun, le droit de désigner leurs successeurs. C'était là un premier acheminement vers l'hérédité ; mais, comme le roi pouvait toujours révoquer des lettres de survivance, le droit de propriété n'était pas encore définitivement assuré aux notaires. En pratique l'hérédité existait bien déjà et les résignations *in favorem* étaient généralement admises, surtout lorsqu'il s'agissait de permettre à des fils ou gendres de notaires de succéder à leurs pères ou beaux-pères ; mais elle n'existait pas en vertu d'un droit.

La nécessité, où Henri IV se trouva de se procurer 35 millions de livres pour payer l'arriéré dû aux régiments suisses et grisons à sa solde, fut la cause qui détermina l'hérédité des offices de notaires. Un premier édit, rendu au mois de mai 1597, ordonna le rachat et la revente générale de tous les offices de notaires royaux et, pour donner plus de valeur à ces offices, on leur réunit les fonctions de gardes-notes et de tabellions et l'on assura l'hérédité aux nouvelles charges ainsi créées. Les notaires de Paris et d'Orléans furent les seuls du royaume qui réussirent à échapper à l'édit de mai 1597, sous le prétexte qu'ils étaient exempts depuis longtemps du tabellionage et pouvaient grossoyer leurs actes : mais l'édit du 14 octobre 1597 qui les exemptait du rachat de leurs offices leur ordonnait d'acheter l'hérédité moyennant 200 écus pour chaque notaire. Ce droit d'hérédité fut modéré, en janvier 1598, à 100 écus et 10 écus pour les 2 sols pour livre (1).

(1) D'après le mémoire ms. de Leddet, ce fut un arrêt du Conseil du 17 novembre 1597 qui modéra à 100 écus la finance du droit d'hérédité pour les notaires qui n'avaient pas obtenu la survivance de leurs offices et à 60 écus pour ceux qui l'avaient obtenue.

Malgré cette modération les notaires d'Orléans, imitant leurs collègues du royaume, ne mirent, semble-t-il, que peu d'empressement à payer cette nouvelle taxe. Assignés à diverses reprises par Claude de Mondoucet, commissaire député de Sa Majesté, et craignant de voir leurs offices saisis et vendus, ils se résignèrnt à contre-cœur à payer les 110 écus représentant le droit d'hérédité. Mais, en 1601, à la requête du substitut du procureur général, ils furent mis en demeure de rapporter, en la Chambre du Trésor au Palais, à Paris, les titres et quittances des ventes et engagements du tabellionage de la ville d'Orléans dont ils avaient affirmé être exempts ; ils purent faire cette preuve et furent déchargés, le 19 mai 1601, à Paris, par ordonnance des Commissaires.

Le 18 janvier 1603 une nouvelle assignation leur fut faite de rapporter les contrats de vente de leur hérédité pour « iceux être par Sa Majesté ratifiés » conformément à la commission royale du 2 janvier 1603. Les taxes, rentrant mal, n'avaient pas donné à l'Etat les ressources qu'on espérait ; d'autre part beaucoup d'offices achetés à vil prix avaient rapidement pris, entre les mains de titulaires actifs, une plus-value appréciable. L'ingéniosité de Sully trouva, dans ces diverses causes, le prétexte d'une nouvelle combinaison financière. Après avoir décrété que les offices de notaires seraient remboursés à leurs titulaires au prix coutant et non d'après la valeur actuelle, il traita avec des *partisans* qui s'engagèrent à verser au Trésor des sommes élevées et furent, en retour, autorisés à rembourser les offices de notaires au nom de l'Etat et à les faire exercer par leurs commis.

En avril 1609, Louis Massuau acquit, moyennant 900.000 livres, le remboursement des notaires et tabellions des parlements de Paris, Dijon, Bordeaux et Toulouse, « à la réservation des notaires du Chastelet de Paris ». Ceux d'Orléans se pourvurent au Conseil d'Etat du Roy « pour avoir la même réservation comme aians mesme privilège que ceux de Paris » ; 27 d'entre eux se rendirent à Paris à cet effet et obtinrent une audience de Sa Majesté « qui leur fit rude réponse ». Déçus dans leur espoir, ils traitèrent « avec ledit Massuau partisan qui fit exempter lesdits notaires dudit droit de remboursement par déclaration du Roy faite en son conseil le 29 janvier 1611 par laquelle lesditz offices de notaires du Chastellet d'Orléans sont déclarés non domaniaux ni subjets à réunion et furent à cet effet obligés lesdits notaires payer chacun six vingt livres de principal et 10 livres pour les 20 deniers tournois pour livre pour le supplément de la finance par eux payée pour le droit d'hérédité à eux cy-devant vendu que pour le droit de confirmation dû à Sa Majesté à son avènement à la couronne suivant quittance signée de Ligny en date du 23 juin 1611 enregistrée au Contrôle du bureau des finances le 20 juillet 1611 ».

Malgré cette déclaration, les notaires d'Orléans furent encore inquiétés. En 1621, le sieur Gouault, conseiller en la prévôté d'Orléans et commissaire délégué pour l'exécution d'un Arrêt du Conseil du 14 janvier 1621, essaya de mettre en vente, comme domaniaux, les offices des notaires d'Orléans ; ceux-ci s'y opposèrent et, « après beaucoup de peines et difficultés (1) » obtinrent, le 27 novembre 1621, un Arrêt du Conseil les déchargeant de l'assignation lancée par Gouault, « à la charge néanmoins que ceux desdits notaires qui ont esté pourvus desdits offices depuis l'Arrêt du 29 janvier 1611 seront tenus payer la somme de 120 livres chacun par forme de supplément d'hérédité laquelle leur tiendra lieu de finance sans qu'à cause dudit payement lesdits offices puissent à l'avenir estre réputés domaniaux ni sujets à réunion, ains pourra Sa Majesté faire cesser ladite hérédité en les remboursant de la finance payée pour icelle hérédité et loyaux coûts ». En conséquence, les titulaires pourvus depuis le 29 janvier 1611 payèrent chacun 120 livres entre les mains du sieur de Ligny, trésorier des Parties casuelles, mais ils exigèrent des quittances duement expédiées et contrôlées.

(1) Le mémoire ms. de Leddet cite un grand nombre de pièces de procédure relatives à cette contestation.

Vingt ans plus tard, le 16 avril 1641, nouvelle alerte : « M° Jean Laur, porteur des quittances du trésorier des Parties casuelles, fit faire commandement au Sindic desdits notaires de payer 12.000 livres qui estoit à chacun notaire 363 l. 12 s. 8 d. avec les 2 sols pour livre, ce qui alloit à près de 400 livres, et laquelle somme il pretendoit pour la taxe de la confirmation de l'hérédité desdits offices de notaires, auquel commandement le Sindic, de l'avis de la Compagnie, fit réponse verbalement qu'ils estoient déchargés dudit droit par arrêts du conseil obtenu par le procureur de Son Altesse au mois de feuvrier de ladite année ». La réponse suffit, paraît-il, car on n'entendit plus parler de rien. (1)

En 1662 tout fut remis en question. Deux déclarations du roi en date des 3 mai et 23 novembre 1662 enjoignirent « à tous officiers créés par édits et déclarations sous simple matricule ou autrement sans lettre de provision » de prendre des provisions dans les deux mois qui suivraient leur publication et signification ; en conséquence il fut fait défense à tous ceux qui exerçaient des offices par matricule et sans lettres de provisions scellées du grand sceau, de s'immiscer à l'exercice et fonction de ces charges et il fut enjoint aux Cours et aux juges de ne pas souffrir l'exercice ni d'admettre de nouveaux titulaires dans ces conditions. Une ordonnance du Conseil du nouveau duc d'Orléans (2) vint confirmer les déclarations royales à l'égard des officiers de l'Apanage non pourvus de lettres de provisions. Michel Houmain, sieur de Courbeville, lieutenant général criminel commis au Bailliage d'Orléans, commissaire député par S. M. et S. A. R., fit en conséquence signifier au syndic des notaires d'Orléans deux copies des déclarations de 1662 et se mit en mesure de les mettre à exécution. Menacée d'une exécution prochaine la Communauté s'assembla le

(1) Tous ces renseignements sur l'hérédité sont puisés dans le ms. S. 33 de la Bibliothèque d'Orléans et dans le mémoire ms. de M° Leddet.

(2) Gaston d'Orléans, frère de Louis XIII, était mort en 1660 et l'apanage avait été donné à Philippe, frère de Louis XIV.

14 janvier 1664 et décida d'envoyer une députation au Conseil pour que ses membres fussent déchargés de prendre de nouvelles provisions ou lettres de confirmation de l'hérédité de leurs charges ; en même temps elle présentait, dans le même but, une requête au duc d'Orléans. Le 25 février 1664 le Conseil du Duc ordonnait aux notaires de payer une finance pour être pourvus à nouveau de leurs offices et avoir faculté d'entrer au droit annuel. Cette décision fit craindre aux notaires les pires extrémités et « inconsidérément vingt ou vingt et un desdits notaires prirent lettres de provisions sous la crainte qu'ils avoient d'estre supprimés, ce qui a obligé les autres notaires d'en obtenir. »

Huit ans plus tard, en 1672, au moment de la guerre de Hollande, les notaires furent imposés à nouveau. « Les dépenses de la Guerre pendant la présente campagne et autres dépenses pressées et nécessaires au bien de l'Etat ne pouvant souffrir de retardement », les notaires, tabellions et procureurs furent taxés par un édit du mois de mars, « pour jouir à l'avenir de leurs dits offices en hérédité et jouir des diminutions des droits de sceau, expéditions de leurs provisions, etc... » Les offices étaient déclarés « héréditaires avec faculté aux pourvûs d'iceux, leurs successeurs et ayant cause d'en disposer par contrats de ventes volontaires, sans que lesdits offices puissent être déclarés Domaniaux, ni sujets à aucune revente, à la charge par les nouveaux acquéreurs de prendre des lettres de confirmation en la grande Chancellerie sur lesdits contrats... » A quelle somme fut fixée la taxe à Orléans ? Je l'ignore ; mais elle dût être assez élevée puisqu'on réclama 440 livres à chacun des notaires de Tours et que Me Devadde, notaire royal à Neuville, fut taxé à 150 livres, non compris les 2 sols pour livre. (1)

En 1690 et en 1701 de nouvelles confirmations d'hérédité furent imposées moyennant finances.

Les taxes de confirmation d'hérédité, si élevées fussent-

(1) Archives de la Chambre des Notaires d'Orléans.

elles, n'étaient pas les seuls impôts que le notaire devait
payer pour avoir la propriété de sa charge. Charles Paulet,
secrétaire de la Chambre du Roi, avait imaginé d'astreindre
tous les officiers de judicature et de finance à payer, au début de chaque année, aux Parties casuelles du Roi, une taxe
qui varia (1) suivant les époques et fut basée sur la valeur
de l'office. Moyennant ce paiement annuel, le notaire avait
l'assurance qu'en cas de décès sa veuve et ses héritiers con-
serveraient la propriété de sa charge et qu'en outre, s'il ré-
signait et décédait dans les quarante jours de sa résignation,
la vente ne serait pas annulée comme il était d'usage antérieurement. Cette taxe fut appelée *Paulette*, du nom de
l'inventeur et premier fermier, ou encore *Annuel* parce
qu'elle se percevait tous les ans. Etablie par édit du 12 septembre 1604, révoquée en 1618 et rétablie en 1620 (2), ra-
chetée en 1709, elle fut rétablie à nouveau en 1722.; en
1743, on voulut obliger les notaires royaux à la racheter,
mais ce rachat ne fut pas opéré par les notaires d'Orléans
puisqu'en 1759, pour obtenir la confirmation de leurs privilèges, ils offrirent au duc d'Orléans, pour les mutations
à venir, une augmentation de finance.; la Communauté
consentait à porter la finance de chaque office à 2.400 livres
au lieu de 1.200, « ce qui fera monter les années de prêt (3)
à 204 livres 16 sols et les années simples à 42 livres 4 sols
pour chaque officier qui voudrait se mettre en paulette ;
...au cas où le Conseil de S. A. S. voudrait exiger un

(1) La *Paulette* fut d'abord fixée à 4 deniers pour livre de l'évaluation de l'office. A partir de 1618 elle fut du 60e denier du tiers
de l'évaluation.

(2) Un Résultat du Conseil du duc d'Orléans du 15 février 1664
ordonna aux notaires royaux, tabellions et gardenotes du Châtelet
d'Orléans de payer une certaine somme pour être pourvus de leurs
offices et « avoir la faculté d'entrer au droit annuel ». Cette somme
fut de 30 livres pour Me Claude Dumuys, qui la paya le 15 mai 1664
entre les mains du Contrôleur général des finances du duc. (Pièce
du Musée historique.)

(3) Le bail de la *Paulette* était renouvelé tous les neuf ans. Dans
les trois premières années du bail, on exigeait, outre l'annuel, un
droit supplémentaire appelé le *prêt*.

abonnement sur la *paulette*, la Communauté offrait une somme annuelle de 1.000 à 1.200 livres pour tenir lieu du prêt et de l'annuel, auquel les trente-trois offices sont assujettis, au moyen du paiement annuel duquel abonnement lesdits offices ne seraient plus sujets au *prêt* ni à l'*annuel* mais seulement au huitième pour toutes mutations sur le pied de la finance de 2.400 livres. » (1)

Le droit de *prêt* et d'*annuel* fut remplacé par le droit de *centième denier*. À la suite de l'édit de février 1771 et de l'arrêt du Conseil du 6 juillet 1772 ordonnant que tous les titulaires d'offices royaux seraient tenus de fixer et de déclarer la valeur de leurs offices, le duc d'Orléans demanda au Roi d'étendre à son apanage ces dispositions afin de percevoir les droits de 100° denier et de mutation. Une déclaration du Roi, donnée à Versailles le 11 août 1780 et enregistrée en la Chambre des Comptes le 31 août de la même année, ordonna l'exécution de l'Edit de 1771 dans l'apanage du duc d'Orléans. D'après cet édit de 1771 les pourvus d'offices casuels étaient admis à les conserver en payant chaque année le centième denier du prix auquel ils auront été évalués ; quant au droit de résignation il était fixé au vingt-quatrième de l'évaluation et deux sous pour livre (2). Le droit se payait au plus tard dans le courant de décembre pour l'année suivante.

Le 14 novembre 1780, la Communauté des Notaires au Châtelet d'Orléans décida que le droit annuel du centième serait payé par la Bourse commune et non par chaque notaire en particulier et que chacun des trente-trois offices d'Orléans serait évalué 10.000 livres. Mais cette décision n'eut pas un long effet. Dès 1783, en présence du déficit de la caisse de la Bourse commune, il fallut, pour payer le centième denier, imposer à chaque notaire une contribution pécuniaire proportionnée à l'importance de sa charge ; et, l'année suivante, chaque notaire acquitta directement le centième denier de son office. On revint plus tard au paie-

(1) Registre des délibérations, 8 mars 1759.

(2) Bibliothèque d'Orléans, E. 4399, pièces 7 et 8.

—ment collectif par le receveur de la Communauté. Au mois de décembre 1790, le centième denier fut payé pour la dernière fois et le receveur en avança le montant sur ses deniers personnels.

Nous ne dirons qu'un mot du droit d'*industrie et dixième denier* établi en 1710 et qui consistait dans le versement du dixième du revenu de chaque charge, et du droit de vingtième établi en 1750 pour acquitter les dettes de l'Etat. Ces droits n'étaient point spéciaux aux notaires ; ils frappaient les revenus de tous ordres et n'avaient pas pour objet d'assurer la propriété des offices à leurs titulaires. L'industrie des charges de notaires au Châtelet d'Orléans fut réglée, pour le dixième denier, à une somme de 77 livres pour le quartier d'octobre 1710 et à 310 livres pour l'année 1711. Afin de payer ces sommes, les charges furent réparties en trois classes, composées chacune de onze notaires, et trois députés furent nommés pour régler la quote-part de chacune : François Rou représentait la première classe, Pierre Ducloux la seconde et Jacques Mauduison la troisième. Les notaires de la première classe furent taxés à 12 livres 19 sols chacun ; ceux de la seconde à 9 livres 16 sols et ceux de la troisième à 6 livres 13 sols.

Le dixième denier ne fut pas toujours payé régulièrement à son échéance et, en 1746, le sindic, M⁰ Blandin, se plaignait d'avoir garnison chez lui, faute du paiement du dixième denier d'industrie.

L'établissement et le contrôle du droit de vingtième donna lieu à bien des abus. Pour éviter la fraude, on voulut astreindre les notaires à communiquer leurs registres et minutes ; mais ces derniers s'y refusèrent. C'était le receveur des tailles qui percevait ce droit assez élevé puisqu'il se montait, pour 1764, à 918 livres 3 sols ; le plus souvent, quand les deniers en caisse étaient suffisants, le vingtième était payé par le receveur de la Bourse commune et non pas par chaque notaire.

En résumé, malgré l'achat du droit d'hérédité et malgré les taxes nombreuses dont les offices furent chargés à cause de ce droit, les notaires ne furent jamais, réellement et in-

discutablement, propriétaires de leurs études. L'édit de
1771 le dit formellement : « Ni la faculté de résigner, ni la
sorte d'hérédité résultante du paiement de l'annuel n'ont
pu donner atteinte à notre droit de disposer des offices, vacation arrivant ; il n'y a là qu'un privilège qui peut simplement déterminer le choix que nous faisons du successeur à l'office, et non le contraindre, et ne donne d'autre
droit que d'en revendiquer la finance. » (1)

C'est à cette même conclusion qu'aboutissait M. G. Clemenceau, sénateur du Var, lorsqu'en novembre 1902 il
déposait un projet de loi pour le rachat, par l'Etat, des
études de notaires : « les officiers ministériels, disait-il, ne
peuvent pas se considérer comme propriétaires de leur
charge. La loi du 28 avril 1816, sur laquelle ils basent cette
prétention, ne prononce nulle part les mots de *propriété*
et de *vénalité* ».

Préséances. — Le privilège extraordinaire d'instrumenter
dans tout le royaume, qu'ils ne partageaient qu'avec les
notaires de Paris et ceux de Montpellier et qui leur attira
tant de jalousies, avait conféré aux notaires du Châtelet
d'Orléans une prééminence correspondante sur les autres
corps d'officiers orléanais. Dans l'ordre des préséances, ils
venaient immédiatement après les avocats et constituaient
le quatrième corps. Aux obsèques de M. Curault, lieutenant-
général, le 14 avril 1777, ils occupaient cette place. Le
convoi marchait sur deux colonnes : les officiers du bailliage précédés de deux jurés crieurs tenaient le premier
rang à droite ; Messieurs du Corps de ville, précédés aussi
de deux jurés crieurs, le premier rang à gauche ; les avocats précédés de deux jurés crieurs occupaient le second
rang à droite ; la Communauté des Notaires précédée de
deux jurés crieurs le second rang à gauche ; la Communauté des Procureurs tenait le troisième rang à droite. (2)

(1) Bibliothèque d'Orléans, E. 4399, pièces 7 et 8.

(2) Archives de la Chambre des Notaires d'Orléans. Registre des délibérations.

Les Procureurs au Châtelet cherchèrent, à maintes reprises, à disputer ce rang aux Notaires et il fallut un arrêt du Parlement de Paris, en date du 6 mars 1709, pour maintenir les notaires dans le droit de précéder les procureurs.

Un autre arrêt, en date du 1ᵉʳ mars 1770, confirma la préséance des notaires sur les juges consuls. Cet arrêt avait eu pour cause un fait personnel : Mᵉ Trézin, notaire, ayant été nommé marguillier de Saint-Marceau en même temps que le sieur Colas de Malmusse, négociant et ancien juge-consul, ce dernier, en sa qualité d'ancien juge-consul, prétendit occuper la première place dans le banc-d'œuvre. La Communauté prit fait et cause pour Mᵉ Trézin et les sindics furent autorisés à présenter requête au Parlement pour demander que la préséance, qui avait été accordée en 1762 aux notaires d'Auxerre contre d'anciens consuls, le fut également aux notaires d'Orléans. Mᵉ Trézin fut invité, le 8 mars, à prendre, le dimanche suivant, la première place au banc-d'œuvre, mais son triomphe fut de courte durée. Dès le 24 mars, Colas de Malmusse, ayant été nommé Conseiller de ville, eut le droit, en cette nouvelle qualité, de prendre le premier rang à l'église.

Costume. — Lorsqu'ils assistaient en corps à une cérémonie, lorsqu'ils allaient présenter leurs devoirs à l'Evêque, à l'Intendant, au Chancelier du duc, au Lieutenant-général ou au Procureur du Roi, lorsqu'ils allaient chez des confrères faire des visites officielles ou se rendaient au service de la Saint-Nicolas, aux Assemblées générales, aux obsèques de confrères décédés, etc., les notaires devaient être revêtus de la longue robe noire de palais, comme seul « habit décent », et être couverts du bonnet carré. Ils s'affranchissaient souvent de cette obligation et la plupart allaient, en habits ordinaires, aux assemblées et aux convois (1). Pourtant ce ne fut que très tard, vers 1777, qu'il leur fut permis de venir en habit noir aux Assemblées générales ; pendant les vacances, l'habit de couleur fut même toléré.

(1) Cf. Délibérations du 4 avril 1740 et du 9 mai 1742.

Suppression des Notaires au Châtelet. — Les notaires au Châtelet d'Orléans, comme tous les autres notaires royaux du royaume, furent supprimés par là loi organique du 29 septembre-6 octobre 1791. Mais là liquidation et le remboursement de leurs offices n'ayant pas été effectués, chaque notaire en particulier continua, après la dissolution de la Communauté, à exercer sous le titre de *notaire public.* La loi du 25 ventôse an XI sur la réorganisation du notariat devait seule mettre fin à une situation assez mal définie et assez incertaine.

CHAPITRE II

L'étude du notaire

L'étude. — L'étude du notaire d'autrefois portait un nom qui pourrait sembler injurieux à plus d'un officier ministériel de nos jours, si quelqu'un s'avisait de vouloir le faire revivre. On l'appelait une *boutique* et il était habituel que dans l'intitulé d'un acte on trouvât une mention semblable à celle-ci : « le 8 août 1598 avant midi, dans ma boutique…… » Ce terme, très employé au xvie siècle, le fut encore pendant tout le xviie. Ce ne fut qu'au xviiie siècle qu'on lui substitua le terme d'*étude* encore usité actuellement ; nous avons retrouvé ce terme « en mon étude » à la date du 3o janvier 1736 et c'est peut-être, à Orléans, une des premières mentions de ce nouveau nom.

Boutique ne signifiait pas d'ailleurs exclusivement l'appartement où se tenaient le notaire et ses clercs, où étaient déposées les minutes et où l'on recevait les clients. Il désignait tout endroit, même en plein air, où le notaire instrumentait. Quand les notaires de Lyon allaient, accompagnés de témoins, en bateau, sur le Rhône, sous les fenêtres de l'hôpital Saint-Laurent, recueillir les dernières volontés des pestiférés, quand, au moment de la peste de 1563, les notaires de Tours se rendaient dans les rues ou sur les places pour recevoir les actes qu'on leur dictait du haut des fenêtres ou du seuil des maisons, on disait que ces notaires transportaient leurs boutiques à ces endroits (1). Pour Orléans nous n'avons à citer aucun document semblable, mais il est bien certain que les notaires au Châtelet durent, plus d'une fois, transporter leurs boutiques devant le Sanitas ou sous les fenêtres des contagieux, durant les grandes épidémies du xvie et du xviie siècles.

(1) BELLANGER, *Tableaux de l'histoire de Touraine.*

Panonceaux. — Les boutiques ou études étaient, comme elles le sont encore, signalées dans les rues par l'apposition, sur la façade, de panonceaux. Ces « enseignes » étaient la marque extérieure du privilège possédé par les notaires d'être en la sauvegarde du roi et l'origine doit en remonter à l'époque où les notaires obtinrent des lettres de garde-gardienne. Le nom lui-même de panonceau est fort ancien et on le trouve déjà au xiii⁰ siècle. Dans ses lettres patentes d'avril 1411 données aux notaires de Paris, Charles VI dit expressément : « à la supplication de nos bien-aimés clercs et notaires... de Paris qui sont de tout temps en sauvegarde royale, iceux d'abondant avons pris et mis, prenons et mettons de grâce spéciale avec tous leurs biens qu'ils ont et où qu'ils soient assis en nostre royaume..... leurs familiers et serviteurs en et sur nostre protection spéciale..... En conséquence voulons qu'à la requeste desdits notaires et en signe de nostre sauvegarde, faites mettre nos Panonceaux ès maisons, possessions et biens quelconques d'eux et chacun d'eux partout où mestier sera, afin que nul ne se puisse excuser d'ignorance. »

Ces panonceaux furent probablement tout d'abord, ainsi que l'indique leur étymologie (*pannus*), des morceaux d'étoffe ou des tapisseries où étaient peintes, tissées ou brodées les armoiries royales ; vers le milieu du xviii⁰ siècle on les remplaça par des écussons dorés, en bois ou en métal, aux armes de France. Mais, à la Révolution, les armoiries n'existant plus, l'écu fleurdelysé fit place à des emblèmes et à des devises. Je n'ai pu réussir jusqu'ici à rencontrer à Orléans un seul panonceau antérieur à la Révolution. En revanche le Musée historique possède quelques panonceaux modernes provenant de notaires orléanais du Premier Empire, de la Restauration et des divers régimes qui ont suivi.

En 1731, le Procureur du Roi voulut assujettir les notaires à prendre des provisions au Bureau des finances de la Généralité « pour faire placer des marques de leur état au-dessus de leur porte ». C'était, à n'en pas douter, une taxe fiscale nouvelle relative aux panonceaux. Deux notaires, Mes Jullien le jeune et Mallier, se pourvurent contre cette décision du Procureur du Roi et introduisirent une instance au Bureau des finances de la Généralité. Nous ne savons pas quel fut le résultat de ce procès, mais il est vraisemblable que les notaires eurent gain de cause, car il n'en est nullé part question ultérieurement. (1)

Nature et nombre des actes reçus par les notaires. — Entrons maintenant dans l'étude du notaire et examinons avec quelques détails les divers actes reçus par lui, soit dans cette étude, soit au domicile des clients.

Les actes des notaires qui, aux époques antérieures, étaient écrits tantôt en français et tantôt en latin, durent obligatoirement être rédigés en français à partir de 1532, date d'un édit de François Ier. Ils étaient alors relativement nombreux, mais généralement de peu d'importance ; c'étaient, en majeure partie, des advis, des remontrances, des cessions, des délais, des sommations, des interruptions de prescription, tous actes qui relèvent plutôt du ministère des sergents que de celui des notaires.

Sur cinq cent soixante-seize actes reçus au cours de l'année 1573 par Me Vaslin qui habitait pourtant un quartier riche, celui de l'Hôtel de Ville, on ne trouve guère que des baux de maisons accensées, des ventes d'immeubles tenus à bail emphythéotique et cessible à titre de vente, des ventes mobilières, des procurations, des procès-verbaux d'élections de marguilliers, quelques actes de foi et hommage et quelques contrats d'apprentissage. En quinze ans, du 1er janvier 1573 au 1er janvier 1588, le répertoire de cette étude n'indique que sept contrats de mariage et un testament.

En l'année 1586, le répertoire de cette même étude donne un total de six cent cinq actes, parmi lesquels on en remarque beaucoup moins du ressort des sergents. Les véritables fonctions des notaires tendent dès lors à se préciser. (2)

(1) Registre des délibérations, 30 juillet 1731.

(2) BIMBENET, *Histoire de la Ville d'Orléans*, tome III, p. 47.

On peut se rendre un compte assez exact de la nature
des divers actes passés par les notaires de la première moitié
du xvi° siècle en parcourant l'inventaire des 3.608 numéros du « *Recueil d'actes notariés passés à Paris, de 1498
à 1545* » publié par M. E. Coyecque. Ces actes sont les suivants : acceptation d'arbitres, acceptation de donation
immobilière, acceptation de legs ; actes d'adoption ; contrats d'apprentissage et de service ; associations commer-
ciales ; aveu et dénombrement ; affaires de banque ; baux
et locations d'immeubles, d'emplacements sur la voie
publique, de seigneuries, censives, commanderies, cures,
prieurés, offices, dîmes, etc. ; location de bétail, de mobiliers, de matériel industriel ; billets ; certificats, attesta-
tions, dépositions, procès-verbaux, constats ; cessions de
créances, etc. ; collations de cures ; constitutions d'arbitres, de cautions ; constitution et rachat de rentes gre-
vant des immeubles ; contrats de mariage et dénonciations
de contrat de mariage ; délivrances de legs ; devis de travaux ; donations mobilières et immobilières, de rentes, de
droits, d'offices, de seigneuries ; donations réciproques
entre époux ; échanges de biens, de créances ; échange et
cession de droits successoraux ; expéditions en cour de
Rome ; fondations de messes ; inventaires ; licitations de
maisons ; liquidations et partages de successions ; marchés
divers ; port de lettres et papiers ; prestations de foi et
hommage ; réception d'un vassal par son suzerain ; prisées ; procurations ; quittances et reçus ; rapports d'exper-
tises ; reconnaissances de dettes et obligations ; règlements
de comptes de tutelle ; règlements de mitoyenneté ;
résignations d'offices ; retraits lignagers ; significations ;
sommations ; testaments ; titres nouvels ; transactions ;
ventes mobilières et immobilières ; ventes de seigneuries,
de coupes de bois, de matériel industriel, de rentes, d'offices, de droits successoraux ; ventes à personnes interpo-
sées ; ventes à réméré d'immeubles et de rentes, etc., etc.

Il est généralement reconnu qu'en France, sous le règne
d'Henri IV, le nombre des transactions et des actes notariés qui en furent la conséquence augmenta dans une pro-

portion qu'on a cru pouvoir fixer au quart. Sous Louis XIII, la progression aurait été du double et après avoir augmenté encore sensiblement sous Louis XIV se serait arrêtée après la Révocation de l'Edit de Nantes (1).

Le mémoire sur la Bourse commune du 24 mai 1785 nous donne, sur le nombre et la nature des actes passés par les notaires d'Orléans, au cours de la deuxième moitié du xviii° siècle, des renseignements très précis (2). Du 1er avril 1769 au 1er avril 1784, la moyenne annuelle des actes reçus par les notaires a été la suivante :

lettres de voiture	8.045
actes délivrés en brevet.	2.045
testaments, codicilles et sommations reçues par deux notaires, ont été en si petit nombre qu'on ne les compte pas.	Mémoire.
actes divers dont il reste minute.	4.900
ratifications, brevets d'apprentissage et reconnaissances de cens.	1.432
actes ecclésiastiques.	1.432
TOTAL.	17.854 actes

à ce total il y a lieu d'ajouter :

inventaires et récolements	2.580 rôles
liquidations et partages.	1.527
comptes de tutelle, d'exécution testamentaire et de séquestre.	344
procès-verbaux de communication de titres et distributions mobilières et immobilières.	637
procès-verbaux d'affiches, réceptions d'enchères et adjudications d'immeubles . . .	156
contrats d'union, attermoiements, transactions et sentences arbitrales.	217
aveux et dénombrements	174
TOTAL.	5.635 rôles

(1) Cf. BARABÉ, op. cit., p. 52-53.
(2) Registre des délibérations, f° 128.

Dans la seconde moitié du xviiie siècle, chacun des trente-trois notaires d'Orléans recevait donc en moyenne, par an, cinq cent quarante et un actes et cent soixante-dix rôles ; ces chiffres sont sensiblement égaux à ceux des actes reçus par Me Vaslin au xvie siècle. (1)

A Bourges, chacun des vingt-deux notaires recevait, en 1693, une moyenne identique de cinq cent quarante-cinq actes par an, mais, en 1774, cette moyenne annuelle était tombée à 136 actes, dont la plupart ne produisaient au notaire que vingt à quarante sous d'honoraires. (2)

Peut-être n'est-il pas inutile de dire quelques mots des principaux actes reçus par les notaires d'Orléans et, notamment, des lettres de voiture qui, à elles seules, constituaient la moitié de ces actes.

Lettres de voitures. — Les lettres de voiture étaient des lettres ouvertes adressées à la personne à qui l'on envoyait, par des rouliers ou des voituriers par terre ou par eau, des marchandises assujetties à des droits de régie. On y mentionnait le nom du transporteur, la qualité et la quantité des marchandises, leur destination et l'adresse du destinataire ; elles étaient signées par l'expéditeur. L'ordonnance des aides de 1680, confirmée par les arrêts du Conseil des 25 janvier 1684 et 29 mai 1688, par les lettres patentes du 29 janvier 1711 et la déclaration du roi du 30 janvier 1714, exigeait, des voituriers et marchands conduisant des vins et eaux-de-vie du vignoble d'Orléans destinés à la consommation de Paris, qu'ils fussent munis de lettres de voiture et de déclarations en bonne forme prises au lieu du crû ou de l'achat ; ils devaient les faire viser par les commis des Bureaux qui sont sur leur route. L'ordonnance de 1680 donnait en même temps aux notaires d'Orléans le droit de recevoir les lettres de voiture pour les vins et eaux-de-vie partant de cette ville.

(1) Au xixe siècle, la moyenne des actes notariés était évaluée à un acte par 10 habitants. Les chiffres donnés en 1785 pour Orléans indiquent un nombre bien supérieur : un acte par 2 habitants environ.

(2) Boyer, *op. cit.*

Les règlements furent pendant longtemps fidèlement observés ; mais, à la fin de l'année 1783, un nouveau commis de la ferme de l'apanage, établi à la barrière de la sortie d'Orléans pour Paris, cessa d'exiger la représentation des lettres de voiture et conseilla aux voituriers de les faire dresser par un notaire d'Angerville nommé Tessier. Les notaires d'Orléans se trouvaient ainsi lésés. Le 24 avril 1784, ils adressèrent un mémoire à M. de Villedeuil, maître des Requêtes chargé du département des droits de régie, pour le prier d'ordonner l'exécution de l'ordonnance de 1680 et pour qu'à l'avenir les commis à la sortie d'Orléans fussent tenus d'exiger et de viser les lettres de voiture prises en cette ville pour tous les vins et eaux-de-vie, provenant du vignoble d'Orléans, qui passeraient dans la ville ou sur ses remparts ou qui, ayant été emmagasinés à Orléans, en partiraient pour Paris. (1)

Inventaires. — Les notaires, auxquels était réservé, en principe, le droit de faire les inventaires (2), en faisaient en réalité fort peu : le nombre moyen de 2.580 rôles annuels, indiqué en 1784 pour les trente-trois notaires d'Orléans, le montre surabondamment. Cela provenait de ce que le lieutenant-général et les magistrats du Présidial se les réservaient fréquemment sous les prétextes les plus divers et de ce que les notaires n'étaient pas toujours assez puissants pour lutter avec succès contre le lieutenant-général. C'est ce qui se produisit justement en 1781 : les biens d'un certain André Delahaye, dit Credo, avaient été confisqués par la cour et devaient par suite être inventoriés ; le lieutenant-général prétendit faire l'inventaire, à l'exclusion des notaires, à cause de la confiscation. La

(1) Archives de la Chambre des Notaires d'Orléans.

(2) En décembre 1767 une requête fut présentée à la Cour au nom de la Communauté, pour être maintenue dans le droit exclusif de faire les inventaires. Elle dut être accordée, car en mars 1776 les notaires de Paris demandèrent à la Communauté d'Orléans un certificat constatant qu'elle était en possession de faire les inventaires, spécialement ceux des employés comptables des fermes.

Communauté délibéra et, craignant que ce ne fut le cas
de l'exception portée par l'arrêt de 1761, elle décida de ne
pas entrer en procès avec le lieutenant-général s'il persis-
tait à vouloir s'attribuer la confection de cet inventaire.
Pourtant, la Communauté des notaires avait obtenu, le
7 juillet 1761, un arrêt du Parlement reconnaissant aux
notaires d'Orléans le droit de faire les inventaires, même
ceux où il se trouve des mineurs, à l'exclusion des officiers
du Bailliage, et elle avait fait défense à ces derniers soit de
nommer un notaire, soit de désigner leurs greffiers pour
dresser ces actes ; il n'y avait que dans les cas d'aubaine,
de déshérence ou de bâtardise, ou autres cas royaux que
les officiers du Bailliage avaient droit à la confection des
inventaires.

Les inventaires, par autorité de justice, des Bibliothèques
ou Cabinets de livres étaient, comme ceux des autres
meubles et effets, dressés par les notaires en vertu d'un
arrêt du Conseil d'Etat privé du roi du 14 juillet 1727, mais
après prisée par les huissiers-priseurs ou deux libraires.
Pour les fonds de librairie et d'imprimerie, les libraires
et imprimeurs en faisaient seuls le catalogue et la prisée,
et ce catalogue était annexé par le notaire à la minute de
son inventaire.

Quant aux inventaires dressés après apposition de scellés, un arrêt de la Cour du 18 juillet 1733 avait ordonné
qu'ils ne pourraient être commencés que trois jours francs
après les funérailles publiques du défunt, à peine de nullité des procès-verbaux de levée de scellés et de confection
des inventaires, d'interdiction et de 100 livres d'amende
contre les notaires, procureurs ou commissaires qui y
auraient assisté.

Minutes d'arpentage. — Certains particuliers, et notamment les arpenteurs, avaient pris l'usage de conserver les
minutes des arpentages dont on les chargeait, d'en délivrer
expédition aux parties et même de procéder aux jets des
lots entre les copartageants. Après un procès gagné par la
Communauté des notaires contre un sieur André Bougue-

reau, de Saint-Ay, en 1754, une sentence du Bailliage
ordonna le dépôt de telles minutes dans les études de notaires.

Contrats de mariage. — Dans les contrats de mariage
importants qu'ils rédigeaient, les notaires orléanais avaient
l'habitude d'insérer, dans l'intitulé, à la suite des noms
de chacun des deux époux, l'ascendance de leurs familles
respectives. Ces généalogies, parfois assez fantaisistes puisqu'elles étaient dressées le plus souvent sur les renseignements fournis par les intéressés, sont néanmoins fort inté-
ressantes ; on les trouve dans des contrats du xvi° et du
xvii° siècles. M. E. Jarry a reproduit un de ces contrats (1)
où, dans un but de vanité, le bailli Jérôme Groslot s'était
attribué des ancêtres fictifs ; j'en ai signalé un autre (2),
daté de 1594, et donnant les ascendants des Desfriches jusqu'aux trisaïeux.

Testaments. — Les notaires recevaient si peu de testaments que le mémoire de 1785 sur la Bourse commune dit
« qu'on ne s'y est point arrêté ». Il arrivait que des testaments trouvés, après décès, au cours des formalités de
scellés, au domicile d'un particulier, n'étaient pas déposés
dans une étude, mais conservés par les officiers de la Prévôté, qui profitaient ainsi des émoluments perçus pour
délivrance d'expéditions ; ce fut le cas, lors du décès d'un
certain François Léguillon, et la Communauté des notaires
dut, le 13 mai 1709, faire sommation, à Charron, greffier,
qui avait conservé le testament saisi par le lieutenant de
la Prévôté, de verser ce testament dans l'étude du notaire
des parties et de restituer les honoraires perçus.

Malgré le petit nombre de testaments reçus, la Communauté des notaires d'Orléans avait arrêté des règles pour
leur ouverture et leur lecture aux héritiers. En aucun cas,

(1) *Une supercherie généalogique* (Bulletin de la Soc. arch. et historiq. de l'Orléanais, n° 208, p. 149).

(2) *La Maison d'Euverte Hatte* (Bulletin de la Soc. arch. et historiq.
de l'Orléanais, n° 212, p. 53).

l'original ne devait sortir de l'étude du notaire dépositaire et, si ce dernier avait à en donner lecture à la famille du testateur, il n'emportait hors de chez lui et ne communiquait qu'une expédition. Si le testament était cacheté, le notaire dépositaire appelait deux de ses confrères pour en faire l'ouverture et en constater la forme, le nombre des feuilles, renvois, ratures, surcharges, etc..., avant de le verser au nombre de ses minutes. La communication à un héritier désireux d'examiner l'écriture d'un testament ne pouvait avoir lieu qu'en présence d'un second notaire et après confection d'une expédition en bonne forme gardée par le notaire.

Un arrêt du Conseil du 27 avril 1784 obligea les notaires, à peine de 200 livres d'amende par contravention, à inscrire les testaments sur leurs répertoires, à mesure de leur réception. La Communauté réclama contre cet arrêt, mais sa réclamation ne fut pas admise.

D'ailleurs, les officiers du Bailliage, aussi bien que le Parlement, n'étaient pas bien disposés envers les notaires sur cette question spéciale. A la fin du xviiie siècle, ils prétendaient obliger toutes personnes, et notamment les notaires, recevant des testaments ou autres actes contenant des legs au profit des pauvres, hôpitaux, églises et communautés du ressort, d'en donner avis au Substitut du Procureur général du Roi et de remettre aussitôt entre ses mains des extraits en bonne forme de ces actes ; défenses étaient également faites aux notaires de faire l'ouverture des testaments cachetés et clos qui avaient été déposés dans leurs études et « *étant sans droit ni qualité* », ils devaient se retirer par devers le lieutenant-général pour en faire faire l'ouverture. Ces prétentions des officiers du Bailliage dataient de loin : elles s'appuyaient sur des arrêts de la Cour des 18 novembre 1662, 10 janvier 1668 et 7 septembre 1701, qui d'ailleurs n'avaient jamais été observés. Elles furent confirmées par une sentence du Bailliage d'Orléans du 17 février 1784, homologuée par le Parlement le 24 février 1785 ; cette sentence visait des ouvertures de testaments faites en 1783 par Mes Porcher, Jullien et de Faucamberge.

Minutes, registres et protocoles. — Tous les actes reçus par les notaires étaient, anciennement, écrits d'abord, soit par le notaire lui-même, soit par ses clercs, non sur du parchemin, mais sur des feuilles volantes de papier, pour pouvoir faire toutes les ratures ou toutes les modifications nécessaires ; c'est ce que les notaires actuels appellent des *projets* et ce que les notaires d'autrefois appelaient des *notes* ou *minutes* (1). Ces notes étaient parfois réunies par liasses au moyen d'une cordelette et conservées par le notaire ; très souvent ce dernier se contentait de les signer de son seing manuel et les remettait aux parties sans en conserver trace. Dans le premier cas, la conservation était aléatoire, car il arrivait fréquemment ou que la cordelette se brisait et que certaines feuilles s'égaraient, ou que les premiers et derniers feuillets étaient déchirés au point d'être inutilisables. Dans le second cas, un titre perdu ne pouvait jamais être remplacé. Malgré tous ces inconvénients, les notaires de Paris, et bien d'autres à leur exemple, ne tenaient aucuns registres et avaient pris l'habitude de « faire et bailler briefs ou cédules » aux parties ; cet usage était d'ailleurs manifestement contraire à l'ordonnance de juillet 1304 qui obligeait les notaires à conserver la minute de tous les actes reçus par eux : « *Item, quod diligenter custodient cartularia sua..... predicta cartularia et registra in loco residentiæ suæ tute et secure dimittent, et in ultima voluntate sua mandabunt pro securitate reipublicæ tute et fideliter custodiri, ac senescallo vel vicario seu judici loci pro majori custodia volumus consignari.* » Ces très sages dispositions furent confirmées en février 1320, octobre 1370, janvier 1407, juillet 1433, décembre 1437, en 1510, octobre

(1) La *minute* actuelle est l'acte écrit sur timbre et signé des parties qui est conservé par le notaire et dont il se contente de délivrer des *expéditions* ou, s'il y ajoute la formule exécutoire, des *grosses.* L'usage du papier timbré ou *formule* n'est pas très ancien en France ; un édit de 1655 avait bien prescrit l'apposition d'une marque spéciale ou timbre sur le papier et le parchemin employés pour la rédaction des actes, mais cette prescription ne fut exécutée qu'après une nouvelle ordonnance datée du 22 avril 1673. La feuille de papier des notaires royaux ou seigneuriaux fut alors taxée à 12 deniers.

1535 et août 1539. L'édit du 26 juillet 1433 avait notamment prescrit aux tabellions de chaque châtellenie royale et aux notaires de leur ressort « de faire registres et prothocoles et de escrire et enregistrer en leursdiz registres et prothocoles toutes les notes des contracts » qu'ils recevaient. La mesure fut étendue, par l'édit du 1er décembre 1437, aux notaires de Paris, qui furent astreints à tenir un registre où seraient transcrits les éléments essentiels, les « briefs » (*brevia*), de chaque acte de façon à pouvoir en délivrer plus tard autant d'expéditions, ou « *lettres* », qu'il serait nécessaire. Ces grands registres, où les minutes étaient recopiées sans les formules ordinaires, étaient ordinairement en parchemin. L'usage semble s'en être perdu vers la fin du XVIᵉ siècle.

Ces ordonnances, renouvelées à tant de reprises, prouvent que, malgré leur utilité évidente, leurs dispositions n'étaient pas observées par les notaires. Il est en effet très rare de trouver, dans les études, des minutes antérieures au XVIᵉ siècle. Il en existe cependant quelques-unes à Orléans où l'on signale, dans l'étude de Mᵉ Fauchon, un certain nombre de minutes du XVᵉ siècle dont les plus anciennes remontent à Asselin, notaire de 1385 à 1403, et dont l'une est particulièrement intéressante puisque le notaire rédacteur, Guillaume Giraut, a eu l'idée de consigner en marge, à la date du 9 mai 1429, la mention de la levée du Siège d'Orléans ; c'est là une heureuse exception à la règle générale.

Les ordonnances de Louis XII et de François Iᵉʳ eurent un meilleur sort. L'article 65 de l'ordonnance donnée à Troyes en 1510, confirmé par l'ordonnance d'octobre 1535, prescrivit que « doresnavant tous notaires et tabellions feront bons et suffisans registres et prothocolles des contracts et autres actes par eux receuz et passez » (1). L'ordonnance de 1535 confirmait cette obligation de tenir des registres où seraient transcrits, non plus des notes, mais

(1) Guillaume LEVESQUE. *Chartes, lettres, etc., des Notaires au Châtelet de Paris.*

le texte complet de chaque acte simplement allégé des formules habituelles. Les notaires de Paris se conformèrent à
ces ordonnances et il n'est pas douteux que ceux d'Orléans
ne les aient imités.

Les transcriptions des notes ou minutes n'étaient pas
toujours faites exactement à leur date. Aussi arrive-t-il que
des actes postérieurs soient placés, dans les registres, avant
d'autres plus anciens. Il n'y a là qu'une faute du copiste
et il ne faudrait pas en déduire qu'il y a eu erreur dans les
dates énoncées. En tous cas les minutes sont devenues inutiles du jour où elles ont été transcrites sur les protocoles
et c'est pourquoi on retrouve si peu de minutes originales
à partir du xvi° siècle.

Dans les minutiers orléanais, il est très rare, sauf pour
le xviii° siècle, de retrouver des minutes véritables, dans le
sens où nous entendons ce mot actuellement, signées du
notaire. Ce que l'on rencontre le plus habituellement, ce
sont des registres de « briefs » qui ne portent souvent ni
la signature des parties, ni celle du notaire ; les registres de
Guillaume Girault, qui fut institué notaire en 1407, et ceux
de Jean Courtin, qui exerçait en 1500, sont dans ce cas. Le
nom du notaire n'est mentionné que sur la première page
de chaque registre, et comme ces registres sont rarement
protégés par des couvertures solides et que les premières
pages en sont très souvent déchirées, on ne peut pas toujours arriver à trouver le nom du notaire rédacteur. Les
dates elles-mêmes font parfois défaut par suite d'une omission. Mais, dans ces actes incomplets, on peut cependant,
s'il s'agit d'expéditions, retrouver assez facilement la date
où l'acte fut reçu, parce que les expéditions d'actes notariés étaient faites au nom du prévôt en exercice et que l'on
connaît la liste des prévôts d'Orléans. (1)

(1) M. E. Jarry a publié une liste complète des prévôts d'Orléans,
de 1392 à 1568, extraite en majeure partie d'un registre de Me Etienne
Rousseau (Bulletin de la Soc. archéologiq. de l'Orléanais, tome 14,
p. 472-475).

Intitulé et signature des actes. — Jusqu'au 24 mai 1432 les notaires avaient mis en tête de leurs actes : « Pardevant nous en droit... » A partir du 27 juillet 1491, il leur fut ordonné de ne plus mettre « soubz la main du roy » à la suite du titre du garde de la prévôté. Ce fut le 14 avril 1498 qu'ils commencèrent à mettre en leurs lettres : « Pardevant tel, notaire juré du roy nostre sire au Chastellet d'Orléans. »

Lorsque le notaire apposait sa signature sur une expédition, il le faisait simplement et sans ajouter à son paraphe des ornements inutiles. Cette signature était manuelle et ne consistait pas en une griffe trempée dans l'encre et apposée au bas des actes ainsi qu'il est d'usage à partir du xiiie siècle chez les notaires du Midi de la France. Jamais non plus on ne trouve, sur les actes, de ces marques gravées sur métal et représentant, outre les initiales du notaire, divers motifs décoratifs ; ces marques étaient spéciales aux notaires italiens. Même les signatures historiées, à la plume, de triangles, de rectangles, de roses, d'étoiles, de trèfles et d'entrelacs, si fort en honneur au xve siècle, ne se rencontrent presque jamais au bas des actes orléanais. La signature du notaire rédacteur, au bas d'un acte, fut toujours exceptionnelle jusqu'en 1539. Mais, à cette date, une ordonnance de François Ier la rendit obligatoire.

Répertoires. — Dans les registres de briefs on trouve parfois des répertoires, ou plutôt des listes des actes contenus dans ces registres. Mais il faut arriver à la fin du xviiie siècle pour trouver, dans quelques études, des répertoires véritables comprenant tous les actes qui y étaient déposés. L'article XVIII de la délibération du 9 mai 1765 sur la Bourse commune faisait une obligation à tous les membres de la Compagnie de tenir un répertoire exact des actes reçus par eux afin qu'il pût servir de contrôle pour la perception des droits de bourse. En 1768, puis en 1776, une vérification des répertoires et minutes de Me Daviau fut ordonnée par la Communauté et permit de découvrir certaines infidélités destinées à éviter le paiement des droits de bourse. Mais, en dehors de ce cas très spécial, les notaires se refusaient, dans l'intérêt du public, à laisser violer le secret de leurs registres et minutes : lorsque, en 1755, des employés aux vingtièmes et supplément vinrent, en leurs études, porteurs d'une ordonnance de l'Intendant, les notaires d'Orléans refusèrent énergiquement la communication de leurs répertoires et écrivirent à l'Intendant pour obtenir dispense de satisfaire à l'exécution de son ordonnance.

L'article XXI de la délibération du 25 janvier 1785 sur la Bourse commune obligeait également chaque notaire à tenir à jour un double répertoire. Mais tous ces répertoires ne concernaient que les actes récents.

De bonne heure on s'était aperçu de la difficulté presque insurmontable devant laquelle se trouvaient les personnes ayant à rechercher un acte ancien. Le 17 juillet 1766, lors d'une assemblée de la Communauté, Me Guillon, sindic, se faisait l'interprète de ces doléances : « Depuis peu une personne de considération est venue en cette ville dans l'espérance de trouver la minute d'un contrat de mariage reçu par deux notaires de ce châtelet dans le dernier siècle ; la différence qui se trouve dans les notices qui nous ont été transmises par nos prédécesseurs a mis cette personne dans le cas d'aller chez plusieurs membres de la Communauté successivement sans qu'aucun d'eux se soit trouvé dépositaire des minutes des notaires indiqués, en sorte que ceux qui étoient censés les avoir en leur possession ont été obligés de donner leur certificat qu'ils n'en avoient aucune... à nos dépôts. »

Cette délibération semble aussi avoir été lettre morte. En effet, en 1778, l'avocat du roi, Roger, écrit au sindic pour l'aviser « qu'il désire que les membres de la Communauté s'occupent chacun de faire un catalogue par ordre alphabétique des noms des notaires dont ils ont les minutes ». La lettre est communiquée à l'assemblée du 4 août et chaque membre promet de s'en occuper.

Cette promesse ne fut probablement pas tenue, puisque le 24 janvier 1785, Henry de Longuève, avocat du roi, invitait la Compagnie à prendre les mesures nécessaires pour

mettre le public à portée de trouver la minute des anciens
actes dont il peut avoir besoin. Pour lui donner satisfaction, la Compagnie arrêta, le 22 février suivant, que « chacun des membres remettra incessamment entre les mains
de MM. les Sindics un tableau exact qui contiendra autant
qu'il sera possible les noms de ses prédécesseurs et le temps
de leur exercice, on y joindra la note de toutes les liasses
des minutes qui sont en leur possession par ordre chronologique avec le nom des notaires qui les ont reçues ; chacun des membres voudra bien joindre à son état la date de
sa réception. Lorsque tous ces bordereaux auront été remis,
ils seront rapportés au Bureau qui est prié d'en former un
espèce de calendrier qui sera imprimé et dont il sera remis
deux exemplaires à MM. du bailliage et aux membres de
la Compagnie et chacun des membres absents en sera pré-
venu par M. le Syndic. »

Le 24 mai, nouveau rappel. Tous les membres de la Compagnie sont invités à remettre au sindic un état des minutes
qui se trouvent en leurs études.

A la séance du 22 novembre M⁵ Jullien prie le sindic
d'engager la Compagnie à satisfaire à la promesse faite à
l'Avocat du Roi et à donner un état des minutes déposées
chez chaque notaire. Peu de membres cependant se con-
forment à cette invitation. Nouveaux rappels le 24 novembre 1785 et le 21 février 1786 : il semble qu'ils furent
inutiles. Le 6 mars 1788 le sindic donnait lecture d'une
lettre écrite à la Compagnie par les notaires de Toulouse
et d'un mémoire dressé par eux pour désavouer un de leurs
confrères, M° Fargue, qui avait envoyé au Contrôleur général des finances, M. de Calonnes, une note réclamant la
création d'un office de Conseiller du Roy archiviste ou
dépositaire public dans toutes les villes du royaume pour
la conservation des minutes notariales. Les notaires d'Orléans partageaient trop les idées de leurs confrères de Toulouse pour ne pas approuver sans restriction leur lettre et
leur mémoire. Aussi les listes de minutes ne furent-elles jamais dressées ou, du moins, si elles le furent, elles restèrent
entre les mains des notaires et ne furent jamais communi-

quées ni aux magistrats ni au public (1). A Tours, au contraire, la Chambre des Notaires de l'arrondissement a fait
établir, en 1863, un tableau des anciennes minutes conservées dans chaque étude (2) et cette intelligente mesure
rend journellement les plus grands services.

Conservation des minutes anciennes. — Gardes-notes. —
Cette question de la conservation des anciennes minutes est
extrêmement importante non seulement pour l'intérêt privé
des parties contractantes ou de leurs ayants-droit, mais
aussi pour l'intérêt général et notamment pour les études
historiques. De tout temps, l'on s'est préoccupé d'assurer
cette conservation. Déjà, au xv⁰ siècle, Charles VII, par
son ordonnance du 1ᵉʳ décembre 1437, avait non seulement
prescrit aux notaires de tenir registres de leurs actes, mais
il leur avait, de plus, enjoint de transmettre ces registres à
leurs successeurs.

C'est en prenant prétexte de la conservation des minutes
anciennes que Henri III, par un édit du mois de mai 1575,
créa, dans tous les sièges royaux, des offices de *gardes-notes*
qui avaient pour fonction de recueillir et conserver toutes
les minutes des notaires décédés ou ayant cessé d'exercer et
d'en délivrer des grosses ou expéditions. Cette création
n'avait en réalité qu'un but fiscal. Aussi la réunion des
offices de gardes-notes fut-elle ordonnée par une déclaration du 29 avril 1578.

Au mois de décembre 1642, pour une raison semblable,
on essaya de rétablir les gardes-notes ; les notaires réclamèrent et une déclaration du 1ᵉʳ mars 1645 vint révoquer
celle de 1642.

Confiée à des officiers spéciaux ou laissée aux notaires,

(1) Il existe aux Archives départementales du Loiret une liste des
Notaires d'Orléans et des minutes qu'ils possèdent, qui est datée de
1784. Cette liste, à mon avis, a dû être dressée, au moyen des renseignements fournis par chaque notaire pour être remise plus tard à
l'Avocat du Roi dans le cas où ses réclamations deviendraient trop
pressantes.

(2) LANGLOIS, *op. cit.*, p. [illegible]

la conservation des minutes anciennes a toujours été fort
aléatoire. On cite des cas, heureusement exceptionnels, où
des notaires ont détruit sciemment leurs minutes : M⁰ Louis
Regnault, notaire au Châtelet d'Orléans de 1725 à 1735,
ayant détruit une partie des minutes de ses prédécesseurs,
un procès-verbal du bailliage ne put que constater cette
destruction qui pouvait préjudicier grandement à certaines
personnes. D'autre part, pour des raisons que nous expo-
serons plus loin, il arrivait fréquemment que des registres
ou des liasses de minutes étaient en la possession de particuliers qui, par ignorance, « les déchirent et en vendent
aux merciers et chandeliers pour faire pochés, petits sacs
et enveloppes, ou aux libraires qui en font des couvertures
de livres et les collent avec autres papiers pour les incor-
porer avec carton » (1), Aujourd'hui la situation n'est pas
beaucoup meilleure : Bien que, d'après les articles 1, 20
et 60 de la loi de ventôse, la conservation des minutes soit
une des attributions essentielles du notariat, les minutes
anciennes sont, « chez la plupart des notaires, reléguées
aux greniers et abandonnées à la dent des rats. Quelquefois
elles servent à allumer le feu. Chez les notaires les plus
soigneux, ces minutes sont placées dans des cabinets noirs
et humides, non classées le plus souvent et non reliées ».
La situation que le Préfet du Loiret exposait en ces termes,
dans son rapport au Conseil général, à la session de 1851,
n'a guère varié. Ce rapport ajoutait, avec beaucoup de net-
teté et d'exactitude : « Ces minutes offrent ordinairement
une écriture difficile à déchiffrer et que les notaires ne
peuvent ou ne veulent pas lire ; d'où il résulte que les
recherches aboutissent rarement à d'heureux résultats. Si,
par hasard, l'acte est trouvé, il faut avoir recours à un
étranger pour le transcrire et c'est sur cette copie que le
notaire délivre et certifie la copie authentique. Ces inconvénients disparaîtraient par la formation d'un dépôt central dans lequel les minutes, qui auraient plus de deux

(1) Bibliothèque d'Orléans, ms S. 33 f° 20, Notaires d'Orléans. Ob-
servation.

cents ans de date, seraient classées par études et par années. Chaque année serait accompagnée d'une table alphabétique double, l'une des familles et l'autre des propriétés ; enfin on formerait une table générale. Les parties intéressées obtiendraient ainsi de prompts renseignements ; la conservation des actes serait assurée et les notaires se trouveraient déchargés de la responsabilité qui pèse sur eux. Les intérêts de ces derniers ne seraient pas lésés, puisque des années se passent souvent sans que ces officiers publics aient besoin de recourir à ces anciens actes. L'histoire elle-même retirerait un grand avantage de l'adoption de cette mesure. »

Le Conseil général du Loiret remit, pour supplément d'enquête, son avis sur la question à une session suivante. Entre temps, le président de la Chambre des Notaires d'Orléans avait écrit au Préfet du Loiret pour présenter ses observations et s'opposer au projet. Son raisonnement n'était certes pas indiscutable ; néanmoins le Conseil général l'admit et le projet fut enterré pour longtemps. Nous ne saurions mieux faire que de résumer le procès-verbal de la session de 1852 pour exposer avec impartialité les raisons ou les prétextes invoqués par les notaires de l'arrondissement :

« Le Conseil général, vu l'avis émis le 2 septembre 1851, sur l'utilité de réunir, au dépôt des archives départementales, les minutes des notaires antérieures à deux cents ans à l'époque actuelle ;

Vu... la lettre écrite à M. le Préfet le 15 juillet 1852 par M. le président de la Chambre des notaires d'Orléans ;

Considérant qu'aux termes des lois existantes et particulièrement de celles du 25 ventôse an XI, la garde des minutes est essentiellement confiée aux notaires et que ces officiers publics ont défense expresse de s'en dessaisir ;

Considérant que les notaires seuls sont aptes à délivrer des copies légales des actes précédemment reçus dans l'étude dont ils sont propriétaires ; que par suite de l'adoption de la mesure proposée, les minutes étant transportées au chef-lieu du département, la délivrance des copies subirait des lenteurs, des complications et des dépenses considérables, puisque les notaires seraient obligés de se rendre au chef-lieu du département pour compulser les dossiers, copier les actes et délivrer les copies ;

Considérant que le déplacement des minutes entraînerait de graves inconvénients pour les recherches auxquelles les familles ont intérêt ;

Considérant que les minutes sont la propriété des notaires dans l'étude desquels elles ont été passées ;

Considérant que la réunion, au dépôt des archives, des minutes des notaires entraînerait le département dans des dépenses considérables, attendu la nécessité d'agrandir le local..... et de créer un emploi de gardien responsable des minutes, avec la mission spéciale de prévenir les altérations et de présenter toujours les minutes intactes ;

Emet l'avis qu'il n'y a pas lieu de réunir au dépôt des archives départementales les minutes des actes de notaires remontant à plus de deux cents ans. »

Même en admettant les raisons invoquées par les notaires, comment ceux-ci pourraient-ils expliquer qu'ils gardent, au rang de leurs minutes, des pièces d'archives absolument étrangères à l'exercice du notariat, tel ce « Registre des délibérations des échevins d'Orléans de mars 1563 à mars 1564 » signalé par M. de Félice comme déposé dans une étude d'Orléans (1) et qui est, paraît-il, en assez mauvais état de conservation ?

Le problème de la conservation des minutes notariales a été posé de nouveau à diverses reprises. Une circulaire, en date du 1ᵉʳ juin 1864, du Ministre de l'Intérieur, qui avait alors dans ses attributions les services d'archives, a préconisé la concentration, aux Archives départementales, des minutes antérieures à 1790 : les notaires y auraient eu un dépôt légal facultatif et les droits d'expédition leur

(1) Bulletin de la Soc. archéologiq. de l'Orléanais, tome XIII. p. 420.

étaient expressément réservés. Le dépôt aux Archives départementales étant précaire et révocable à première réquisition du notaire déposant, celui-ci avait tout avantage à déposer ses minutes aux Archives.

D'autre part la Société archéologique de l'Orléanais, par l'organe de M. Loiseleur, a proposé, le 24 mars 1893, de contraindre les notaires à laisser faire l'inventaire des actes en leur possession intéressant des personnages historiques. La note de M. Loiseleur fut communiquée à la Sorbonne à la réunion des Sociétés savantes.

Enfin le Sénat, sur la proposition de M. Millaud-Deandreis, a voté, les 29 mai et 29 juin 1905, un projet de loi relatif au dépôt, aux Archives départementales, des minutes antérieures à 1790, mais cette loi n'a pas encore été votée par la Chambre des Députés.

Depuis qu'on cherche à le leur imposer, les notaires, en grande majorité, s'opposent au déplacement de leur minutiers et à la formation d'un dépôt central. Leurs prédécesseurs, au contraire, étaient beaucoup mieux disposés à accueillir cette mesure. Au xviiie siècle, des dépôts d'archives notariales ont été créés par les notaires eux-mêmes en diverses villes : à Angoulême en 1765, à Arras, à Bordeaux (pour les minutes des notaires décédés non transmises aux successeurs), à Bourges où ce dépôt très important fait actuellement partie des Archives départementales ; et, dans ces dépôts, aucun inconvénient sérieux n'a jamais été signalé.

Propriété des minutes. — Cette question de la conservation des minutes étant basée principalement sur un droit de propriété, il est temps d'indiquer à qui les minutes appartiennent.

Actuellement, sous le régime de la loi du 25 ventôse an XI, les minutes n'appartiennent pas au notaire ; elles font partie de la charge et doivent être transmises avec l'étude. Sous l'ancien régime il en était différemment : les minutes étaient la propriété du notaire qui avait reçu l'acte et, lors des transmissions, l'on faisait souvent la distinction entre « l'office » et « la pratique ».

« Anciennement, dit Delarue (1), les sociétés entre deux notaires étaient fréquentes. Pendant leur durée, elles occasionnaient un mélange de minutes signées en premier tantôt par l'un, tantôt par l'autre des associés. A leur expiration, elles donnaient lieu à des partages de minutes. Dans ces partages l'on suivoit diverses proportions et combinaisons : les lots respectifs tantôt égaux, tantôt inégaux étoient composés d'années ou portions d'années diversement entremêlées suivant l'idée des copartageants, et quelquefois l'on faisoit entrer dans l'un des lots toutes les minutes concernant certains clients. »

En principe, lorsque deux notaires étaient appelés ensemble à passer un acte, la minute restait chez le plus ancien en réception qui en délivrait copie à son confrère. Cette règle ne souffrait d'exceptions que pour les inventaires où les deux notaires appelés possédaient chacun une minute signée des parties et pour les contrats de mariage dont la minute était déposée chez le notaire de la future épouse (2).

En 1773, la Communauté décida que la minute de l'acte d'une vente passée par deux notaires appartiendrait à l'étude de celui qui avait annoncé la vente (3) et possédait les titres par devers lui, même s'il était le plus jeune (4).

Dans certains cas particuliers, les minutes étaient déposées, soit chez le sindic, soit au Bureau de la Communauté ; c'était alors au sindic ou au greffier qu'incombait le soin de délivrer les expéditions au profit de la Communauté. Ce fut le cas notamment lorsque des notaires du bailliage, mena-

---

(1) DELARUE, *Registre des offices et pratiques... des notaires au Châtelet de Paris*, imprimé par la Compagnie en 1786.

(2) Délibération du 14 mai 1725.

(3) Les annonces de ventes de meubles, d'immeubles ou d'offices se faisaient, au XVIIIᵉ siècle comme aujourd'hui, par voie d'affiches. La plus ancienne affiche orléanaise que je connaisse remonte à 1753, mais il a dû en exister antérieurement.

(4) Délibération du 17 août 1725.

cés de poursuites par la Compagnie pour avoir reçu des actes hors de leur collocation ou entre parties non domiciliées dans leur détroit, firent amende honorable et, promettant de ne pas récidiver, déposèrent les minutes d'actes passés indûement par eux entre les mains des membres du Bureau de la Communauté. En 1738, Mᵉ Leroy, notaire à Vennecy, rapporta ainsi cent-trente-sept minutes et Mᵉ Humelin, notaire à Marcilly-en-Villette, trois ; en 1739, Mᵉ Gonelle, notaire à Charsonville, en rapporta cent-trente-huit.

En dehors de ces cas très spéciaux, les minutes étaient si bien la propriété du notaire qui les avait rédigées que, le 24 octobre 1673, un arrêt du Parlement de Paris défendit au Procureur du Roi de faire apposer les scellés sur les minutes des notaires, lors du décès de ces derniers. La veuve et les héritiers en disposaient comme bon leur semblait. C'est en effet entre leurs mains que restaient les minutes du notaire décédé lorsque, avant l'hérédité des offices, ceux-ci tombaient aux parties casuelles et étaient levés par un particulier et non par les héritiers du titulaire précédent. Les héritiers se partageaient ces minutes par une ou plusieurs années, ou bien les vendaient par année ou par mois ; cette vente se faisait, à Orléans, devant les prisons. « On vendait à l'encan les minutes des notaires, ce qui s'est fait jusqu'au mois de mai 1575 que Henri III a créé des notaires gardenotte. Ce fait est attesté par Mᵉ Gommet, notaire à Orléans, suivant le certificat qu'il en a donné le 1ᵉʳ février 1683 qui est en la possession de Mᵉ Chau, notaire à Orléans. M. Loiseau (*Livre des Offices*, chap. II) détaille les grands inconvéniens qui en résultoient » (1). On peut ajouter que ces ventes de « pratiques » durent continuer bien après 1575. En 1602, Paul Moynet vendant son office à Pierre Monnoye (ou Moynet ?) se réserve encore ses minutes probablement pour les revendre à part.

Pourtant ces ventes de « pratiques » n'atteignaient jamais un bien haut prix. A Bourges, la veuve de Jean Ragueau vendit, moyennant 75 livres, les minutes de son

(1) Bibliothèque d'Orléans, M. 977, pièce 105.

mari qui se composaient de 65 registres des années 1502
à 1539, de onze liasses des années 1533 à 1544, d'autres
liasses, de 40 registres de minutes informes et d'un certain nombre de minutes du prédécesseur du dernier titulaire ; « le reste d'iceulx papiers est mangé des rats et ver-
myne en plusieurs lieux » (1). A Tours, le 16 novembre
1758, les minutes de feu Me Fournier furent adjugées
moyennant 200 livres ; en 1761, Me Tournier vendit les
siennes 550 livres ; en 1762, Me Carreau acheta, au prix de
605 livres, les minutes de Me Ridet mais, lorsqu'il voulut
lui-même abandonner sa charge en 1766, il ne trouva pre-
neur qu'à 300 livres pour toutes ses minutes (2).

Ce sont ces ventes de minutes, beaucoup plus que les
destructions, qui sont cause de l'impossibilité, où l'on se
trouve parfois, dans la recherche des actes d'un prédécesseur d'un notaire actuel. « De semblables usages ont produit de la confusion et de l'incertitude et tel notaire, qui
paroit posséder les minutes d'un ancien notaire depuis telle
époque jusqu'à telle autre, n'est pas certain d'avoir toutes
les minutes reçues dans cet espace de temps » (3). C'est
pour obvier, dans une certaine mesure, à ces difficultés que
Delarue, en 1786, après avoir donné les listes des notaires
de Paris, a dressé également des listes de « pratiques ».
Cette dernière partie de son ouvrage a été réimprimée en
1862 par Thomas. A Orléans rien n'a été fait en ce sens
jusqu'ici et cela est très regrettable.

Je m'excuse d'avoir donné autant d'importance à la partie de ce travail qui concerne les minutes, mais j'estime
que c'est un des côtés les plus intéressants et les plus utiles
du sujet. Je reviens aux actes eux-mêmes et aux formalités
dont on devait les revêtir après que la rédaction en avait
été arrêtée.

(1) Archives départementales du Cher, E. 1317, 1536-1540.

(2) LANGLOIS, op. cit., p. 69-71

(3) DELARUE, *Registre des offices et pratiques... des notaires... de
Paris.*

Témoins. — Pour quelques-uns d'entre eux la présence de témoins était indispensable, mais, jusqu'au milieu du xvi⁰ siècle, ni les témoins, ni souvent même les parties n'apposèrent leurs signatures sur les actes. Il était défendu à tous notaires de se servir dans les contrats, actes et testaments qu'ils reçevaient, de témoins qui fussent leurs clercs ou qui eussent moins de 20 ans accomplis sous peine de faux et de nullité desdits actes. L'arrêt du Parlement de Paris, qui, le 2 juillet 1708, avait porté cette défense, avait été occasionné par le testament de Marie Pasquier, femme de Guillaume Drouillon, maire perpétuel de Blois, déclaré nul comme fait en fraude de la Coutume ; il fut publié et enregistré au bailliage d'Orléans le 31 août 1708.

Petit scel. — La plupart des grosses et des expéditions délivrées aux parties par les notaires devaient, pour être régulières, être revêtues du petit scel ; les quittances seules n'étaient pas astreintes à l'apposition du sceau (1). Des édits et déclarations de novembre 1542, juin 1568, février 1571 et février 1595 avaient déjà réglementé la matière. Le Conseil d'État du Roi, le 4 août 1626, renouvela ces ordonnances en enjoignant aux notaires d'intituler, en tous leurs actes, le nom du Garde-scel de leur ressort et de mentionner, à la fin, qu'ils avaient averti les parties de l'obligation d'apposition du sceau dans les trente jours, faute de quoi les actes seraient de nul effet et n'emporteraient aucune hypothèque. Pour les grosses et expéditions d'actes passés par les notaires décédés, les détenteurs des minutes devaient, auparavant, prendre commission de *retulit* du Garde-scel de leur ressort.

D'autres édits de juin 1627, mai 1639, juin 1640, confirmèrent ces dispositions et précisèrent les fonctions des Gardes-scel.

Malgré toutes ces ordonnances les notaires négligeaient

(1) Il n'en fut pas toujours ainsi et au début du xvi⁰ siècle les quittances devaient être scellées (Voir E. Jarry, *Les droits de sceau des contrats notariés en 1506 à Orléans* (Bulletin de la Soc. arc. et historiq. de l'Orléanais, n⁰ 208, p. 153).

de faire sceller leurs actes et les sergents n'hésitaient pas à mettre à exécution des grosses non scellées. Comme cette apposition n'était, en somme, qu'une mesure fiscale, résultant d'*édits bursaux*, on trouva un moyen infaillible pour obliger les notaires à cette formalité. En décembre 1691 un édit créa, à Orléans, un office héréditaire de Garde du Petit Scel (1) avec pouvoir de sceller les contrats reçus par les notaires d'un scel gravé aux armes de Sa Majesté, en placard de cire rouge ; en novembre 1696, un second édit créa d'autres offices de Conseillers du Roi Gardes-Scels des Sentences et des Contrats et Actes des notaires. Le 29 janvier 1697, l'intendant de la Généralité, André Jubert de Bouville, ordonna d'exécuter l'édit et un tarif fut annexé à l'ordonnance. Malgré leur résistance, les notaires au Châtelet d'Orléans furent obligés de racheter ces nouveaux offices et, à partir de 1706, le petit scel leur appartenant, ils scellèrent leurs actes avec paraphe (2). C'est à partir de cette époque que chaque notaire eut le droit d'apposer lui-même sur ses actes, en prélevant un salaire pour cette apposition, un sceau en cire aux armes royales. Ils n'usèrent pas tout de suite de cette faculté et se contentèrent d'écrire « *Scellé avec paraphe* », mais, le 9 mai 1763, il fut décidé qu'on serait très exact à apposer le sceau sur tous les brevets et expéditions qui devaient en être revêtus et, à cet effet, le sindic fut autorisé à faire graver trente-trois sceaux conformes à ceux des notaires de Paris.

Exemption du tabellionage. — Nous avons vu déjà, en parlant des privilèges des notaires au Châtelet d'Orléans, que ceux-ci étaient dispensés du tabellionage. En conséquence, ils ne furent, à aucune époque, astreints à remettre les originaux de leurs notes ou projets à des fonctionnaires, les tabellions, qui avaient pour fonction de

(1) Les petits sceaux étaient des sceaux de juridiction avec représentation des armes royales. Les grands sceaux étaient réservés aux actes émanant du Roi ou du Parlement et représentaient le Roi lui-même en attitude de Majesté.

(2) Jousse, *Détail historique de la Ville d'Orléans*, p. 54.

mettre ces notes au net, de les conserver et d'en délivrer
expéditions. Lorsqu'ils étaient soumis au tabellionage il
arrivait parfois que les notaires fussent commis par le tabellion qui affermait le tabellionage ; le fermier du tabellionage pouvait être en effet étranger aux fonctions habituelles du notariat et l'on vit en 1542, à Beaugency, un docteur en médecine, Claude Parise, affermer l'office de tabellion. Lorsque François Ier eut ordonné l'érection des tabellionages dans tout le royaume et permis aux seigneurs d'en
établir dans leurs terres, si bon leur semblait, le duc
d'Orléans fit faire, par le prévôt, en présence des avocats et
des procureurs, une enquête sur la commodité ou l'incommodité qui s'en suivrait si l'on érigeait à Orléans un ou
plusieurs offices. Le résultat fut défavorable au projet d'é-
rection. En conséquence le duc d'Orléans déclara, le 27 juillet 1544, qu'il ne voulait pas que l'on mît ni érigeât aucun
tabellion ou tabellionage à Orléans et qu'il désirait voir les
vingt-quatre notaires jouir de la grosse de leurs contrats
comme en avaient joui leurs prédécesseurs. Cette déclaration fut approuvée par le Roi le 6 août 1544. D'ailleurs, partout où des tabellions furent créés, ils furent réunis aux notaires par édit de mai 1597. (1)

Contrôle et insinuation. — Les notaires, sauf ceux de
Paris qui en furent dispensés en 1723, étaient tenus de faire
contrôler les actes reçus par eux, afin d'en assurer la date
et l'authenticité. Le contrôle des actes des notaires fut établi, dans tout le royaume, par un édit de 1581 révoqué en
1588 ; en 1606 il fut rétabli en Normandie mais, dans les
autres provinces, il ne le fut que par un édit de 1693. La
formalité du contrôle devait être remplie, pour tous les
actes notariés sans exception, dans la quinzaine de leur
date et le contrôleur, après avoir recopié, sur son registre,
les éléments essentiels de l'acte, faisait mention du contrôle sur la minute. Les registres du contrôle étaient secrets
et ne devaient être communiqués qu'aux parties contractantes ou à leurs héritiers et ayants-cause. C'est en invo-

(1) Bibliothèque d'Orléans, ms 903 (papiers de Perdoux de la Pe-
rière).

quant la nécessité du secret que les notaires d'Orléans réclamèrent, en 1774, un bureau particulier et un commis pour faire contrôler leurs actes : à Chartres on agissait ainsi, paraît-il, tandis qu'à Orléans le même fonctionnaire contrôlait en même temps les notaires, les sergents et les huissiers ; il en résultait une perte de temps, les notaires devant parfois attendre une demi-journée au bureau et, ce qui était plus grave, le secret des actes n'était pas gardé suffisamment.

Dans cette même année 1744 l'Intendant de la Généralité voulut obliger les notaires d'Orléans à faire contrôler tous leurs actes au bureau de cette ville ; mais un arrêt du Conseil, en date du 12 janvier 1745, les maintint dans le droit de faire contrôler leurs actes soit au bureau du lieu où l'acte était passé, soit au bureau d'Orléans, à leur choix.

A côté du contrôle exigé pour tous les actes notariés et même, à partir de 1705, pour la majeure partie des actes sous signatures privées, existait une autre formalité ayant un but un peu différent ; c'était l'*insinuation* (1) qui remontait à la législation romaine et fut déclarée obligatoire pour tous les actes translatifs de propriété par édit de décembre 1703 appelé communément l'*édit des insinuations laïques*. Les actes qui y étaient assujettis devaient être insinués dans la quinzaine, à la diligence des notaires rédacteurs, sauf dans certains cas bien déterminés ; dans ces cas, le notaire mentionnait dans l'acte que celui-ci était sujet à insinuation à la diligence des parties.

Comme pour le contrôle, les notaires de Paris surent se faire exempter de l'obligation de faire insinuer eux-mêmes leurs actes.

Les registres des insinuations étaient publics et devaient être communiqués à toute personne qui le requérait.

Certains actes pouvaient être assujettis à la double formalité du contrôle et de l'insinuation, l'une ne remplaçant

(1) Le contrôle avait pour but la date certaine des actes : c'est *l'enregistrement* actuel. *L'insinuation* avait surtout pour but la publicité des actes translatifs de propriété : la translation de propriété n'était opposable aux tiers que moyennant l'insinuation, qui correspond à notre *transcription*.

pas l'autre. Les droits perçus à cette occasion, bien que réglés par le tarif de 1722, étaient, semble-t-il, trop abandonnés à l'arbitraire des commis, et, à diverses reprises, des plaintes s'élevèrent. En 1751, les Maire et Echevins, prenant en mains la défense des intérêts de leurs administrés, se plaignirent qu'on percevait des droits d'insinuation plus élevés qu'ils n'auraient dû l'être, et, pour appuyer leur réclamation, demandèrent aux notaires des mémoires des droits perçus en trop. Non-seulement ces derniers les leur fournirent mais, en présence de droits exorbitants exigés par les contrôleurs sur divers actes de mariage, se plaignirent directement, à leur tour, au Procureur du Roi en 1758. Ce magistrat leur fit parvenir un état de colonnes desdits contrats de mariage, grâce auquel il fut aisé de découvrir les perceptions forcées et indues.

Malgré toutes les réclamations, les exactions continuèrent et, dans son cahier de doléances de 1789, la Communauté des notaires demanda la suppression ou la réglementation des droits de contrôle et d'insinuation. « Quels que soient les besoins actuels de l'Etat... il n'en est pas moins important de supprimer plusieurs des impôts qui existent actuellement, surtout ceux dont le poids tombe principalement sur les classes les moins fortunées, dont la perception infiniment dispendieuse pour l'Etat, vexatoire pour le contribuable, trouble continuellement le repos des familles, en dévoile les secrets dont elle fait faire la recherche jusque dans les dépôts les plus sacrés, met à une contribution rigoureuse les conventions libres et la volonté des particuliers, et n'est encore établi que sur des bases incertaines, susceptibles d'une infinité de commentaires et d'interprétations qui la rendent presque totalement arbitraire, favorisant sans cesse les exactions et l'avidité des traitants contre lesquels les contribuables se pourvoient presque toujours sans succès. Tels sont les impôts du contrôle des actes de notaires et ceux d'insinuation et du centième denier. » (1)

____

(1) C. Bloch, *Cahiers de doléances du bailliage d'Orléans pour les États généraux de 1789*, tome second, p. 98.

Honoraires des notaires. — Quels étaient les honoraires des notaires pour les actes que nous venons de les voir rédiger ? D'une façon générale on peut dire que les salaires et vacations des notaires au Châtelet d'Orléans étaient fixés sur le même pied que ceux des notaires au Châtelet de Paris. Un arrêt de la Cour de Parlement, en date du 4 septembre 1756, en l'ordonnant ainsi, ne fit que confirmer les usages antérieurs. En cas de contestation, l'arrêt de 1756 stipula que ces salaires seraient réglés par deux notaires convenus ou nommés d'office par la Communauté et, lorsqu'il y aurait désaccord, par le lieutenant-général du Bailliage. A cette époque, les salaires et vacations, à Paris, étaient fixés par le tarif de 1667 arrêté au Châtelet, confirmé par sentence et arrêt des 24 février et 4 décembre 1688. (1)

Déjà un arrêt du Parlement, du 12 février 1704, avait homologué une délibération de la Communauté des notaires du Châtelet d'Orléans portant qu'en cas de contestation les salaires seraient réglés par deux notaires de la Communauté. Il arrivait d'ailleurs fréquemment que les honoraires, en cas de contestation entre les parties et leur notaire, fussent fixés d'un commun accord par le Bureau de la Compagnie. (2)

Un arrêt du Parlement du 9 juillet 1641 avait ordonné que les salaires et vacations dus aux notaires et taxés leur seraient payés, par préférence à tous créanciers et saisissants, sur les deniers provenant de la vente des meubles d'un défunt.

Sans nous arrêter davantage à ces règles générales, nous pouvons donner quelques chiffres.

Une sentence du Bailliage d'Orléans du 3 février 1567 taxe à 10 sols parisis ou 12 sols 6 deniers tournois le rôle de parchemin.

Un règlement de la Cour, du 26 août 1665, accorde aux notaires, pour droit de recherche de toutes sortes de minutes 30 sols. (3)

<hr>

(1) Bibliothèque d'Orléans, recueil H. 2787, pièce 5.

(2) Délibération du 18 janvier 1787.

(3) Bibliothèque d'Orléans, ms. 982, pièce 8.

Un tarif arrêté en l'assemblée générale convoquée en la maison de Mᵉ Edouard Demeulles, doyen, le vendredi 15 janvier 1683, fixe, en quarante-six articles, les « Sallaires et Vacations des nottaires royaux et greffiers des arbitrages du Chastellet d'Orléans » pour chaque espèce d'acte. Il est utile, à mon avis, de résumer ce tarif qui, pour les vacations, comporte deux prix suivant que l'acte a été passé à l'étude ou en ville, et qui, pour les expéditions, est basé sur le nombre des rôles (1) :

Premièrement en ce qui concerne les vacations :

	Chez le notaire	En ville
La vacation d'un certificat	7 s. 6 d.	15 sols
— transport de sommes mobilières	7 s. 6 d.	15 sols
— acte portant ratification ou convention	10 sols	20 sols
— bail à loyer d'une maison sise à Orléans	10 sols	20 sols
— bail à rente moison ou ferme d'héritages	20 sols	40 sols
— petit bail à chetel	7 s. 6 d.	
— grand bail à chetel	15 sols	
— marché d'ouvriers	10 sols	20 sols
— titre .....vital (2)	60 sols	
— acte de prise de possession d'un bénéfice		60 sols
— acte d'assemblée de paroisse		40 sols
— procès-verbal de comparution	10 sols	
— procès-verbal de comptes	30 sols	
— sommation et copie laissée	40 sols	
— déclaration d'hypothèques	15 sols	30 sols
— contrat de vente ou échange	30 sols	60 sols
— acte de remboursement	30 sols	60 sols
— compromis	15 sols	30 sols
— acte de rapport de la sentence arbitrale	15 sols	
— pour le vu et lecture faits aux domiciles des parties	20 sols pour chaque domicile	
— transaction et veu de pièces	60 sols	
— donation entre vifs et mutuelle	60 sols	6 livres
— d'un codicile	30 sols	60 sols
— testament	60 sols	6 livres

(1) Archives de la Chambre des Notaires d'Orléans.
(2) La première partie du mot est illisible.

	Chez le notaire	En ville
La vacation d'un acte d'offre de foy.........	3 livres	
— acte de réception de foy.........	20 sols par rôle	
— reconnaissance de maison.,,....	10 sols	
— reconnaissance de cens d'héritages à la campagne..........	7 s. 6 d.	
— convocation d'assemblée de créanciers	60 sols	
— acte de délibération auxd. assemblées	60 sols	
— contrat de direction..,,......	variable selon le montant de l'affaire	
— acte de rapport de production....	15 sols	
— procès-verbal d'enchères.........	60 sols	
— pour chaque adjudication.....		6 livres
— acte de dépôt du prix d'une adjudication	60 sols	
— ordres et distributions.........	4 deniers pour livre du montant d'icelle	
— les paiements et droits de quittances	30 sols par paiement	
— inventaires		4 livres
— ventes de meubles ou marchandises		4 livres
— droit de recepte des deniers desd. ventes...................	8 deniers pour livre	
— partages et comptes devant Messrs les commissaires	2/3 de la taxe desd. commissaires	
— partages et comptes chez le notaire	20 sols par rôle	
— contrat de mariage............	6 livres	

outre les taxes ci-dessus les notaires qui iront à la campagne recevront 30 sols par lieue pour aller et autant pour revenir.

En ce qui concerne les expéditions :

expéditions en parchemin desd. contrats, partages et actes, 20 sols par rôle (chaque page ayant 22 lignes et chaque ligne 16 syllabes) ;

expéditions en grand papier, 10 sols par rôle (20 lignes par page et 12 syllabes par ligne) ;

expéditions en petit papier, 5 sols par rôle (14 lignes par page et 8 syllabes par ligne) ;

grosse d'un brevet pur et simple, 7 sols 6 deniers et de plusieurs personnes 15 sols.

Au XVIIIe siècle les notaires du Châtelet d'Orléans semblent ne pas vouloir se prêter à l'établissement d'un tarif. Le règlement de 1735 stipule bien qu'il sera rapporté à la

Cour un tarif des droits des notaires ; mais ce dernier n'ayant pas été établi, le Procureur général au Parlement de Paris écrit à la Communauté en 1751 pour le réclamer. La Compagnie se contente alors de répondre qu'il est impossible de former un tarif sauf pour les inventaires qui se font par vacations « pour lesquelles l'usage a toujours été de percevoir 3 livres 10 sols par vacation de trois heures, les grosses d'iceux 10 sols du rôle sur grand papier à 22 lignes à la page le papier non compris » ; qu'il n'est pas possible de taxer les autres actes et que d'ailleurs il n'y a de tarif ni à Orléans, ni à Paris, ni ailleurs et que, lors des contestations entre les parties, le juge ordinaire fait la taxe d'office. Cette réponse n'ayant pas semblé suffisante au Procureur général, plusieurs notaires sont chargés, le 24 mai 1751, d'élaborer un projet de tarif. L'élaboration en fut longue, car, le 20 août 1759, le Procureur du Roi, au nom du Procureur général, le réclamait à nouveau. M⁰ Johanneton fut chargé par la Compagnie de voir le Procureur du Roi et de lui représenter que, seuls, les inventaires, les grosses et expéditions d'actes pouvaient être tarifés et que, d'ailleurs, ils l'étaient par arrêt de la Cour du 4 septembre 1756. Le Procureur du Roi ayant insisté, sept commissaires furent nommés, le 24 août 1759, pour dresser le tarif des droits. Je n'ai rencontré nulle part traces de ce tarif.

Valeur des études. — Quelle valeur pouvaient avoir les études dont nous venons d'essayer de donner un rapide aperçu ? Parmi le catalogue des actes de François I⁰⁰ (1), quelques-uns concernent des ventes d'offices de notaires au Châtelet d'Orléans.

Le 15 juin 1531, le sieur de Cossé, fils aîné de M. de Brissac, reçoit du roi 300 écus d'or (2) sur les deniers provenant de la vente d'un de ces offices.

Le 22 février 1533, il est fait don à Marc de Vérone, l'un

(1) Voy. Bulletin de la Société archéologique de l'Orléanais, tome 12, p. 688 et suiv.

(2) Environ 2.400 fr. de notre monnaie actuelle.

des Cornets du roi, de 600 écus soleil (1) à prendre sur les deniers de la vente de l'office vacant par la mort d'Etienne Peigné (2).

Le 10 mars 1533, Louis de Losaigne et Guillaume des Prez, chargés du vautrait du roi, reçoivent 600 écus d'or soleil à prendre sur les deniers de la vente de l'office vacant par le décès d'Etienne Pegny (3) et sur autres parties casuelles.

Au XVIIe siècle la valeur des études semble avoir baissé malgré l'hérédité acquise sous le règne de Henri IV. Le 22 août 1661 avait lieu, devant Mes Fieffé et Noyau, l'adjudication de l'office de défunt Abraham Laisné. Nicolas Faucheux s'en rendit adjudicataire moyennant 110 escus sols (4).

Au milieu du XVIIIe siècle, à l'époque où les notaires étaient en contestation avec les Maire et Echevins d'Orléans, ceux-ci se plaignent que « depuis dix ans les notaires ont trouvé le moyen de faire doubler le prix de leurs offices et de les faire monter jusqu'à 12.000 livres, au lieu de 6.000 qu'ils valloient auparavant et cela en se faisant paier du double, et souvent beaucoup plus, des droits qu'ils percevoient auparavant » (5).

Ce prix s'éleva certainement encore. En vertu de l'édit de février 1771 et de la déclaration du roi du 11 août 1780 ordonnant la mise à exécution de l'édit de 1771 dans l'Apanage du duc d'Orléans, les propriétaires d'offices furent

(1) Environ 4.800 francs de notre monnaie.

(2) La lecture du nom doit être fautive et il doit s'agir d'Etienne Pegny qui fut notaire de 1518 à 1533.

(3) Etienne Pegny et Etienne Peigné semblent être un même personnage. Il en résulte que la vente de son office aurait atteint un chiffre au moins égal à 1.200 écus puisque, sur cette vente, Marc de Vérone reçut 600 écus et que Louis de Losaigne et Guillaume des Prez reçurent également 600 écus.

(4) S'il s'agit d'écus de trois livres, ces 110 écus ne représenteraient environ que 538 francs de notre monnaie.

(5) Ms. possédé et communiqué par M. Benoist, ancien notaire. Il a pour titre : « *Observations sur le Mémoire des Notaires d'Orléans contre Messieurs les Maire et Echevins* ».

tenus de déclarer la valeur de leurs offices, afin que cette estimation servît de base non seulement à la perception du 100° et du 24° denier, mais aussi au remboursement de la finance de l'office si celui-ci venait à être supprimé dans l'avenir. En conséquence, le 14 novembre 1780, les notaires au Châtelet d'Orléans s'assemblèrent pour fixer la finance de M° Jullien des Bordes, mort en charge au mois d'octobre ; la Compagnie décida, à cette occasion, de fixer à 10.000 livres l'évaluation de chacun des trente-trois offices de notaires : les offices de notaires de Tours avaient été évalués à la même somme ; ceux de Paris, au contraire, avaient été fixés à 40.000 livres.

Cette évaluation était bien probablement inférieure à la valeur réelle si nous en jugeons par un contrat de mariage en date du 14 août 1790 par lequel M° de Faucamberge cédait à son gendre, M° Lefebvre, son étude de notaire pour le prix total de 30.000 livres. Mais, pour rester en règle avec l'évaluation officielle, le contrat stipulait : « le titre corps ou finance dudit office 10.000 livres conformément à l'évaluation faite par la Communauté des notaires d'Orléans. Le surplus (20.000 livres) sera pour la pratique, les recouvrements et meubles cy-dessus désignés étant dans l'étude et le cabinet ».

La valeur des études devait augmenter dans d'énormes proportions au XIX° siècle. En 1837, une étude qui rapportait environ 30.000 fr. fut vendue au prix de 260.000 fr. ; et à l'extrême fin du XIX° siècle une autre étude, d'un rapport approximatif de 75.000 francs, atteignit, paraît-il, le prix de 375.000 francs, ce qui ne représentait que cinq fois le rapport annuel ; or les traités d'étude se font actuellement sur le pied de six fois et demi à sept fois leur rapport annuel.

Cette majoration n'est pas particulière à Orléans, et nous pourrions citer un notaire de Bourges qui, en mai 1778, cédait son office à son gendre moyennant 4.300 livres ; quarante-cinq ans plus tard, l'arrière-petit-fils prenait à son tour l'étude familiale pour 25.000 francs.

Dans l'exposé des motifs d'un projet de loi déposé, en

novembre 1902, par M. G. Clemenceau, sénateur du Var, pour le rachat par l'Etat des études de notaires, le nombre des notaires en France était fixé à 8.910, dont 405 titulaires d'études de 1re classe ayant un revenu moyen de 50.000 fr.

Les clercs de notaires. — Ces notes sur les études de notaires orléanais ne seraient pas complètes si j'omettais de parler des clercs. Je le ferai brièvement, l'histoire de la Bazoche méritant à elle seule une notice spéciale.

Les notaires d'autrefois, comme ceux d'aujourd'hui, avaient dans leurs études des employés, jeunes gens pour la plupart, qui venaient y apprendre les règles du notariat, et auxquels on confiait la rédaction des projets. On leur donna, de bonne heure, le nom de *clercs* parce qu'ils devaient avoir une certaine instruction. Au XVIe siècle et peut-être même beaucoup plus tard, l'entrée d'un clerc dans une étude faisait l'objet d'un véritable contrat d'apprentissage. Aux Archives départementales du Cher se trouve un contrat de cette nature, daté de 1570, par lequel Me Barthélemy Raguau, notaire à Bourges, s'engage à prendre chez lui, pour un an, à titre de clerc, Pierre Fraulon, moyennant que celui-ci lui donnera 55 livres tournois et une charretée de gros bois. Le clerc logeait chez son maître ; il était nourri à la table de la famille (1) ; souvent c'était à lui qu'incombait la charge de tenir l'étude en bon état de propreté et de soigner le cheval de son patron. Le

---

(1) Un curieux procès s'engagea, à la veille de la Révolution, entre Me Bottet, notaire à Orléans et M. Thénaisie, bailli de Courtalain et père d'un clerc de Me Bottet. M. Thénaisie père refusait de payer la pension de son fils, sous prétexte qu'il n'était intervenu aucune convention directe à ce sujet, lorsque, dans les premiers jours de mai 1789 son fils fut reçu en qualité de *clerc à pension* chez Me Bottet, où il resta, déduction faite du temps de ses absences, l'espace de 19 mois. Thénaisie fils s'étant, le 31 janvier 1791, reconnu débiteur de sa pension sur le pied de 300 livres par an, le père refusa de payer le billet. M. Curault, ancien lieutenant général du ci-devant Châtelet et alors président du Bureau de Conciliation fut nommé arbitre par les parties et donna tort à Thénaisie père ; mas ce dernier, ayant refusé de s'incliner devant la décision de l'arbitre, fut assigné à l'audience du 26 juillet où il fit défaut. (Bibliothèque d'Orléans, E. 4423, p. 23).

temps de cléricature était fixé à cinq années, dont deux au moins d'habitation chez le notaire. En 1784 on voulut fixer à six ans, dont quatre chez un notaire, le temps de cléricature ; la Communauté essaya de s'opposer à cette mesure en alléguant que deux ans seulement de stage chez un notaire étaient suffisants pour les jeunes gens qui avaient déjà travaillé quelques années chez les procureurs avec assiduité et intelligence et qu'au bout de ce temps ils étaient en état d'entrer dans la Compagnie.

Lors de l'établissement de la Capitation, en 1695, on ne mentionne, dans chaque étude, qu'un seul clerc taxé à 3 livres ; treize notaires même n'en employaient pas. Mais au xviii° siècle cet état de choses changea et le nombre des clercs dut augmenter en proportion de l'importance des études ; on trouve en effet, dans la seconde moitié du xviii° siècle, dans certaines études, des *maîtres-clercs* et des *premiers clercs*, ce qui indique avec évidence qu'il y en avait plusieurs. En 1774 nous voyons une députation des Maîtres-Clercs de notaire venir faire une démarche auprès de la Communauté ; lors des réceptions des nouveaux notaires, on n'oublie jamais de dire dans quelle étude de notaire ou de procureur ils ont été maîtres-clercs. (1)

Ce ne fut qu'à partir du milieu du xvi° siècle que les clercs eurent, dans les études, un rôle important. Auparavant les notaires étaient obligés d'écrire eux-mêmes leurs minutes et leurs expéditions ou grosses. En 1540 les notaires de Paris adressèrent une requête pour être dispensés de cette obligation et pouvoir faire écrire et grossoyer leurs contrats par leurs clercs. (2)

La Communauté des Notaires exerçait sur les clercs une surveillance active. En cas de faute grave, le patron du délinquant était mis en demeure de le renvoyer et il arriva fréquemment que la Communauté s'opposât à la réception,

(1) Réceptions des 2 et 25 mars 1782, 24 février 1784, 22 février 1785.

(2) Guillaume Levesque, *Chartes, lettres, ...des Notaires au Châtelet de Paris*, 1663.

comme notaires, de clercs dont la conduite avait donné
lieu à des reproches (1). D'ailleurs l'article IX des Statuts
de la Communauté de 1735 faisait une obligation à tout
notaire, à peine de 6 livres, de n'admettre un clerc en son
étude qu'après s'être enquis auprès du dernier notaire « de
la maison duquel il sera sorti, s'il en aura été fidèlement
servi ».

Les clercs de notaires étaient exempts du tirage à la
milice ; en 1743 la Communauté adressa au duc d'Orléans
une supplique pour faire confirmer ce privilège. Il le fut,
au moins en partie, car le 7 avril 1768 les deux sindics de
la Communauté se rendirent à l'Hôtel de Ville et obtinrent
que leurs clercs ne seraient pas assujettis au tirage personnel mais, en se réunissant aux clercs des procureurs et
des huissiers, fourniraient seulement un milicien. Ce
milicien fut choisi en 1768 moyennant 300 livres d'engagement et 24 livres pour boire et ce fut la Communauté
des notaires qui paya la part des clercs de notaires. En 1781
la contribution due par les clercs de notaires pour la milice
s'éleva à 91 livres 6 sols 8 deniers et fut payée par le sindic
de la Communauté. En 1787 des difficultés naquirent pour
le paiement du milicien : l'association comprenait, cette
année-là, quinze clercs de procureurs, huit clercs de notaires
et un seul étudiant en chirurgie ; ce dernier ayant refusé
de payer le tiers de l'engagement du soldat provincial
choisi et n'offrant que sa portion virile, la Communauté
des notaires consentit à payer la moitié de la somme totale,
en faisant toutes réserves pour l'avenir.

D'après l'article VII de l' « Instruction particulière donnée par M. l'Intendant pour MM. les subdélégués et commissaires à la levée des soldats provinciaux dans la Généralité d'Orléans » le 12 février 1775, ne devaient jouir de
l'exemption du tirage au sort que « les Maîtres Clercs des
Avocats, Procureurs, Notaires et Greffiers des sénéchaussées
et bailliages royaux résidens dans les chefs-lieux de l'Elec-
tion ».

(1) Reg. des délibérations, 28 janvier 1773, 4 février et 23 avril 1774,
10 juillet 1784.

La Bazoche. — Les clercs de notaires et de procureurs étaient réunis en une sorte d'association connue sous le nom de *Bazoche* qui doit remonter fort loin bien que les documents certains fassent défaut pour préciser son histoire. Dès le début du XVI⁰ siècle elle existait réellement, puisque c'est d'elle que parle Clément Marot dans sa célèbre ballade du « Cry du jeu de l'Empire d'Orléans » que je ne puis résister au plaisir de citer, malgré sa longueur (1) :

> Laissez à part vos vineuses tavernes,
> Museaux ardens, de rouge enluminez :
> R'enjeunissez, saillez de vos cavernes,
> Vieux accroupis, par aage examinez :
> Voicy les jours qui sont determinez
> A blasonner, à desgorger et dire ;
> Voicy le temps, que supposts de l'Empire
> Doivent par droit leurs coutumes tenir ;
> Si voulez donc passer le temps et rire,
> N'y envoyez, mais pensez de venir.
> Harnois, Chevaux, Fiffres, Tabours et Trompes,
> Riches habits, et grans bragues avoir,
> Ce ne sont pas de l'Empire les pompes :
> Leurs mots, leur jeu, c'est cela qui faut voir :
> Qui voudra donc des nouvelles sçavoir,
> Qui ne sçaura des follies cent mille,
> Qui ne sçaura mainte abusion vile,
> Sans trop piquer l'en ferons souvenir :
> Pourtant, Seigneurs de ceste noble Ville,
> N'y envoyez, mais pensez de venir.
> N'ayez pas peur, Dames gentes, mignonnes,
> Qu'en nos papiers on vous vueille coucher :
> Chacun sçait bien qu'estes belles, et bonnes,
> On ne sçauroit à vos honneurs toucher :
> Qui est morveux, si se voyse moucher.
> Venez, venez Sots, Sages, Fols et Folles :
> Vous Musequins, qui tenez les escolles
> De caqueter : faire, et entretenir,
> Pour bien juger que c'est de nos parolles,
> N'y envoyez, mais pensez de venir.

Envoy

> Prince le temps et le terme s'approche,
> Qu'Empiriens par dessus la Bazoche
> Triompherons, pour honneur maintenir :
> Toutes, et tous, si trop fort on ne cloche,
> N'y envoyez, mais pensez de venir.

(1) *Les œuvres de Clément Marot*, La Haye, Moetjens 1702, t. I, p. 222-223.

La Bazoche d'Orléans formait une juridiction et avait ses dignitaires qui étaient élus tous les trois ans, au mois de novembre, par la Communauté des Procureurs au Châtelet. Au XVIII° siècle, ces officiers étaient un empereur (1), un chancelier, un procureur général, un capitaine, un enseigne, deux maîtres des requêtes, un trésorier et un secrétaire. Ils étaient en possession d'installer les Présidents et Lieutenants du Bailliage le jour où, pour la première fois, ils montaient à l'audience (2). La Bazoche jouissait également, par concession royale, de ce que l'on appelait le *droit de ban* qui consistait à percevoir dans toute l'étendue de la Coutume d'Orléans, sauf Beaugency, quatre écus quarts montant à 12 livres 16 sols aux premières noces et moitié de cette somme aux seconds mariages de tous les gentilshommes, officiers d'épée et de robe, bourgeois vivant noblement, employés dans les affaires du Roi et praticiens. Les huissiers ne payaient que demi-droit. Beaugency n'était pas assujetti au droit de ban, mais à la condition d'envoyer chaque année, au jour de Saint-Nicolas, une députation comparaître devant les officiers de la Bazoche.

« Messieurs de la Bazoche » avaient un drapeau ou guidon qui fut renouvelé et béni en 1735. Par permission spéciale de l'évêque d'Orléans le curé de Saint-Hilaire procéda solennellement à cette bénédiction le 5 décembre 1735 à l'issue des premières vêpres de Saint-Nicolas dans la grande salle du Châtelet.

La Bazoche avait également des armoiries : d'azur à trois écritoires d'or, timbrées d'un casque et ayant pour tenants deux anges qui, plus tard, furent remplacés par deux pucelles nues. C'est à ces armes que fait allusion l'un des nombreux couplets d'une ronde fort connue que les Bazochiens avaient coutume de chanter :

(1) Dans certaines villes l'empereur était remplacé par un roi. A Marseille il s'intitulait « roi de la Basoche par la grâce du bonheur. »

(2) *Détail historique de la Ville d'Orléans*, 1750, p. 48-49. — *Essais historiques sur Orléans*, 1778, p. 45-46.

> L'encrier, la plume et l'épée
> Étaient les armes de Pompée ;
> La Basoche est son héritière,
>   Elle en est fière !
> Soldat clerc, le basochien
> Est bon vivant et bon chrétien.
>   Vive la Basoche !
>   A son approche
>   Tout va bien !

Pendant plusieurs années, la Communauté des notaires permit à « MM. les Bazochiens » de se réunir et de donner leur repas habituel dans la Salle commune des assemblées de la Compagnie, aux Jacobins. Mais « ces messieurs s'étant permis quelques écarts et ayant causé quelque bruit », le prieur des Jacobins porta plainte et les notaires décidèrent, le 28 novembre 1788, de ne plus avoir à l'avenir de semblables complaisances pour aucun étranger, sauf pour le Collège des avocats et le Corps des procureurs.

Le titre de membre de la Bazoche n'empêchait d'ailleurs pas les clercs d'être astreints à une certaine correction. Et pour avoir oublié cette obligation, le sieur Légier, qui était procureur général de la Bazoche depuis cinq ans, ne put réussir à se faire recevoir notaire bien qu'il eut acquis un office. (1) Après un an et demi de luttes il dut recéder, à Mᵉ Jullien fils, la charge de Mᵉ Vée qu'il avait achetée en 1784.

L'histoire de la Bazoche à Orléans mériterait, disions-nous, une monographie pour elle seule. Nous n'avons fait sur cette question que des recherches générales ; aussi nous excusons-nous de ne pas parler avec plus de détails de cette juridiction intéressante, mais insuffisamment connue.

(1) Voy. les délibérations du 10 juillet 1784 et 22 février 1785.

CHAPITRE III

La Communauté des Notaires
au Châtelet d'Orléans

Confrérie de Saint-Nicolas. — Au début du xvie siècle, les notaires au Châtelet d'Orléans étaient réunis en une Confrérie ou Communauté qui existait probablement depuis longtemps. Cette Confrérie, dite *Confrérie de Saint-Nicolas,* possédait un lieu de réunion ou *chambre*; elle avait, à sa tête, un *Roi* ou *Syndic*; son but était de défendre ses membres en toutes circonstances, notamment contre les empiètements des autres Communautés ou des officiers rivaux, d'imposer l'obéissance aux règlements établis, de prendre les mesures nécessaires pour le paiement des charges communes, de faire célébrer un service pour les membres défunts et, lors de certaines fêtes, de réunir tous ses adhérents dans un banquet confraternel.

La Chambre des Notaires. — En 1518 la *Chambre* des Notaires au Châtelet était située « entre la maison de la Prévôté et la Recepte d'Orléans, » non loin de la chapelle Saint-Vincent, dans les bâtiments qui limitaient le Châtelet à l'ouest, du côté de la rue des Hôtelleries. Elle devait être adossée à l'ancien mur de ville ou située sur l'emplacement de ce mur, car, en 1518, les notaires firent blanchir leur chambre « et baisser les terraults d'un vieil mur espais ou roc qu'ils firent rompre et firent faire en icelle plusieurs ouvrages de maçonnerie. » Ce vieux mur épais était vraisemblablement l'enceinte romaine qui se dirigeait du nord au sud pour aboutir à la Tour du bord de l'eau. En tous cas, il est à peu près certain que cette chambre faisait partie du Châtelet lui-même, puisque le Prévôt en chassa les notaires et s'y installa à leur place; de cette éviction résulta un procès qui durait encore le 9 mai 1532, jour où les membres de la Communauté décidèrent, dans leur assemblée réglementaire, « de poursuivre le procès commencé depuis longtemps entre François de Saint-Mesmin, prévôt d'Orléans, qui occupait injustement leur Chambre ».

Peut-être les notaires y déposèrent-ils, pendant quelque temps, leurs minutes ainsi que le prétend l'auteur anonyme du mémoire dressé au XVIIIe siècle pour les officiers de la Prévôté. Cependant ils ne durent pas les y déposer régulièrement ni longtemps, les minutes étant à cette époque, comme nous l'avons montré, la propriété personnelle du notaire qui les avait rédigées et qui les conservait par devers lui sans être même astreint de les transmettre à son successeur. Le dépôt des minutes en cet endroit n'est pas indispensable pour expliquer l'inscription « *Archivum quindecim notariorum Castelleti aurelianensis* » (1) que l'on pouvait encore lire au XVIIIe siècle sur une des portes de la maison du Prévôt « au-dessous du chastellet et de l'écu des armes de france avec des anges pour suppots en pierre et en relief ». Il est fort possible que la Chambre n'ait servi que de lieu de réunion pour les notaires et de lieu de dépôt pour les registres et les titres de la Communauté.

Parmi les meubles de cette Chambre devait se trouver un coffre-fort dont l'achat avait été décidé le 9 mai 1544. Ce coffre renfermait « les titres concernant les estats desdicts notaires » et un inventaire de ces titres ; une copie de cet inventaire était entre les mains du Syndic, une autre entre celles du gardien du coffre. L'inventaire des titres était dressé à nouveau de temps à autre ; le 11 mai 1778, il en fut déposé un aux Archives de la Communauté ; il avait été fait par Me Leddet. On ne pouvait ouvrir le coffre qu'en présence du Doyen, du Syndic en exercice et du Syndic subséquent qui possédaient, chacun, l'une des trois clefs de ce meuble.

Cette pièce du Châtelet resta-t-elle longtemps affectée au service des notaires, c'est ce que nous ne saurions dire. Tout ce que nous savons, c'est que, le 30 mars 1674, une

---

(1) Cette inscription est actuellement déposée au Musée historique ; il n'en reste que la moitié gauche.

assemblée générale pour la Bourse commune se tint chez
Guillaume Hubert, syndic, et qu'en 1683, une assemblée
identique pour le tarif eut lieu chez Edouard Demeulles,
doyen. Il est possible qu'à cette époque il n'y ait plus eu
de Salle de la Communauté. Cela expliquerait pourquoi
les titres de la Communauté des notaires furent retrouvés,
en 1736, 1752 et 1753, chez plusieurs notaires d'Orléans et
« remis au coffre ». Le 6 avril 1754, Mes Chappé et Ragû
rapportèrent et mirent au Trésor l'original des lettres patentes de 1512, 1519, 1539, 1544, 1550 et 1584 ; toutes ces
lettres étaient scellées du grand sceau de cire verte sur lacs
de soie rouge et verte ; c'est Me Thué qui les avait eues jusqu'alors dans son étude (1). Tous ces originaux avaient dû
être confiés jadis aux syndics ou doyens qui les avaient
conservés.

Au début du XVIIIe siècle, le siège de la Communauté des
notaires, désigné sous le nom de *Salle de la Communauté*,
était situé place de l'Etape, dans le couvent des RR. PP. Jacobins. Pour une cause inconnue, il fut transféré, en 1736,
dans une des salles du couvent de Bonnes-Nouvelles où les
Bénédictins, moyennant 50 livres par an, s'étaient engagés
à fournir une salle commode, des sièges, de la lumière et
du feu en hiver, et à célébrer le service de Saint-Nicolas et
une messe tous les dimanches. Dans cette salle, le syndic,
Me Jullien, fit placer un bureau fermant à deux clefs et deux
serrures différentes, l'une détenue par le doyen, l'autre par
le syndic. Ce bureau, dont la table portait sculptée l'inscription « Bureau de la Communauté des Notaires au Châtelet
d'Orléans » servait à renfermer le livre des délibérations et
les titres de la Communauté.

Les membres de la Compagnie s'étant plaints que les Bénédictins ne fournissaient pas de feu, la Communauté revint, en 1751, à l'Etape, et s'installa de nouveau chez les
Jacobins, dans une pièce située dans la seconde cour du

---

(1) Actuellement toutes ces lettres patentes, sauf celles de 1584,
sont aux archives de la Chambre des Notaires d'Orléans, mais les
sceaux ont disparu.

couvent, en face, de la porte de fer du jardin ; un loyer annuel de 70 livres payable le 9 mai fut convenu tant pour la location de la chambre que pour les honoraires des messes et la fourniture des cierges (1). Le bureau n'étant plus suffisant pour placer commodément tous les titres, le syndic, Me Binechère, fut chargé d'acheter et de placer, dans la nouvelle salle, une grande armoire à deux battants dont chaque syndic avait une clef. Les notaires avaient la jouissance exclusive de cette pièce, dont on leur avait remis la clef, et d'un bûcher fermant aussi à clef moyennant 120 livres par an. En 1767, on décora la Salle d'estampes encadrées. En 1775, une salle plus grande, située près de l'ancienne, fut mise à la disposition des notaires qui la divisèrent au moyen d'une cloison de façon à faire une antichambre et qui la garnirent de paillassons pour corriger l'humidité. Mais le confort laissait, paraît-il, à désirer dans cette pièce qui était très humide : en 1777, on changea le carrelage sous lequel on prit soin d'étendre une couche de mâchefer ou de jarre ; on changea de place la cloison et la porte ; la cheminée ne chauffant pas suffisamment, on fit établir, dans la cloison, un poêle de fayence ; la porte à deux vantaux fut doublée d'une contre-porte ; des lambris en menuiserie furent placés le long des murs, trois petites armoires installées dans l'embrasure des croisées et deux grandes de chaque côté de la cheminée ; la salle fut tapissée et garnie d'estampes ; enfin l'on acheta un nouveau bureau à pieds de biche « plus honneste et moins embarrassant » que l'ancien. Ainsi disposée et meublée la Salle de la Communauté était confortable. Lors des assemblées, les notaires y avaient chacun leur place : ils se mettaient sur deux colonnes, à droite et à gauche, suivant l'ordre du tableau, le doyen étant le premier à droite et le plus ancien membre après lui le premier à gauche.

En 1779, le loyer fut porté à 150 livres par an afin d'indemniser les Jacobins pour le défaut de célébration de la Saint-Nicolas.

(1) Convention s. s. p. en date du 11 mai 1751 déposée aux archives de la Chambre des Notaires d'Orléans.

En 1782, la Communauté fut sur le point de changer encore une fois de siège. Les notaires avaient jugé utile de faire changer les gardes de la serrure et les Jacobins avaient considéré ce changement comme une insulte à leur égard. Finalement tout s'arrangea et la Communauté continua à se réunir au couvent des Jacobins.

Assemblées ordinaires et extraordinaires. — C'est dans cette Chambre ou Salle que se tenaient les Assemblées des Notaires au Châtelet. En dehors de la réunion solennelle du 9 mai, il y avait des assemblées ordinaires dont le nombre et la date étaient déterminés par les règlements, et des assemblées extraordinaires toutes les fois qu'il était urgent de réunir les membres de la Confrérie. Tout d'abord il n'y eut que deux réunions par an, le 9 mai et le 6 décembre ; dans la suite le nombre de ces assemblées ordinaires s'éleva à six fixées, par le règlement de 1735, au 9 mai et aux premiers lundis de janvier, avril, juillet, octobre et décembre. Ces dates furent changées au cours du xviiie siècle et l'arrêt du Parlement du 7 janvier 1785 spécifia que les Assemblées ordinaires continueraient à avoir lieu le mardi qui suivrait le dernier Bureau tenu pour la perception de la Bourse commune à chaque trimestre. Or, depuis 1765, ce Bureau se réunissait dans la Salle de la Communauté les trois premiers jeudis des mois d'août, novembre, février et mai.

Les membres de la Communauté se réunissaient fréquemment, à l'issue de ces réunions trimestrielles, en un dîner confraternel où chacun payait son écot.

Il était également d'usage de tenir, huit jours avant chacune des assemblées ordinaires, un Bureau où les membres, qui avaient à faire une proposition à l'assemblée, venaient exposer leurs demandes ; cela permettait d'examiner la proposition et de préparer la discussion sur le sujet.

Si des assemblées extraordinaires étaient nécessaires, des billets de convocation étaient adressés, par les soins du Syndic, ou, à son défaut, du Doyen, à tous les notaires qui étaient tenus de se rendre aux assemblées. Il fallait l'avis du Bureau pour convoquer une assemblée extraordinaire ;

aussi, lorsqu'un membre de la Compagnie croyait devoir
requérir une telle réunion, il devait d'abord prévenir le
Syndic qui convoquait le Bureau afin de prendre l'avis de
ses membres sur l'opportunité d'une convocation urgente.
Les convocations aux assemblées étaient faites par billets
portés chez chaque notaire par le clerc de la Communauté
auquel il était payé 20 sols par convocation. (1)

En 1777, le Clerc de la Communauté recevait 3 livres pour
chaque assemblée générale et 30 sols pour celles du Bureau.
Il était chargé d'ouvrir la Salle les jours de séance, de la
balayer et nettoyer, de garnir d'encre les cornets, de faire
le feu et de veiller à l'entrée et au sciage du bois. Pendant
les assemblées il se tenait à proximité dans la chambre de
réserve. (2)

Aux assemblées, aucune motion ne pouvait être proposée
que par le Syndic qui était obligé de rapporter toutes les
affaires qui lui avaient été communiquées dans les délais
voulus. Les délibérations étaient prises à la pluralité des
suffrages sans faire mention du nombre des voix. Cependant, dans les cas graves, lorsqu'il s'agissait de modifier
des règlements homologués en la Cour ou d'imposer de
nouvelles charges, on indiquait le nombre des voix qui
avaient déterminé le vote et les membres, qui s'étaient opposés à la délibération, pouvaient demander l'insertion au
procès-verbal des motifs de leur opposition.

Les registres des délibérations. — Les délibérations de la
Communauté étaient consignées sur un registre qui restait
entre les mains du Syndic et chaque procès-verbal était signé par tous les membres présents ; en 1736, on proposa de
laisser le registre à la garde du greffier. Sur ces registres
étaient consignées, non-seulement les délibérations prises
par les assemblées, mais encore les réceptions et les instal-
lations des membres de la Compagnie ; on y transcrivait

(1) Registre des délibérations, 2 janvier 1736.

(2) Les Clercs de la Communauté furent : Denis Pinson, de 1736
à 1771 ; Sanègre, son gendre, de 1771 à 1777 ; Lejay, à partir du
10 novembre 1777.

les Statuts et les Règlements, les règlements pour la Bourse commune, les doléances, la liste du Syndicat et, parfois même, les reçus de certaines sommes.

Le premier registre a été perdu et c'est probablement à cette perte que fait allusion une mention, datée du 9 mai 1754, disant qu'un registre des délibérations ne se trouve point dans le Trésor et ne peut être qu'entre les mains d'un notaire. Il semble que le manuscrit S. 33 (ou 700) de la Bibliothèque d'Orléans soit une copie résumée de ce registre, faite, ainsi que les listes de notaires qui l'accompagnent, par Claude Gommet, Syndic en 1671. Ce résumé qui commence le 9 mai 1516 se termine en 1669 ; le registre original, commencé en 1512, ne prit fin qu'en 1701 ; il existait encore en 1753. A cette époque on ne consignait que les événements particulièrement importants et c'est pour cela que le registre pouvait servir aussi longtemps.

De 1705 à 1791 la collection des « Registres des assemblées et délibérations de la Communauté des Notaires royaux gardes-nottes et gardes-scel du chastelet d'Orléans » est complète et conservée actuellement à la Chambre des Notaires d'Orléans ; sauf le second relié en parchemin, tous ces registres sont reliés en peau.

Le deuxième registre, commencé le 20 juin 1705, finit le 23 juillet 1737. Il comprend 102 feuillets.

Le troisième contient 150 feuillets, cotés et paraphés par le doyen, Me Boucher, le 18 juillet 1737. Il va du 19 août 1737 au 28 juin 1765.

Le quatrième renferme également 150 feuillets, cotés et paraphés par Gilles Jullien, doyen. Il commence le 4 juillet 1765 et se termine le 21 mai 1778.

Le cinquième comprend 200 feuillets, cotés et paraphés par Joseph Pompon, doyen. On y a inscrit les délibérations et réceptions du 4 juin 1778 au 22 mai 1789 et, à la fin, le Cahier des doléances pour les Etats généraux de 1789.

Un sixième et dernier registre commencé le 26 mai 1789 s'arrête au 22 décembre 1791. Il comprend 149 feuillets cotés et paraphés par P.-N. Jullien, doyen ; 49 feuillets seu-

·lement ont servi à inscrire les procès-verbaux ; le reste est
en blanc.

Le 1ᵉʳ mars 1753, Mᵉˢ Blandin, Chappé, Binechère, Percheron et Ragû, furent chargés de faire un extrait des registres des délibérations tenus depuis la création des notaires au Châtelet d'Orléans ; un résumé de chaque matiè-
tière, par ordre alphabétique, fut établi ensuite pour faciliter les recherches, en cas de besoin, sur les droits et
usages de la Compagnie, les arrêts et règlements, etc. Il m'a
été impossible jusqu'ici de retrouver cet extrait qui serait
précieux pour contrôler et compléter les mentions du manuscrit S. 33 de la Bibliothèque municipale.

Les officiers de la Communauté. — Au début, la Communauté des Notaires au Châtelet d'Orléans ne comprenait
qu'un seul dignitaire, désigné sous le nom de *Roi* et auquel était confié le bâton de la Confrérie. Ce titre de Roi
fut changé en celui de *Syndic* vers le milieu du xvɪᵉ siècle.
A tour de rôle, suivant l'ordre d'un tableau établi avec soin,
chaque membre de la Communauté était chargé des fonctions du Syndicat pour une année entière qui commençait
le 9 mai, jour de la fête de la Confrérie. Le Syndicat était
obligatoire, à peine de 100 livres contre ceux qui le refusaient ; pour en être déchargé, il fallait une sentence du
Bailliage et une telle sentence n'était rendue qu'en faveur
des doyens : c'est à leur qualité de doyens que Pascal Dubois, en 1623, et Daniel Bruneau, en 1647, durent de pouvoir se décharger du syndicat en vertu de sentences du
Bailliage. La dignité de Syndic comportait en effet certaines
charges : tous les titres de la Communauté étaient remis
entre ses mains et il en était personnellement responsable ;
c'était lui qui faisait dire le Service hebdomadaire pour les
défunts ; enfin il était obligé de « donner à disner honnestement » à tous ses confrères, le 9 mai, en entrant en
charge. S'il ne se conformait pas à cette dernière obligation,
il pouvait être condamné à 20 écus d'amende ou « contraint
par vente de biens et voyes de justice ». Le 30 juin 1712,
Mᵉ Fieffé ayant refusé de payer ce qu'il devait aux Jaco-

bins pour son année de Syndicat, la Communauté décida
de le faire assigner ; en attendant qu'il fût condamné régulièrement, on décida de prendre, sur les deniers communs,
les 33 livres dues aux RR. PP. Jacobins.

Le syndic entrant prenait possession de la charge le
9 mai à l'issue d'un Service divin, au cours duquel il avait
offert le pain bénit. Le syndic sortant lui remettait les clefs
du bureau. A partir du 9 mai 1768 le déjeuner de la Saint-
Nicolas ne se fit plus aux frais du syndic entrant, mais aux
dépens de la Communauté.

L'ordre du syndicat n'avait rien de commun avec l'ordre
de réception et il pouvait aussi bien arriver que le syndic
fût le plus ancien ou, au contraire, le dernier reçu de la
Compagnie. Le roulement avait lieu par étude et, quand
le tour se présentait, c'était le titulaire de l'étude qui devait
remplir les fonctions de Syndic, quels que fussent son âge
et son ordre de réception. Cette façon de nommer le Syndic
pouvait avoir des inconvénients : aussi le Doyen aidait-il
le Syndic dans la gestion des affaires courantes. Mais ce
n'était là qu'une mesure palliative et, en 1765, la Communauté décida que le Syndic serait, comme les autres officiers, nommé au scrutin à l'assemblée du 9 mai sur une
liste de trois noms et qu'il serait assisté d'un co-syndic
destiné à le remplacer l'année suivante. En 1785, on ajouta
que nul ne pourrait être proposé pour le Syndicat, s'il
n'avait auparavant rempli une place dans le Bureau.

Au Syndic et au Doyen qui primitivement adminis-
traient, seuls, la Communauté, on avait adjoint un clerc
chargé des écritures. Ce clerc, qui n'était pas membre de
la Communauté, recevait 10 livres lors de chaque réception
de notaire. (1)

Lors de l'établissement de la Bourse commune, un nouveau dignitaire devint indispensable ; c'était le *Boursier* ou
Receveur de la Bourse, nommé chaque année, parmi les
notaires, à l'assemblée du 9 mai.

(1) Il ne faut pas confondre ce clerc avec le Clerc de la Communauté dont nous avons parlé précédemment et qui n'était qu'un
simple domestique.

En 1735 on adjoignit à ces officiers un *Greffier* ou *Secrétaire* pris également parmi les membres de la Communauté et nommé pour trois ans à la séance du 9 mai : c'était à lui qu'incombait le soin de rédiger les *Actes d'assemblées* ou procès-verbaux des séances.

Bureau de la Communauté. — En 1765 on constitua un véritable Bureau pour expédier les affaires courantes dans l'intervalle des Assemblées générales. Ce Bureau était composé du Doyen, du Syndic en exercice, du co-Syndic ou notaire désigné pour succéder au Syndic en exercice, du Receveur de la Bourse commune, de deux délégués et du Greffier. Le greffier, les deux délégués et le receveur étaient nommés pour trois ans, au scrutin, à l'assemblée du 9 mai, sur une liste présentée par le Doyen et les deux Syndics et composée de trois noms de notaires pour chacune des fonctions à remplir. Toutes ces fonctions étaient obligatoires.

Le Bureau devait se réunir les premier et troisième jeudis de chaque mois, sauf en septembre et en octobre, dans la Salle de la Communauté pour s'occuper des affaires de la Compagnie.

A partir de 1785 aucun membre ne pût être admis à faire partie du Bureau, s'il n'appartenait à la Communauté depuis au moins trois ans ; dans le cas où il avait déjà rempli une fonction dans le Bureau, le notaire ne pouvait être élu à une nouvelle charge que s'il s'était écoulé deux ans au moins depuis la cessation de ses fonctions antérieures. Sous le régime du règlement de 1785, la liste de trois membres par fonction fut formée par le Bureau tout entier et la durée des charges du Secrétaire et des deux délégués réduite à deux ans.

Service pour les défunts. — Par les soins du Syndic en exercice, un Service était célébré toutes les semaines pour les membres défunts de la Communauté. Chaque notaire versait tous les ans une certaine somme pour couvrir les frais du luminaire et du service ; cette taxe annuelle était, pour chaque membre, de 8 sols en 1516, 10 sols en 1533 payables en deux fois aux fêtes de Saint-Nicolas d'hiver et d'été, 20 sols en 1588. Le Syndic recevait le montant de ces cotisations et n'en rendait pas compte ; mais, en revanche, il ne pouvait réclamer aucun supplément si les cotisations ne couvraient pas les frais.

Jusqu'en 1634, le service eut lieu régulièrement chaque semaine, le jeudi ; à partir de 1634, il fut célébré le dimanche, à 7 heures du matin en été et à 8 heures en hiver. Lorsque les fêtes de Pâques, Pentecôte, Assomption Notre-Dame, Toussaint et Noël tombaient un dimanche, le service était remis au lendemain. Il fallait des circonstances exceptionnelles pour en empêcher la célébration ; c'est ce qui se produisit au moment des guerres de religion : en 1562, 1564 et 1565 le service fut suspendu à cause des troubles. D'abord célébré dans la chapelle royale de Saint-Vincent, sise devant les prisons, le service fut dit, dans la suite, en l'église des pères Jacobins : la convention du 11 mai 1751 entre ces derniers et la Communauté stipulait que tous les dimanches une messe basse du Saint-Esprit serait célébrée à l'intention des défunts et que le 9 mai serait dite la messe haute. Tous les notaires devaient y assister, non seulement « par vœu de piété, mais encore afin d'invoquer l'assistance du Saint-Esprit pour s'acquitter dignement de leurs charges. »

Ils étaient également tenus d'assister au Convoi et enterrement de ceux de leurs confrères qui décédaient et l'usage voulait, sous peine de contravention, que les quatre cordons du poêle fussent tenus par les deux notaires qui avaient précédé le défunt en réception et les deux qui avaient été reçus après lui.

Fête de la Confrérie. — La Confrérie des Notaires au Châtelet d'Orléans avait pour patron Saint-Nicolas et comme, dans l'année, il y avait deux fêtes de Saint-Nicolas, la Confrérie se réunissait deux fois pour célébrer son patron : le 9 mai, jour de la Saint-Nicolas d'été, et le 6 décembre, jour de la Saint-Nicolas d'hiver. Mais c'était le 9 mai qu'avait lieu la fête solennelle : d'ailleurs, à partir de 1634, la Saint-Nicolas d'hiver fut supprimée.

La veille de la fête, les vêpres étaient chantées dans l'église habituelle. Le 9 mai on chômait dans les études afin de mieux célébrer Saint Nicolas : « à peine de 20 sols et de l'esmolument », il était défendu aux notaires de passer aucun acte ou de faire travailler leurs clercs ce jour-là. A 9 heures du matin tous les membres de la Communauté étaient tenus d'assister à une « haute messe à diacre et sous-diacre » qui, au xviiie siècle, était célébrée dans l'église des Jacobins ; à la fin de la messe, on chantait le psaume *Exaudiat* pour le Roy et le *De profundis* pour les confrères défunts, avec les trois versets, répons et oraisons.

A l'issue de la messe, les notaires tenaient séance dans la Salle destinée aux assemblées de la Communauté. Le nouveau Syndic prenait possession de sa charge. S'il était besoin, on désignait de nouveaux membres pour les diverses fonctions du Bureau. On s'entretenait des diverses affaires intéressant la Communauté et on prenait, à la majorité des suffrages, les décisions nécessitées par les circonstances. A la fin de la réunion, chaque notaire présent recevait, du Syndic ou du Receveur, deux jetons d'argent ; les absents, au contraire, étaient condamnés à six livres d'amende.

Tout étant réglé, on allait dîner « honnestement » aux frais du Syndic et certains menus qui ont été conservés laissent à penser que ce dîner honnête devait pour le moins être copieux (1). C'était ce qu'on appelait « faire le banquet

(1) Le menu suivant, qui nous a été communiqué jadis par M. Herluison, alors Conservateur du Musée historique, peut donner une idée de ces repas ; la pièce n'est pas datée mais comme elle est annexée à une invitation à dîner pour le mardi 2 août 1785 à l'occasion d'une réunion des Notaires, on peut lui attribuer cette date avec certitude ; ce repas coûta « 6 livres par tête compris caffé, vin de Champagne et liqueurs ».

PREMIER SERVICE	ROTS	
Un brochet bien garny.	Un dindonneau piqué de lard frais au cresson.	Deux crèmes, une blanche et une brûlée.
Un filet piqué de lard frais.	Un levreau piqué de lard frais.	Choux-fleurs.
Un volovent garny.	Deux poulets ou une accolade de lapreau.	Haricots verds.
Une anguille glacée.	Un plat d'écrevisses.	Deux salades.
Une anguille à la Tartare.	Une friture de poissons ou artichaux.	DESSERT
Un fricandeau à l'oseille.	—	Dix-sept assiettes.
Un canard aux navets.	Deux toupies dont une aux amandes et l'autre aux abricots.	Quatre bouteilles de vin de Champagne.
Pigeons en cotelettes.		Deux demy bouteilles de liqueur, une d'Escubac et une d'huile de veau.
Queux de mouton à la purée.		Vingt-trois tasses de café.
Petits hors-d'œuvres.		

de la Saint-Nicolas ». La fête du patron de la Communauté se terminait dans ces agapes confraternelles.

La fête de Saint-Nicolas du 9 mai fut supprimée à partir de 1779 et les RR. PP. Jacobins reçurent, à titre d'indemnité pour les honoraires dont les privait la non-célébration de cette fête, une somme annuelle de 30 livres, ce qui porta à 150 livres le loyer de la Salle.

La Communauté des Notaires était une association ayant la personnalité civile. Dans de certains cas elle se transformait en association charitable et distribuait des secours à des confrères malheureux. En 1746 la Communauté « voulant compatir au malheur arrivé au sieur Burnolle », notaire à Léré en Berry, qui avait perdu, par le feu du tonnerre, tous ses biens et même ses minutes, lui fit présent de 48 livres ; en 1772 et 1780 elle secourut un ancien notaire de Saint-Quentin ; en 1786 nous la voyons accorder un secours au fils d'un ancien notaire de Pontoise.

Emprunts et dettes de la Communauté. — Généralement, les droits d'entrée ou d'installation, les droits payés à la Communauté, à une certaine époque, par tout notaire qui se mariait (1), les amendes, etc..., suffisaient à solder les dépenses ordinaires et même à faire face aux frais des procès courants. Mais lorsque, sous forme de procès important, de taxe inattendue ou de réunion d'offices, une dépense extraordinaire venait s'imposer, la Communauté était obligée d'emprunter à des tiers : c'est ainsi qu'en 1715, pour rembourser la finance de six offices de Commissaires aux Prisées, la Communauté emprunta 2.000 livres au sieur Charlon chanoine d'Orléans, 1.500 livres à Anne Jaupître et 1.000 livres à Charles Coulombeau et elle accorda, aux prêteurs, privilège et hypothèque spéciale sur les offices réunis et sur les droits attribués à ces offices.

Très souvent les emprunts étaient faits à constitution de rente, c'est-à-dire que le remboursement du capital prêté

(1) Au XVIe siècle, chaque notaire payait à la Communauté un écu lors de son mariage.

s'opérait tous les ans, peu à peu, sous la forme de rentes services aux créanciers.

Tous les membres de la Communauté répondaient solidairement des dettes, en y obligeant leurs charges mais non leurs personnes. Les veuves et les héritiers des notaires décédés continuaient à être responsables des dettes de la Communauté jusqu'au jour de la réception du nouveau titulaire de l'office.

Sceau de la Communauté. — Au XVIIIe siècle, la Communauté des notaires au Châtelet d'Orléans possédait un sceau qui était apposé sur toutes les expéditions et tous les brevets assujettis à cette formalité. Nous avons vu, en traitant la question du Petit Scel, que les notaires d'Orléans acquièrent, en 1706, le droit de sceller eux-mêmes leurs actes sans avoir besoin de s'adresser au Garde du Petit Scel. En 1763, le Syndic fut autorisé à faire graver trente-trois sceaux identiques, de modèle conforme au sceau des notaires de Paris, et à les faire distribuer à chaque membre de la Communauté. Le Musée historique en possède un : il est de forme ovale et mesure 28 millimètres × 25 millimètres ; en son centre est un écusson ovale portant trois fleurs de lys sur un fond azuré ; cet écu, timbré de la couronne royale et accompagné des colliers des deux ordres de Saint-Michel et du Saint-Esprit, est entouré par l'inscription :

SCEL DES NOTAIRES AU CHA. D'ORLEANS

Un grenetis limite extérieurement ce cachet.

A la même époque, les notaires avaient un imprimeur spécial. Ce fut M. Jacob qui, à la fin de 1737, fut nommé imprimeur de la Communauté. En 1780 et 1781 Couret de Villeneuve remplissait ce rôle et insérait gratuitement, dans ses *Affiches orléanaises*, les notes et affiches des notaires.

Armoiries. — La Communauté des Notaires au Châtelet d'Orléans possédait des armoiries qui furent enregistrées dans l'Armorial général conformément à l'édit du mois de novembre 1696. Le registre 1er des Communautés d'Arts et

Métiers de la Généralité d'Orléans lui assigne, sous le numéro 49, les armes suivantes : « de sable à six cygnes d'argent posés 3, 2 et 1 et un chef d'or chargé d'une foi de carnation parée d'azur ». Le langage héraldique est aujourd'hui peu connu ; j'espère qu'on ne m'accusera pas d'irrévérence en indiquant le sens de ce blason. « Cygne, dit Palliot en son *Indice armorial*, est Oyseau de rivière revenant à l'Oye, d'un plumage extrêmement blanc.... auquel Pierrius compare les hommes lettrés, bénings et affables desquels la sincérité n'a esté flaistrie d'aucune tasche, parce qu'il est l'indice de la candeur... » Les deux mains jointes, qui représentent la Foy, sont également le symbole de la sincérité et de la bonne foi qui doivent toujours présider à la rédaction des contrats.

Il est curieux de remarquer que, si les notaires n'avaient pas, dans leurs armes, la figure de leur patron, la Communauté des Procureurs, au contraire, avait un Saint Nicolas d'or comme meuble unique de ses armoiries.

Cahier de doléances de la Communauté. — Pour compléter cette étude de la Communauté des notaires au Châtelet d'Orléans il est indispensable de relater, avec quelques détails, quelle fut son attitude à la veille et pendant les premiers jours de la Révolution qui, à brève échéance, devait amener sa suppression.

Ces privilégiés si jaloux de leurs privilèges, ces officiers qui avaient la prétention de ne pas déroger à la noblesse en exerçant leurs charges, partageaient, dans une certaine mesure, les idées généreuses et égalitaires de l'époque. Aussi, lors de la rédaction des cahiers de doléances, ne se bornèrent-ils pas, comme la plupart de leurs confrères, à exposer sobrement leurs revendications professionnelles et ils y mêlèrent des vœux politiques et économiques. Mais, par une étrange contradiction bien humaine, cet amour de l'égalité et de la justice ne les empêcha nullement de défendre leurs privilèges quand il fut, un moment, question d'étendre le principal d'entre eux à tous les notaires du royaume.

Après promulgation du règlement royal du 24 janvier 1789 fixant, en vue des Etats généraux, le nombre des députés à élire et les règles à suivre pour leur élection, deux ordonnances avaient été publiées à Orléans : l'une, en date du 13 février, émanait du Lieutenant général au Bailliage ; la seconde, datée du 18 février, portait la signature des Officiers municipaux de la Ville d'Orléans.

Conformément à ces ordonnances, la Communauté des Notaires au Châtelet d'Orléans fut avisée, le 19 février, par le Maire, M. Crignon de Bonvalet, d'avoir à convoquer, sans délais, tous ses membres en une assemblée générale. Il s'agissait de mettre à exécution l'article 26 du règlement de Sa Majesté et de choisir deux députés pour représenter la Compagnie à l'assemblée du Tiers-Etat de la Ville, qui devait se tenir à l'Hôtel de Ville le 2 mars suivant, à 7 heures du matin. L'assemblée de l'Hôtel de Ville avait pour but de travailler à la rédaction des doléances que les députés présenteraient à une assemblée générale du Tiers-Etat fixée, dès cette époque, au 7 mars et dont la présidence était dévolue au Lieutenant Général.

Par les soins du syndic en exercice qui envoya, d'urgence, des billets de convocation, la Communauté des Notaires au Châtelet d'Orléans se réunit le 21 février dans la salle habituelle de ses délibérations, aux Jacobins. Pour la représenter aux différentes assemblées de l'Hôtel de Ville, rédiger le cahier des doléances et élire les députés chargés de porter ce cahier à l'assemblée du 7 mars, la Communauté désigna deux de ses membres les plus expérimentés : Me Jullien, ancien syndic de la Compagnie et notaire depuis 1756 ; et Me Desbois qui exerçait à Orléans depuis 1776. A ces deux députés on adjoignit, pour faciliter la rédaction des doléances, quatre autres membres de la Communauté : deux anciens syndics, Mes Porcher et Vallée-Dunant, notaires depuis trente et dix-sept ans, et deux membres plus jeunes, Mes Baudouin et Cabart, exerçant depuis 1781 et 1782.

La rédaction des doléances de la Communauté fut d'ailleurs facilitée par deux mémoires qu'avait préparés l'un des députés M° Jullien. Le premier de ces mémoires concluant à la décharge des droits de contrôle, d'insinuation et de 100° denier et à la réforme des abus qui s'étaient glissés dans la perception de ces droits, fut lu par son auteur à cette même séance du 21 février. Le second fut communiqué à la réunion du 28 février : M° Jullien y demandait la suppression de la formule et du droit de franc-fief. Les conclusions de ces deux mémoires reflétaient si exactement les préoccupations des membres présents qu'on décida, aussitôt après leur lecture, de les faire imprimer aux frais de la Compagnie. Ils furent réunis et publiés en une brochure de 51 pages in-4°, devenue assez rare, sans nom d'auteur et sans indication de lieu ni de date. La brochure a pour titre : « *Réflexions d'un citoyen de la ville d'Orléans sur les droits de Contrôle des actes, d'Insinuation, de Centième-Denier, de Timbre et de Franc-Fief.* »

Après échange de vues, la Commission nommée à la réunion du 21 février chargea M° Cabart, son membre le plus jeune, de résumer, sous forme de mémoire, les plaintes et doléances de la Communauté. Ce mémoire, qui reproduisait les conclusions de M° Jullien, fut communiqué le 28 février à l'assemblée de la Communauté des Notaires au Châtelet d'Orléans. Il y fut « singulièrement applaudi » par la Compagnie et l'on décida que l'original serait signé par tous les membres de la Communauté et resterait aux archives, et qu'une copie en serait faite sur le registre des délibérations.

Dans ce très long mémoire les doléances professionnelles tiennent à peine la moitié de la place : on demande notamment la suppression du contrôle des actes des notaires, celle du droit de franc-fief, la réforme de la procédure et de l'administration de la justice. En revanche les préoccupations politiques s'y font jour : on s'y occupe de la forme à donner aux délibérations des Etats généraux pour détruire la prépondérance du Clergé et de la Noblesse sur le Tiers-

Ordre, on y réclame le renouvellement des États généraux par un cours périodique ; on demande l'établissement d'États provinciaux et l'exclusion des nobles des assemblées du Tiers. (1)

En dehors de ce qui a trait aux doléances de la Communauté, les procès-verbaux des assemblées des 21 et 28 février 1789 sont intéressants à consulter. Comme notaires, les membres de la Communauté pouvaient être appelés à rédiger divers actes pour d'autres communautés ou corporations ou à recevoir des procurations de particuliers en vue des assemblées futures. La Communauté devait donc se préoccuper de la forme à donner à ces différents actes.

Dans sa séance du 21 février la Compagnie arrêta que chacun de ses membres, qui, en qualité de notaire, recevrait des procès-verbaux ou d'autres actes relatifs aux assemblées et aux élections, les rédigerait sur papier libre sans s'occuper de savoir si ces actes étaient ou non susceptibles d'être signifiés. Elle décida en outre que ces actes ne seraient pas assujettis à la présentation au contrôle ni à la perception des droits. Mais ces décisions ne pouvaient être valables qu'à la condition d'être acceptées par les contrôleurs ou directeurs des finances. Aussi doit-on rapprocher de ces décisions une lettre en date du 23 février adressée par MM. Maillard et Poujaud à M. Le Breton, directeur des domaines de la Généralité d'Orléans pour expliquer l'article 23 du règlement du 24 janvier. D'ailleurs cette lettre fut communiquée à la Communauté des Notaires au Châtelet et lue à la réunion du 28 février. Il y était dit que les délibérations des villes, bourgs, chapîtres, communautés et corporations relatives aux élections et nominations de députés seraient dispensées du timbre et du contrôle, même si elles étaient reçues par des greffiers en titre et des notaires. Quant aux procurations que Sa Majesté permettait aux bénéficiers et aux nobles possédant fiefs de donner pour se

(1) Ce cahier de doléances a été publié par M. C. Bloch, dans son ouvrage *Cahiers de doléances du bailliage d'Orléans pour les États généraux de 1789,* tome II, p. 94-105.

faire représenter aux assemblées par bailliages et sénéchaussées, elles devaient être, comme tous les actes volontaires,
assujetties aux droits ordinaires de timbre et de contrôle.
Il n'y avait d'exception que pour les procurations données
par les curés n'ayant pas de vicaires ou desservants rési-
dents obligés, par l'article 14 du règlement, à rester dans
leur paroisse ; les procurations de ces curés devaient être
rédigées sur papier libre et elles étaient dispensées du contrôle.

Suppression de la Communauté. — Dès la fin de l'année
1789 les notaires d'Orléans purent prévoir la ruine prochaine de leurs offices. Un projet de tarif avait été présenté
à l'Assemblée nationale ; d'autre part un projet de partage
et division du royaume était à l'étude et pouvait avoir
comme conséquence l'amoindrissement ou même la suppression des offices de notaires. La Communauté s'émut et
délégua à Paris deux de ses membres, Mes Jullien l'aîné et
Cabart ; en même temps elle se mit en rapports avec les
notaires des villes principales.

Tout d'abord, pour détourner l'orage, on songea à offrir
à la Nation une contribution patriotique et les députés de
la Communauté prirent l'initiative de solliciter, dans ce
but, les cotisations de tous les notaires de France ; ils
durent renoncer à ce projet en raison du peu de succès de
la souscription qui ne réunit que 1494 livres. Devant cet
insuccès, la Communauté réduisit à 300 livres son don patriotique qui primitivement avait été fixé à 1.000 livres.

Les députés ayant appris, au début de février 1790, que
l'on voulait proposer à l'Assemblée nationale de donner à
tous les notaires le droit d'instrumenter, dans tout le
royaume, la Compagnie les chargea de rédiger un mémoire
pour s'opposer à l'adoption de cette mesure ou, tout au
moins, pour la restreindre. Un peu plus tard, en août, les
Syndics firent une démarche auprès des Administrateurs
du district pour que la confection des actes d'administration des biens nationaux fût réservée aux notaires dans les
études desquels étaient les clientèles d'où dépendaient ces
biens.

Malgré tóutes les menaces de suppression, les transmissions d'offices se faisaient comme de coutume : le 4 août 1790 M⁰ Porcher fils, le 29 novembre M⁰ Lefebvre, le 21 décembre M⁰ Sonnet furent installés et prêtèrent serment. Mais le titre de Châtelet d'Orléans ayant été supprimé, la Compagnie avait décidé, le 23 novembre 1790, que ses membres ne prendraient plus, dans l'intitulé des actes, que le titre de *Conseiller du Roi notaire à Orléans*.

Pourtant les choses se gâtaient de plus en plus à Paris. Un projet de décret relatif aux offices de notaires et un rapport fait par le Comité de constitution et de judicature étaient remis à l'Assemblée nationale au début de septembre 1791. A cette nouvelle, la Communauté dépêcha d'urgence à Paris, par la poste, M⁰ˢ Cabart et Jullien fils : ils partirent le lendemain même et se mirent en rapport avec divers députés et notamment avec M. Henry de Longuève, député d'Orléans, qui leur promit de faire opérer la liquidation et le remboursement des offices. Pour y parvenir on adressa à ce dernier, dès le 5 octobre, un paquet contenant les copies des titres de vingt-quatre offices ; quant au tableau du passif de la Communauté, également nécessaire, mais qui exigeait un travail long et sérieux, on en remit l'envoi à une date ultérieure ; l'actif étant nul il n'y avait pas de tableau à établir de ce côté.

Toutes ces démarches demeurèrent inutiles. La loi des 29 septembre-6 octobre 1791 avait dissous toutes les communautés de notaires et celle d'Orléans n'avait qu'à se soumettre. La dernière assemblée de la Compagnie eut lieu le 27 décembre 1791 ; on y décida de surseoir à la vente des meubles qui garnissaient la salle de réunion et d'écrire aux notaires de Paris pour s'informer de leur conduite à cet égard. Cinq notaires seulement signèrent le procès-verbal de cette dernière délibération, M⁰ˢ Gaillard, Drufin, Destas, Chartrain et Bottet. Les délibérations ne devaient reprendre que treize ans plus tard, après l'arrêté du 2 nivôse an XII. Provisoirement les meubles et les titres de la Communauté dissoute furent déposés chez M⁰ Chartrain, commissaire chargé de travailler à la liquidation des offices. Ces meubles, qui consistaient en bureau, chaises, tapisserie, deux grands corps d'armoire contenant les cartons, boîtes, registres et papiers de la Compagnie, avaient été transportés dans une chambre rue des Pensées lorsqu'au mois de juin précédent on avait dû évacuer la Salle habituelle à cause de la démolition de l'église et du monastère des Dominicains pour l'installation de casernes.

Cinquante-quatre jetons d'argent restaient encore dans la Bourse : on décida d'en prélever trente-trois afin d'en remettre un à chaque membre de la Compagnie ; les vingt et un autres furent mis aux enchères et adjugés à Mᵉ Iléau moyennant 56 livres.

CHAPITRE IV

Les règlements de la Communauté des Notaires au Châtelet — La Bourse commune Les jetons de présence

Les règlements de la Communauté des Notaires au Châtelet d'Orléans remontent à l'époque même de la fondation de la Confrérie. Pendant bien longtemps il ne consistèrent qu'en un ensemble d'usages fidèlement observés mais qu'on négligea de réunir et de rédiger en un code déontologique.

Nous avons eu déjà l'occasion de consigner, dans les chapitres précédents, quelques-uns de ces usages en parlant des devoirs de chaque membre vis-à-vis de la Communauté. Le mode d'élection et les fonctions des divers officiers étaient établis d'une façon précise. Les cotisations des membres pour droits d'entrée, pour mariage, pour le service hebdomadaire, etc., étaient perçues régulièrement d'après les décisions prises en Assemblée générale. Les obligations des notaires d'assister, sous peine d'amende, aux diverses réunions n'étaient, d'une façon générale, contestées par personne.

1. — STATUTS ET RÈGLEMENTS

Règlement de 1735. — Cependant, au XVIII⁰ siècle, on crut qu'il serait utile de consigner tous ces usages dans un règlement imprimé dont les exemplaires pourraient être mis entre les mains de chaque confrère. Vingt-six articles de *Statuts et Règlements* furent élaborés et arrêtés par la Communauté des Notaires dans son Assemblée générale du 10 septembre 1732. Tous les membres, à l'exception de quatre, acceptèrent immédiatement ce projet de règlements et signèrent le procès-verbal de la délibération. Les quatre membres, qui tout d'abord avaient refusé leur adhésion, ratifièrent, le 17 avril 1733, la décision prise par la majorité. Il ne restait qu'à faire homologuer ces Statuts par le Parlement et une requête fut adressée à cette fin ; un premier arrêt du 20 mai 1733 ordonna la communication de la requête des notaires au lieutenant général du Bailliage et au substitut du procureur général au Siège d'Orléans. L'avis de ces derniers ayant été favorable, le Parlement rendit, le 3 septembre 1735, un arrêt portant homologation des « *Statuts et Règlements de la Communauté des Notaires, Garde-notes et Garde-scels au Châtelet d'Orléans, créez à l'instar des Conseillers du Roy, Notaires et Garde-notes au Châtelet de Paris* ».

Ce règlement étant resté en vigueur jusqu'à la Révolution et n'ayant été remplacé qu'en 1832 (1), il est bon d'en indiquer rapidement les divers articles.

ARTICLE I. — La messe basse accoutumée sera dite tous les dimanches dans l'église des Jacobins.

ART. II. — Les notaires seront tenus d'assister, dans la même église, le 9 mai, à une grand'messe, à l'issue de laquelle ils se réuniront dans la Salle des Assemblées de la Communauté.

ART. III. — Lors du décès d'un notaire, tous les autres notaires seront invités à son convoi où quatre d'entre eux porteront les cordons du Poêle.

ART. IV. — Afin de délibérer mûrement des affaires de la Communauté, celle-ci sera composée du Doyen, d'un Sindic, d'un Greffier et de tous les autres notaires ; le Greffier, élu en l'assemblée du 9 mai, ne pourra rester en charge que trois ans.

ART. V. — Tout aspirant devra, pour être reçu, obtenir le consentement de la Communauté et payer auparavant, entre les mains du Receveur, le montant des dettes de son prédécesseur vis-à-vis de la Bourse commune.

ᴛ. VI. — Avant leur réception, les nouveaux Pourvûs paieront au Receveur, pour les charges de la Communauté, 100 livres, réduites à 50 pour les fils et gendres de notaires,

(1) « *Statuts et règlemens des notaires de l'arrondissement d'Orléans* », en cent-trente articles arrêtés le 11 avril 1832 (Bibliothèque d'Orléans, H. 2796.

et au Clerc, pour ses peines, 10 livres. Le dimanche qui suivra le jour où il aura traité, le Résignataire ira chez tous ses Confrères, s'engagera à payer ce qu'il doit à la Bourse commune et à la Communauté et retirera consentement de la Communauté. Le nouveau Pourvû se présentera, le dimanche qui suivra sa réception, à la Salle de la Communauté pour se faire immatriculer et prêter serment d'observer les règlements, sous peine de 5o livres d'amende.

ART. VII. — Lorsque deux notaires seront appelés à faire ensemble un inventaire, tous les deux devront y aller et rapporter à la Bourse commune les droits fixés pour chaque vacation, à moins qu'ils n'aiment mieux faire remise entière de leurs vacations ; les contrevenans seront punis de 10 livres d'amende.

ART. VIII. — Au cas où deux notaires auront coopéré à un acte, celui d'entre eux qui aura la Minute ne pourra en délivrer copie ou extrait avant que l'expédition originale n'ait été signée de son Confrère, délivrée et payée. 3o livres d'amende seront appliquées à chaque contravention.

ART. IX. — Un notaire ne recevra un clerc en son étude que s'il est muni d'un certificat constatant qu'il a fidèlement servi le notaire qui l'employait auparavant, à peine de 6 livres.

ART. X. — Les différends entre notaires seront jugés par la Communauté dans sa plus prochaine assemblée, et les notaires devront se soumettre à cette juridiction, à peine de 12 livres.

ART. XI. — Nul ne pourra refuser le Syndicat à son tour sous peine de 100 livres d'amende, sans préjudice des frais qui seraient faits, pour son compte, par celui qui le remplacerait.

Les articles XII à XXI sont consacrés à la création et au fonctionnement d'une Bourse commune : nous en reparlerons plus loin.

ART. XXII. — Les Assemblées auront lieu le premier lundi de janvier, avril, juillet, octobre et décembre, à trois heures de relevée, et le jour de Saint-Nicolas, à l'issue du

10

Service, en la Salle de la Communauté. Les notaires seront tenus de s'y rendre, à peine de 6 livres, et recevront, à la sortie de la Séance, un ou deux jetons d'argent. Les autres Assemblées seront indiquées par Billets.

Art. XXIII. — Tout notaire cité devant la Communauté par le Doyen ou le Sindic pour une plainte ou une contestation devra comparoir et se soumettre à la décision de la Communauté ; sinon il sera privé d'entrer à la Communauté, de toute voix délibérative et distribution : signification lui sera faite par le Greffier.

Art. XXIV. — Les contraventions à ceux des articles précédents qui ne contiennent aucune peine particulière seront punies d'une amende de 6 livres.

Art. XXV. — Les contrevenans seront contraints au paiement de leurs amendes en vertu du présent Règlement.

L'article XXVI et dernier, qui visait le refus de certains notaires d'Orléans à souscrire à la délibération du 10 septembre 1732, fut supprimé lorsqu'au mois d'avril 1733 ceux-ci adhérèrent à la décision de leurs confrères.

En homologuant les Règlements des notaires d'Orléans, le Parlement ordonna que ces derniers seraient tenus de rapporter, dans quinzaine, en la Cour, un Tarif des Droits qu'ils percevaient pour tous les actes de leur ministère.

Le 29 septembre 1735, le Syndic des notaires, M⁰ Bourdellier, réunissait la Communauté et lui communiquait l'arrêt d'homologation. On décida sur-le-champ de faire imprimer les Statuts et Règlements et d'en délivrer trois exemplaires à chaque membre. En même temps on déclara que ces Règlements seraient dès lors exécutoires.

Conformément à cette délibération, le Syndic fit imprimer ces Statuts et Règlements chez François Rouzeau, imprimeur du Roy à Orléans. Il y fit ajouter un « tarif des droits qui doivent être payez à la Bourse commune... », une liste des notaires en exercice et une liste du Syndicat commençant à 1735 pour finir en 1767.

La liste des notaires et l'ordre du Syndicat furent réimprimés en 1742 mais on jugea inutile de remanier ou même simplement de réimprimer les Statuts dont nous ne connaissons que l'édition de 1735. Et pourtant ces règlements étaient bien incomplets : les questions de discipline générale et de Bourse y étaient, seules, traitées. Tout ce qui avait trait aux qualités requises des postulants au notariat était passé sous silence ; le temps du stage même n'était pas fixé. Les devoirs des notaires, ainsi que la déférence et les égards qu'ils se doivent entre eux, étaient à peine indiqués. On remédia tant bien que mal à ces omissions en se conformant à ceux des anciens usages qui n'avaient pas été visés dans les vingt-six articles du Règlement de 1735.

Révision du règlement en 1779. — En 1778 cependant on sentit la nécessité de reviser le règlement et, le 22 février 1779, le Syndic donna communication « des règlements de la Communauté mis dans un nouvel ordre. » Contrairement à une décision du 24 février 1778 qui en avait voté l'impression et la distribution à chaque membre, on se contenta de décider qu'ils seraient transcrits sur le registre des délibérations et que trois exemplaires manuscrits en seraient faits par le clerc de Mᵉ Piqueret, auquel on donna 72 livres de gratification pour ces copies.

Modifications en 1784. — En l'absence de réglementation précise, quelques abus se produisaient, notamment pour la réception. Le temps du stage n'étant pas fixé par le règlement, on dispensait volontiers du stage certaines catégories de personnes et spécialement les fils de notaires et les avocats. La Bazoche, voulant faire réformer un état de choses aussi préjudiciable à ses intérêts, fit notifier par huissier, à la Communauté des notaires, une opposition tendant à ce qu'on refusât d'admettre comme notaire tout récipiendaire qui ne justifierait pas de cinq ans de stage au moins. La Communauté s'inclina devant cette réclamation justifiée. Elle déclara, dans ses assemblées des 13 et 21 février 1784, que tout récipiendaire serait assujetti à cinq ans de cléricature sans interruption, mais que les fils de notaires et les avocats ayant deux ans d'exercice seraient dispensés de la rigueur de ces décisions. En même temps elle porta le droit d'entrée à 600 livres en le réduisant de moitié pour les fils et gendres de notaires. Le Parlement, appelé à ratifier ces délibérations, les homologua le 2 août 1784, sous la réserve que le temps de cléricature serait fixé à six ans et que personne n'en serait dispensé. Cet arrêt fut enregistré sur les registres de la Communauté ; on le fit imprimer et un exemplaire fut envoyé à chacun des notaires et des procureurs d'Orléans afin de le communiquer à leurs clercs.

2. — LA BOURSE COMMUNE

La Bourse commune. — La Bourse commune tenait, comme on vient de le voir, une large place dans les Règlements et dans les préoccupations de la Communauté. C'est pour l'alimenter que les Statuts décrètent, contre les délinquants, tant et de si fortes amendes, que les membres de la Communauté doivent faire le rapport d'une partie notable de leurs honoraires et que les nouveaux Pourvûs doivent verser des droits d'installation si élevés. Il est, par suite, rationnel de rapprocher, des Statuts de la Communauté, les règlements spéciaux qui concernent exclusivement la Bourse commune des notaires.

Projet de 1586. — Par délibération en date du 22 août 1586, la Communauté des notaires au Châtelet d'Orléans avait arrêté de faire bourse commune de tous les honoraires provenant des inventaires, des partages et des ventes, sous réserve d'un dixième seulement au profit de l'officier qui avait instrumenté. Mais cette délibération, signée par cinq membres de la Communauté, ne fut pas mise à exécution.

Essai de Bourse commune en 1674. — Près d'un siècle plus tard, un second essai de Bourse commune fut tenté entre les notaires au Châtelet. La Communauté avait été obligée d'emprunter une somme importante pour payer la finance de deux charges de Greffiers des Conventions créées par édit de mars 1673 et solder les frais et dépens nécessités par cette réunion d'offices. Afin de faire face au paiement de ces frais et des intérêts des sommes empruntées, les notaires, assemblés dans la maison de leur syndic, M° Guillaume Hubert, convinrent, le 30 mars 1674, « de faire bourse commune de moitié de tout ce qui proviendra de tous les émolumens des Actes contenus ès articles suivants, l'autre moitié demeurera au profit dudit Notaire qui aura la confection, tant pour son travail que remboursement du parchemin, papier et droit de clerc ». Les actes sujets à bourse commune étaient les compromis, jugements et autres actes des arbitres, les comptes de tutelle, liquidations, contrats d'abandonnement de biens, adjudications, contrats de ventes, échanges, quittances, etc... Un membre de la Communauté, nommé pour trois mois seulement, était chargé d'encaisser les deniers de la bourse commune et de consigner ces recettes sur un registre contenant trente-trois feuillets timbrés du nom de chaque notaire. A la fin du trimestre il remettait ses comptes et les deniers encaissés à son successeur. Une petite somme était prélevée tous les trois mois sur le capital de la Bourse et mise entre les mains de deux membres de la Compagnie pour être distribuée en aumône, « afin qu'il plaise à Dieu bénir le fruit de ladite bourse commune, et maintenir lesdits Notaires dans la concorde, union et fidélité qui doit estre entr'eux ». Cette délibération du 30 mars 1674 fut homologuée le 8 mai suivant, par le Parlement, en même temps qu'un arrêt de la Cour du 26 août 1665 concernant les taxes et les fonctions des Notaires.

Ce projet resta à peu près sans exécution, parce que la finance des offices de Greffiers des Conventions fut payée par chaque notaire pour sa portion virile au lieu d'être soldée sur le produit de la Bourse commune (1). Cependant l'édit royal de mars 1673 fut de nouveau envoyé au domicile de chaque notaire, à ce qu'il n'en ignore, en spécifiant que Charles Jacquet et Jacques Cavel, notaires, étaient commis pour faire registre de la Bourse commune (2).

(1) Cela résulte de ce qui est consigné à la page 288 du premier registre des délibérations de la Communauté, ainsi que le constate le « Mémoire sur la Bourse commune » rédigé en 1705.

(2) Délibération du 25 juin 1685.

Lors de la réunion des huit offices de notaires apostoliques créés en 1691, la Compagnie fut obligée d'avoir recours à un nouvel emprunt et il est probable que, cette fois encore, les intérêts annuels furent payés par portions viriles.

Projet de 1703. — Quatre offices de Commissaires et quatre de Greffiers aux Inventaires ayant été créés à Orléans au mois de mars 1702, la Communauté des notaires au Châtelet prit des mesures pour réunir ces huit offices qui rentraient si évidemment dans ses attributions. Sur la convocation du Syndic, les notaires se réunirent en assemblée le 25 avril 1703 ; après avoir examiné la situation, ils décidèrent de faire dès lors bourse commune « pour satisfaire aux emprunts qu'ils sont obligés de faire pour le payement de la Finance dont la Communauté pourra être tenue du prix principal des charges de Commissaires et Greffiers aux Inventaires... ». A cette bourse ils affectèrent la moitié des émoluments qui seraient perçus par eux, à l'avenir, sur les vacations, ainsi que sur les minutes, premières grosses et expéditions de tous les inventaires, descriptions, récollements de biens meubles et immeubles, ventes de meubles par criées, comptes mobiliers, liquidations de communautés, de successions et donations, masses, partages de meubles et immeubles, subdivisions et lots de partage. L'autre moitié était conservée par le notaire qui avait reçu l'acte et les déboursés, timbre et gratifications de clercs étaient, au préalable, défalqués sur le total.

Un boursier ou Receveur, renouvelé chaque année, devait recevoir les deniers de la Bourse commune et consigner les recettes sur un registre contenant autant de feuillets qu'il y avait de notaires. A la fin de son mandat il remettait à son successeur le registre de recette et les deniers encaissés.

Les versements à la Bourse commune étaient calculés d'après un billet rédigé par chaque notaire et contenant le nombre et la nature des actes sujets à paiements. Les contestations étaient réglées par deux notaires élus par la Communauté. Les contraventions étaient signalées au Syndic et examinées à une assemblée : 300 livres d'amende étaient applicables à chaque contravention constatée. Les versements devaient commencer au 15 mai 1703 et ne prendre fin qu'à l'époque où toutes les dettes de la Communauté, tant en principaux de rentes qu'arrérages, seraient entièrement acquittées.

La délibération du 25 avril 1703 contenait quatorze articles ; elle fut signée par trente et un membres de la Communauté et déclarée exécutoire contre ceux qui refuseraient d'y souscrire ; un arrêt du Parlement l'homologua le 12 février 1704.

Malgré la nomination, faite le 13 mars, de commissaires pour la perception des droits de bourse ce projet ne fut pas mis à exécution et, à partir du 20 juin 1705, chaque notaire fut taxé annuellement à une certaine somme pour sa portion des rentes dues par la Compagnie en attendant le règlement sur le traité de Bourse commune arrêté entre les notaires.

Règlement de 1708. — La Compagnie ayant réuni en 1708 les deux offices de notaires sindics, les droits attribués à ces offices furent versés à la Bourse commune, suivant délibération du 5 octobre 1708 homologuée au Bailliage le 26 avril 1709. Au début, la perception de ces droits devait être faite par trois membres exerçant, six mois de suite, les fonctions de sindics ; mais on reconnut, dans la suite, que cet exercice était trop pénible pour trois notaires, et l'on convint, le 13 mai 1709, d'en nommer six et de réduire le temps de leur exercice à trois mois. Le 4 juillet suivant, on fixa les droits de la Bourse à 2 sols par rôle de minute, un sol par rôle d'expédition et 2 sols 6 deniers par acte en brevet. Cet arrangement eut son exécution jusqu'en 1717 inclusivement et le second registre des délibérations contient les nominations de ceux qui ont été successivement chargés de la perception.

Modifications en 1718. — Les droits attribués aux offices de Notaires Sindics ayant été supprimés par édit de décembre 1717 et la Communauté se trouvant chargée d'intérêts considérables par rapport à ses anciens emprunts et. à ceux qu'elle venait d'être obligée de faire pour la réunion, des six offices de Commissaires aux prisées et ventes créés. en 1712, il fut arrêté le 27 janvier 1718 qu'il serait dorénavant rapporté à la Bourse commune les deux tiers des vacations et grosses des inventaires et que les grosses seraient évaluées à deux rôles de grosse pour chaque rôle de minute.

Arrangement de 1719. — Ce traité ne fut exécuté que jusqu'au 29 septembre 1719, date d'un nouvel arrangement, par lequel on arrêta que tous les actes seraient signés par deux notaires et qu'il serait perçu, par le notaire qui signerait en second, 2 sols par rôle de minute de chaque acte, et un sol par rôle de grosse, et pour les brevets 2 sols. 6 deniers, sauf pour les lettres de voitures qui ne payeraient qu'un sol, et qu'il serait en outre perçu un sol pour le sceau de chacun des actes qui y seraient sujets.

Quelque raisonnable que fût ce dernier traité, il n'eût pas plus d'exécution que les précédents. La Compagnie fit un emprunt au sieur Girault à des conditions avantageuses. le 8 août 1720 et, par là, ses charges annuelles furent fixées à 666 livres 13 sols 4 deniers, sur lesquels elle recevait 450 livres pour la ferme du notariat apostolique, en sorte que le surplus se payait sur le reliquat des comptes des anciens droits de syndicat. Cette dernière ressource fut bientôt épuisée et, le 22 janvier 1722, on eut recours à une contribution de 15 livres par tête, portée à 25 livres le 10 mai 1723 et à 50 livres le 19 mai 1731.

Règlement de 1735 sur la Bourse commune. — Enfin le 10 septembre 1732 la Compagnie arrêta par l'article 12 de son projet de Statuts qu'il serait fait une Bourse commune pour subvenir à l'acquittement de ses charges. Nous avons déjà vu, au début de ce chapitre, que ces Statuts furent homologués par arrêt du 3 septembre 1735 ; ils consacraient plus du tiers de leurs articles au fonctionnement de la Bourse commune (articles XII à XXI). Le moment est venu de parler en détail de ces articles.

Par les Statuts et Règlements de 1735, les notaires au Châ-

telet d'Orléans convinrent de faire Bourse commune pour
subvenir aux charges de leur Communauté parce qu'il est
« du bon ordre que les Communautez s'acquittent de leurs
charges régulièrement. » Au lieu de rapporter la moitié
de leurs honoraires sur certaines catégories d'actes comme
cela se passait sous le régime de l'arrêt de 1704, ils affectèrent une somme fixe sur chaque nature d'acte. Dix sols
étaient versés par chaque notaire pour chaque vacation
d'inventaire, de recolement et de vente, ainsi que pour les
actes d'adjudication de biens en direction de créanciers,
dépôts de sentences arbitrales et lecture d'icelles. Un tarif
progressif était établi pour les partages : pour ceux de
500 livres et au-dessous il était payé 2 sols ; de 500 à 1.000
livres, 10 sols ; de 1.000 à 3.000 livres, 20 sols ; de 3.000 à
10.000 livres, 3 livres ; au-dessus de 10.000 livres, 6 livres.
Tous les autres actes dont on gardait minute, ou tous ceux
qui étaient en fin de minute, comme les ratifications ou
quittances, étaient taxés à 2 sols. Les brevets qui devaient
être inscrits sur les répertoires, les lettres de voiture dont
il était tenu un registre paraphé par le Syndic, et les copies
collationnées étaient taxés à 6 deniers. Les versements à la
Bourse commune étaient dûs même pour les actes passés
hors du ressort du Bailliage. En outre nous savons qu'il
devait être payé par chaque récipiendaire 100 livres sauf
par les fils et gendres de notaires qui ne devaient que
50 livres.

Pour faciliter la perception des droits, il était délivré à
chaque notaire une feuille, signée du Syndic et du Doyen,
pour y enregistrer, chaque jour, le nombre des actes sujets à la Bourse commune. Tous les trois mois, les notaires
représentaient leurs feuilles respectives et acquittaient le
montant des droits dûs entre les mains du Syndic, du Receveur ou du Préposé de la Communauté. (1) Un état du pró-

(1) Tel était le règlement mais, dans la pratique, ce fut à un
commis du Bailliage, le sieur Bazin, Contrôleur des actes des notaires, que furent confiées les fonctions de Receveur « pour éviter aux
difficultés » ; le 6 juillet 1744, le sieur Bodin qui avait succédé à
Bazin comme Contrôleur des actes lui succéda aussi comme Receveur de la Bourse commune, aux appointements de 300 livres par
an.

duit de ces feuilles était dressé par le Syndic et communiqué à l'Assemblée trimestrielle. Le notaire qui omettait d'inscrire un acte sur sa feuille devait être condamné à 100 livres d'amende ; ceux qui avaient perdu leur feuille ou refusaient de la recevoir encouraient une peine de 200 livres qui ne pouvait être modérée. Ceux enfin qui ne satisfaisaient pas aux charges de la Communauté, après trois sommations à la requête du Syndic, demeuraient interdits d'entrer en la Communauté, de voix délibérative et de toute distribution, sauf à la Communauté à demander aux Juges l'interdiction de ceux qui devaient plus de 300 livres et à engager contre eux des poursuites.

On s'était sans doute flatté que la Bourse commune jointe au produit du notariat apostolique fournirait des fonds suffisants pour payer la rente de 666 livres 13 s. 4 d. du sieur Girault, le dixième des offices (1) qui n'était alors que de 66 livres 13 s. 4 d., les 300 livres auxquelles on avait fixé les appointements du receveur et les autres petites charges annuelles. Mais on s'aperçut bientôt que le produit n'était pas aussi considérable qu'on se l'était imaginé et, dès le 13 janvier 1738, il fallut recourir à un nouvel emprunt de 1.000 livres pour payer les arrérages du sieur Girault. Cette insuffisance ne surprendra pas quand on saura qu'en vingt-deux ans cette première Bourse commune ne produisit, en dehors du notariat apostolique, que 34.126 livres 8 sols, ce qui fait année commune 1551 livres 4 sols.

D'autre part le produit du notariat apostolique, qui était annuellement de 450 livres versées à la Bourse commune, baissa très fortement lorsqu'en 1748 le clergé du diocèse imposa à la Communauté des notaires un nouveau traité : en dix ans les droits attribués à la Bourse, sous le régime du nouveau règlement, ne donnèrent au total que 1112 livres.

Pour ces diverses causes on fut obligé, dès le 24 février 1753, de contracter un nouvel emprunt de 500 livres qui

(1) Le dixième a cessé le 1er janvier 1737, mais il a été rétabli le 1er octobre 1741 avec une augmentation considérable puisqu'il a été porté en deux articles à 834 livres 13 s., 8 d. ; ce qui, joint aux 2 sols pour livre établis le 1er janvier 1747, a formé une imposition annuelle de 918 livres.

s'ajouta à celui de 1.000 livres fait en 1738. Cette somme ne suffit pas et le 9 mai 1757 il fallut emprunter 3.000 livres pour payer le dixième et les anciens arrérages.

Tarif de 1757. — On crut trouver un remède suffisant à cette situation embarrassée en proposant, le 29 novembre 1757, un nouveau tarif pour la Bourse commune, qui fut adopté et mis à exécution à partir du 1er janvier 1758. Des tarifs progressifs furent appliqués aux ventes, donations, contrats de mariage, constitutions de rentes, partages, liquidations et distributions, baux, hypothèques, etc... Les inventaires furent taxés à 10 sols par vacation, les dénombrements à 2 sols du rôle, les testaments et reconnaissances censuelles suivant le nombre des rôles et d'après un tarif variable selon leur importance. Le règlement de 1757 confirmait en outre une délibération prise le 6 juillet 1744 concernant les livrets : chaque notaire devait en avoir un et le présenter au Contrôle pour la perception des droits de Bourse ; le receveur, M. Bodin, y inscrivait le montant des versements.

Ce nouveau tarif ne produisit au cours des cinq années, de 1758 à 1762, que 12.267 livres 2 sols 3 deniers, y compris les actes du Notariat apostolique, ce qui montait, année commune, à 2.453 livres 8 sols. A la même époque les charges annuelles étaient de 2.302 livres 6 sols 8 deniers dont voici le détail :

```
les arrérages des héritiers Girault........   666  13  4 )
    sur quoy on déduisoit 2/20es  66 l. 13  4 )          ) 593 l. 6  8
    2 sols pour livre   6 l. 13  4 )   73   6   8 )
l'Hôtel-Dieu principal 1.500 l............................   60
la de Pompon principal 3.000 l............................  120
les deux 20mes ...........................................  918
loyers de la salle........................................   87
les frais d'assemblée, environ...........................  100
les droits du receveur qui a prétendu avoir une aug-
    mentation ............................................  424
                                                          ————————
                              Total..........  2.302 l. 6  8
```

Il ne restait, par suite, qu'un bénéfice annuel de 150 livres, à peine suffisant pour couvrir les dépenses ex-

traordinaires que l'on était obligé de faire presque en tout
temps. Or la Compagnie se trouvait dans le cas d'en faire
alors de beaucoup plus considérables.

Dès le 9 mai 1738, elle avait arrêté de solliciter la confirmation de tous ses privilèges et de prendre sur la Bourse
commune toute la dépense nécessaire. Cette délibération
confirmée aux assemblées générales de 1750, 1752, 1753 et
1754, fut renouvelée le 26 janvier 1759 avec autorisation à
Me Chappé d'emprunter 3.000 livres à constitution du
sieur Chauvreux. Le 8 mars suivant, la Compagnie députait, à Paris, Mes Polier Dumont et Houry et, le 27 mars 1760,
elle délibérait d'offrir jusques à 6.000 livres pour obtenir
les lettres patentes accordant la confirmation sollicitée depuis si longtemps. En conséquence le Syndic Me Couzé emprunta à constitution 6.000 livres du sieur Lochon au denier 24. On ne paya que 4.500 livres pour le supplément
de finance, mais les frais de voyage et de séjour des députés à Paris et à Versailles et les faux-frais se montèrent
à plus de 6.000 livres, d'après les comptes fournis le 21
octobre 1760. En outre, le Corps de Ville s'étant opposé
auxdites lettres patentes, la Compagnie fut forcée de dépen-
ser plus de 2.000 livres pour les frais de nouvelles députa-
tions.

D'un autre côté la Communauté des Notaires était, à la
même époque, en instance au Parlement avec les Officiers
du Bailliage qui prétendaient s'arroger, à l'exclusion des
notaires, les partages ordonnés être faits en justice. Cette
contestation avait forcé la Compagnie à demander à la
Cour l'attribution de ses causes en première instance au
Bailliage de Chartres. Le Corps de Ville s'y était encore opposé « sous un prétexte faux et injurieux aux notaires » et il
fallut débourser plus de 1.200 livres pour obtenir un arrêt
contradictoire le 21 août 1760. Le fond de l'affaire, jugé
par arrêt du 7 juillet 1761 au profit de la Compagnie, occa-
sionna une dépense assez considérable, bien que les Officiers du Bailliage eussent été condamnés aux trois-quarts
des dépens.

En dehors de ces dépenses extraordinaires, les charges
annuelles avaient augmenté, tant à cause des intérêts des

9.000 livres empruntées à la suite des délibérations des
26 janvier 1759 et 27 mars 1760, que par l'imposition du
3e vingtième qui se montait à 459 livres, ce qui nécessita
un premier emprunt de 6.700 livres les 16 mars, 11 juin
et 9 juillet 1760 et un second de 1.000 livres le 30 juillet 1762.

Doublement des droits en 1763. — Pour faire face à
toutes ces charges la Compagnie arrêta, le 1er décembre
1762, de doubler pour un an les droits de Bourse établis
le 29 novembre 1757. Tous les membres y consentirent à
l'exception de Mes Chappé et Pisseau qui refusèrent de s'y
soumettre et la recette de 1763 monta à 4.643 livres 1 sol.
Mais, sur la représentation de certains membres, le doublement des droits fut supprimé à partir du 1er janvier 1764
et la recette de cette année 1764 ne produisit que
3.276 livres, sur lesquels on dut rendre plus de 120 livres
pour le doublement perçu en janvier.

Ce revenu était loin d'être suffisant pour acquitter toutes
les charges, ainsi que le montre le tableau suivant (1) des
rentes dont la Compagnie se trouvait chargée :

DATES des délibérations en exécution desquelles les emprunts ont été faits	ÉCHÉANCES des rentes	NOMS DES CRÉANCIERS	ARRÉRAGES annuels	CAPITAUX
8 août 1720	25 juillet	la d° Chassaing au lieu du sieur Girault	666 l. 13 s. 4	16.666 l. 13 s. 4
24 février 1753	7 mars	l'Hôtel-Dieu d'Orléans. … ……	60	1.500
9 may 1757	28 juin	le sieur Pompon………………	120	3.000
26 janvier 1759	21 avril	les mineurs Chauvreux…………	120	3 000
27 mars 1760	15 juin	le sieur Lochon.. … ……… ..	250	6 000
16 mars 1761	16 mars	la d°° Gorrand.…… …………	42	1.008
	21 mars	la d°° De la Roche.. …………	83 6 8	2.000
11 juin 1761	11 juin	la d°° Raymond……… … …	50	1.200
9 juillet 1761	25 juillet	le sieur Mechineau……………	125	2.500
30 juillet 1762	31 juillet	M. Jullien……………… …..	50	1.000
			1.567	37.874 l. 13 s. 4

AUTRES CHARGES ANNUELLES

Loyer de la salle… …………… ……… …………………	87
Gages du clerc de la Communauté, bois et chandelle pour le Bureau et impression des bulletins, évalué le tout à……… .	100
Deux 20mes des offices et 2 s. pour livre… ……… …… .	918 3 »
Coût des jettons attribués aux Commissaires du Bureau établi par délibération du 13 juin 1764… … ……… .. … ……	140
Dépenses extraordinaires évaluées par an à………………	300
	3.112 l. 3 »
Si l'on joint à cette somme les droits du receveur sur le pied qu'il prétend se faire payer actuellement, y compris son commis.	424
	le tout forme. 3.536 l. 3 s. »

(1) Archives de la Chambre des Notaires d'Orléans.

« Ce tableau démontre la nécessité où se trouve la Compagnie de porter une augmentation considérable de la Bourse commune. Le tarif établi le 29 septembre 1757 n'est pas susceptible d'homologation et la perception des droits y portés ne pourroit se faire que par le contrôleur puisqu'autrement ceux qui en seroient chargés seroient obligés d'entrer dans le secret des familles, ces droits étant relatifs aux sommes qui forment l'objet des actes. »

En conséquence on proposa un tarif qui se rapprochait davantage de celui de 1735 et réunissait ce double avantage de pouvoir être présenté « aux yeux de la justice » pour en faire prononcer l'exécution et de mettre la Compagnie en état de faire percevoir les droits par telle personne qu'elle jugerait à propos. Les prévisions étaient basées sur un dépouillement très détaillé des comptes du Receveur de la Bourse commune pendant les vingt-deux années écoulées depuis 1735 jusqu'à 1757; ce dépouillement avait fait ressortir que :

Les vacations d'inventaire ont été, années communes, au nombre de 740 produisant à 10 s. chaque	370 l.
Il y a eu des partages entre bourgeois, en rôles 525 produisant à 2 s. chaque..........................	65 l. 16 s. »
Il y a eu des partages entre artisans et gens de la campagne, en rôles 640 produisant à 1 s. le rôle.	32 l. »
Actes ordinaires en rôles 6.738 produisant à 2 s. le rôle...	673 l. 16 s. »
Brevets ordinaires en rôles 3.828 produisant à 6 s. le rôle..	95 l. 14 s. »
Lettres de voitures en rôles 8.000 produisant à 6 s. le rôle..	200 l. »
Les réceptions ont produit en total 2.500 l. ce qui donne par an..	113 l. 12 s. 9 d.
Produit du notariat apostolique pendant les dix années qui ont suivi la cessation de la ferme 1.112 l. ce qui donne par an.....................................	111 l. 4 s. »
Total........	1.662 l. 2 s. 9 d.

Règlement de 1765. — La comparaison des deux tableaux indiquait que les charges se montaient au double du produit de la Bourse, indépendamment des sommes exigibles et des appointements du Receveur. Pour remédier à cette situation et obtenir un revenu de 4.000 livres jugé indispensable la Communauté, dans son assemblée du 9 mai 1765, adopta un règlement nouveau et elle profita de la circonstance pour créer un Bureau composé de plusieurs notaires chargés de veiller aux intérêts de la Compagnie et de maintenir la police parmi ses membres.

Désormais les droits dûs à la Bourse commune ne furent plus seulement calculés sur le nombre des actes, comme en 1735, mais sur le nombre des rôles de chaque acte. Dix sols étaient perçus sur chaque rôle de minute de tous les inventaires, récolements, comptes mobiliers, liquidations, partages, comptes de tutelles et d'exécutions testamentaires, distributions mobilières et immobilières, procès-verbaux d'affiches, réceptions d'enchères et adjudications d'immeubles, communications de titres, contrats d'union, atermoyements, transactions et sentences arbitrales rédigées par les notaires. — Pour tous les actes qui concernaient le Notariat apostolique, la moitié de la vacation devait être rapportée. Les actes d'aveux et dénombrements qui ne contenaient pas plus de deux rôles n'étaient taxés qu'à cinq sols ; ceux qui avaient plus de deux rôles l'étaient à raison de cinq sols par rôle. Chaque acte de ratification, brevet d'apprentissage et reconnaissance de cens devait rapporter trois sols à la Bourse commune. Tous les autres actes dont il restait minute étaient taxés, chacun, à cinq sols. Quant aux brevets et aux lettres de voitures, ils ne furent pas augmentés et continuèrent à être taxés à raison de six deniers chacun. Pour les doubles minutes, les testaments ou autres actes reçus par deux notaires, deux droits de Bourse étaient perçus.

Chaque notaire était tenu de dresser un état sur lequel il consignait tous les actes qu'il avait reçus et qui étaient sujets aux droits de Bourse. Tous les trois mois, à un jour et à une heure qui lui étaient fixés par avance, il devait se présenter, à la Salle de la Communauté, muni de l'état dressé par lui, de son répertoire et des minutes des actes assujettis à payer en raison du nombre de leurs rôles. Deux

délégués de la Communauté et le Receveur l'y attendaient :
les deux délégués vérifiaient l'état au moyen du répertoire
et des actes qu'on leur présentait mais qu'ils ne pouvaient
retenir sous aucun prétexte ; puis ils arrêtaient le compte
et le visaient. Le montant des droits, porté sur l'état ainsi
visé et arrêté, était payé sur-le-champ au Receveur qui en
donnait décharge sur un duplicata. S'il se présentait des
difficultés pour la perception des droits, elles étaient tran-
chées incontinent par les deux Vérificateurs et le Receveur,
à la pluralité des voix. Les notaires, qui ne se présentaient
pas à la Vérification aux jours indiqués, étaient frappés
d'une amende de 30 livres et devaient verser, dans les huit
jours, 150 livres à titre de provision pour ce qu'ils pourraient devoir à la Bourse commune. Le non-paiement
immédiat des droits de Bourse portés sur l'état vérifié
entraînait également une amende de 30 livres. De même
que le Règlement de 1735, celui de 1765 édictait l'interdiction d'entrer à la Communauté contre ceux qui seraient
redevables de plus de 300 livres.

Cette délibération du 9 mai 1765, qui portait, en plus,
une augmentation des droits dûs, lors de leur réception,
par les nouveaux notaires, fut attaquée par cinq membres
de la Communauté, MM. Chappé, Capitan, Pisseau, Simon
et Chau. L'affaire fut portée devant le Parlement qui
ordonna, par arrêt du 26 septembre 1766, l'exécution provisoire de la délibération. Une nouvelle délibération de la
Communauté, en date du 18 octobre 1766, enjoignit l'exécution, à partir du lendemain 19 octobre, de la délibération du 9 mai 1765. Le receveur et les deux délégués furent
élus le 20 novembre suivant conformément aux décisions
prises et l'on enjoignit à l'ancien receveur, M. Bodin, contrôleur des actes et étranger à la Communauté, de cesser
toutes perceptions des droits de Bourse.

Malgré l'augmentation notable de revenus qui résulta de
l'application du règlement de 1765, la Bourse commune
ne tarda pas à ne plus pouvoir solder les frais et les charges
de toutes sortes qui incombaient à la Compagnie. On dut
songer à contracter un nouvel emprunt et à remanier

encore une fois le tarif des droits à percevoir. Mais, au moment de prendre des décisions fermes, des discussions s'élevèrent au sein de la Communauté. Dès 1783, des demandes avaient été formées par Mrs Jumeau, Jullien et Cabart contre des délibérations antérieures ; et lorsqu'à la fin de 1784 la Communauté, convoquée par le Syndic, décida dans ses réunions des 13, 16, 17, 20, 22, 24 et 30 décembre, de réformer les Statuts et d'augmenter les droits de Bourse, certains membres firent opposition. Finalement, à titre de conciliation, on reconnut, comme nulles et non avenues, toutes les délibérations prises en 1784 et la Communauté fut appelée, le 7 janvier 1785, à délibérer à nouveau sur ce qui avait été arrêté le 30 décembre 1784. Cette fois on tomba d'accord, grâce à des concessions réciproques.

Règlement de 1785. — Tout d'abord on décida, sous certaines réserves pour l'avenir, que la Bourse commune acquitterait le 100° denier des offices, bien que cet impôt, remplaçant les droits de prêt et d'annuel, fût par sa nature une charge personnelle du Titulaire de chaque office. Puis, on vota un emprunt de 6.000 livres parce qu'il n'y avait plus en caisse de fonds suffisants pour payer les frais et faux-frais des procès soutenus depuis deux ans par la Compagnie. Afin d'éteindre promptement cette nouvelle dette, on créa une caisse d'amortissement en y affectant spécialement la totalité des droits à percevoir sur les Récipiendaires et l'on suspendit la distribution des jetons. En même temps, l'on pria les officiers du Bureau de préparer un nouveau tarif de Bourse plus élevé que l'ancien, qui serait présenté et examiné dans une assemblée générale ultérieure. Les autres articles de la Délibération furent consacrés à la forme des Assemblées, à l'élection des Officiers, à la réception des nouveaux membres et à la rédaction par chaque notaire d'un double répertoire. Cette délibération du 7 janvier 1785 fut homologuée par le Parlement le 25 janvier de la même année, imprimée et envoyée à chaque membre.

11

Le 9 décembre suivant, un nouveau tarif de Bourse commune était présenté et adopté, dans une assemblée tenue à trois heures de relevée sur la convocation des Syndics. Les changements suivants étaient apportés au règlement de 1765 qui, dans son ensemble, était confirmé :

Sauf pour les inventaires, récolements et comptes de tutelle qui continuèrent à être taxés à raison de 10 sols par rôle de minute, la taxe fut portée à 15 sols par rôle pour la plupart des actes importants. Sur les actes du Notariat apostolique, la moitié de la vacation dut, comme auparavant, être rapportée. Chaque testament ou codicille fut imposé de 10 sols de droits. Pour les contrats de mariage le tarif était différent suivant la qualité des parties : 12 livres étaient perçues sur les contrats des officiers supérieurs des grandes administrations de l'Etat, sur ceux des gentilshommes possédant des terres avec haute justice et ceux des négociants ne faisant corps avec aucune communauté ; 6 livres sur ceux des simples gentilshommes et officiers, avocats, médecins, notaires, procureurs, bourgeois ayant toujours vécu de leurs revenus, chirurgiens, apothicaires, architectes, orfèvres, horlogers, marchands de draps mercerie et bas en détail ; les contrats des commissaires de police, huissiers, perruquiers, ciriers, chandeliers, vinaigriers, chaudronniers, teinturiers, tanneurs et corroyeurs, mégissiers, boulangers, bouchers, aubergistes, traiteurs, tailleurs, voituriers par eau et par terre étaient taxés à 40 sols ; 20 sols étaient payés pour ceux des maîtres des autres communautés tenant boutiques ouvertes, et ceux des laboureurs. Chaque acte de ratification, brevet d'apprentissage et reconnaissance de cens était, comme autrefois, taxé à raison de 3 sols par acte ; de même on n'augmenta pas le tarif de 5 sols sur chacun des autres actes dont il restait minute.

Afin de diminuer, dans la mesure du possible, les discussions au sujet de la perception, le tarif de 1785 réglait le format du papier et le nombre des lignes à la page pour les minutes sujettes à un droit proportionnel au nombre de leurs rôles.

Ce tarif fut homologué par le Parlement le 22 décembre 1785 et aussitôt mis en vigueur. Il continua à fonctionner jusqu'à la dissolution de la Communauté des Notaires au Châtelet d'Orléans.

3. — Les Jetons de présence

Les jetons de présence. — Le rôle principal de la Bourse commune était, comme on vient de le voir, d'assurer le remboursement des dettes contractées par la Communauté, de payer aux créanciers de cette dernière les intérêts des capitaux empruntés ou les arrérages des rentes, de faire face aux frais souvent considérables des procès engagés ou soutenus par la Compagnie pour la défense de ses droits et privilèges. C'était également sur les fonds de la Bourse commune que l'on soldait les menus frais nécessités par le fonctionnement normal de la Communauté. A partir de 1786 la Bourse commune se chargea du paiement de l'impôt du centième denier (1). Enfin c'était sur les deniers de la Bourse que l'on prélevait les frais nécessités par la frappe des jetons de présence distribués aux Assemblées de la Communauté.

Ces jetons avaient une valeur nominale de 40 sols. A partir de 1735 il fut décidé qu'il en serait remis un à chaque membre de la Communauté assistant à une des assemblées générales qui se tenaient au cours de l'année, sauf pour la réunion du 9 mai où chaque notaire présent aurait droit à deux jetons. En 1765 on délibéra que les sept membres du Bureau qui, dans l'année, auraient assisté à quinze séances au moins auraient droit à vingt jetons.

Frappe des jetons. — Comment furent mises à exécution les délibérations de 1735 et de 1765 relatives aux jetons, c'est ce que je ne saurais dire très exactement. Dès 1736 il avait été décidé de ne pas distribuer de jetons d'argent avant que ne fussent payés les arrérages de la rente due à l'abbé

---

(1) Il s'agit du centième denier des offices, car le centième denier des immeubles réels, qui donna lieu à tant d'abus et à tant de réclamations, se percevait depuis 1703 sur les actes translatifs de propriété.

Girault. La même raison empêcha-t-elle les distributions des années suivantes ? on peut le supposer, mais ce qui est certain c'est que des jetons furent frappés : il en existe plusieurs à l'effigie de Louis XV. En 1767 le Syndic, M⁰ Guillon, fut autorisé à prendre des arrangements avec le graveur de la monnaie d'Orléans pour faire frapper des jetons. Mais ce dernier, le sieur Guignéol, ayant fait remarquer que les jetons ne se frappaient pas dans les monnaies de province et qu'il fallait s'adresser à Paris, un premier projet de traité fut passé avec le sieur Salernier : les jetons devaient être à peu près de même poids et diamètre que ceux des notaires de Paris. « On fera en sorte de se servir des quarrés de l'hôtel des monnoyes de paris pour les médailles pour l'empreinte du roy avec l'épigraphe *Ludovicus decimus quintus rex christianissimus* ; le revers du jeton contiendra dans le médaillon le globe de la france couronné avec l'épigraphe *Lex est ubicumque notemus* (1) et au bas sans aucune date *Con^rs du roy no^rs au Châtelet d'Orléans* ». Pour le quarré de ce revers il devait être payé 80 livres à Salernier qui s'engageait à fournir, dans les trois mois, 280 jetons du poids de trente-deux au marc à raison de 56 livres le marc ; 140 autres jetons devaient être frappés pendant les huit années suivantes, à la fin desquelles le quarré serait remis à la Communauté des Notaires. Quinze jours plus tard, le 2 juillet, le traité était réformé : la fabrication ne se ferait que pour trois ans et le traité serait résilié de droit, si, dans les années suivantes, l'hôtel des Monnaies demandait une augmentation ; dans ce cas, Salernier serait tenu de remettre son quarré.

Des accidents suspendirent la frappe : deux quarrés ne purent soutenir l'effort du balancier et se cassèrent successivement au premier essai. Aussi, le 3 décembre 1767, décida-t-on pour éviter la fracture du nouveau quarré, de fabriquer les jetons de vingt-neuf au marc au lieu de trente-deux ; les jetons devaient coûter 57 livres 15 sols le marc,

(1) Les jetons des notaires de Paris portaient : « *Lex est quodcumque notemus*. »

y compris le droit de 35 sols par marc prélevé à l'hôtel des Médailles pour la fabrication. Une indemnité de 48 livres fut allouée à Salernier pour ses deux premiers quarrés brisés.

Le 7 avril 1768, Mᵉ Guillon apporta les 280 nouveaux jetons d'argent ; ils avaient coûté 758 livres 12 sols, tous frais compris. Vingt jetons furent remis à chacun des membres composant le Bureau le 9 mai 1767 et l'on remit au Receveur 140 jetons pour être distribués le 9 mai 1768. Le 5 janvier 1769, Mᵉ Jullien, syndic, était autorisé à faire frapper les jetons qui, aux termes du règlement, devaient être distribués le 9 mai suivant. Ces frappes durent se faire régulièrement tous les ans mais je n'ai relevé, sur les registres de délibérations de la Communauté, que de rares mentions de frappe : au mois d'avril 1775 le syndic fut chargé de faire frapper 254 jetons ; en mai 1779 on en frappa 600 ; en 1781, le quarré étant entièrement effacé, la Compagnie en fit graver un nouveau et autorisa le syndic à faire supprimer sur l'inscription « *Conseillers du Roy* » pour donner plus d'étendue à leur nom, à réformer l'exergue s'il le jugeait à propos et à faire frapper des jetons sur la nouvelle forme ; 300 jetons nouveaux furent, en conséquence, frappés en mai 1781 ; le même nombre fut frappé en mai 1782, mai 1783 et janvier 1784. Parfois la Communauté rachetait des jetons à la famille d'un membre défunt : c'est ainsi que le 25 février 1783, la veuve Mariette céda à la Compagnie à raison de 40 sols la pièce, neuf jetons à l'effigie de Louis XV et sept frappés au nouveau carré.

La distribution des jetons aux membres de la Communauté était, d'ailleurs, peu régulière. Pour les encourager à assister aux Assemblées, on avait décidé, le 9 mai 1770, de donner un jeton d'argent à chaque notaire assistant à la fête de Saint-Nicolas et aux Assemblées générales, hormis celles de la réception des Récipiendaires ; les membres du Bureau ne participaient pas à ces distributions manuelles. Le 13 mai 1771, on modifia cette décision : bien qu'il dût y avoir, dans l'année, quatre assemblées générales, on ne distribuerait désormais de jetons qu'à la Saint-Nicolas.

Le 11 mai 1772, on revint à l'ancien ordre de choses : des jetons seraient distribués aux quatre assemblées. Le 17 août 1773, on vota la remise d'un jeton à chacun des membres qui assisteraient aux convois des confrères décédés ; mais cette décision fut annulée le 14 novembre 1780 et il fut entendu qu'il n'y aurait plus de distribution aux enterrements. A l'occasion d'un dîner offert, dans la Salle commune, en septembre 1782, aux syndic et députés des notaires de Chartres, trois jetons furent remis aux notaires de Chartres qui désiraient en avoir pour les montrer à leurs confrères et les décider à en faire frapper (1). Le 25 mai 1784, le Syndic proposa, en raison du grand nombre d'assemblées nécessitées par les affaires multiples dont la Compagnie était alors chargée, de suspendre, jusqu'à l'élection de mai 1785, la distribution des jetons ; sa motion fut adoptée.

Lorsque la Communauté fut obligée de se dissoudre en 1791, il restait cinquante-quatre jetons en caisse ; chaque notaire en reçut un et les vingt et un derniers, mis aux enchères, furent adjugés à Me Héau moyennant 56 livres.

Description des jetons. — Il me reste à donner la description des divers jetons frappés pour la Compagnie des Notaires d'Orléans. Afin d'en présenter la collection complète, je dépasserai les bornes de ce travail et je mentionnerai non seulement les jetons spéciaux aux Notaires du Châtelet mais encore ceux des notaires de l'arrondissement d'Orléans jusqu'à nos jours. Beaucoup ont été décrits et reproduits dans un ouvrage publié en 1897 par un notaire de Troyes, M. R. Gillet, sous le titre : « *Jetons de présence des Compagnies de Notaires de France* ». Aux dix-huit types cités par cet auteur, j'ai pu en ajouter vingt-six autres ce qui porte à quarante-quatre le nombre des jetons dont j'ai eu connaissance. Il ne m'a pas été possible de retrouver les dates de frappe de ces divers jetons ; mais un amateur orléanais,

(1) Il existe en effet un jeton des « notaires royaux de la ville de Chartres » à l'effigie de Louis XVI ; mais il est d'un modèle différent de ceux des notaires d'Orléans.

M. Camille Arnoult, qui a donné sa collection numismatique à la bibliothèque de la Ville d'Orléans, a indiqué quelques dates dans son catalogue (1). Je crois que quelques-unes au moins de ces dates sont inexactes ; je les donnerai toutes cependant, d'après cet auteur, en me bornant à indiquer par un point d'interrogation celles qui ne me paraissent pas fondées.

— I. Le premier type de jetons qui, s'il était authentique, serait le plus ancien et pourrait dater de l'époque où pour la première fois fut décidée la distribution de jetons de présence, n'est probablement qu'une refrappe moderne. Au droit, il porte un buste de Louis XV jeune, de profil à droite, aux cheveux longs dont les boucles retombent sur l'épaule, le cou entouré d'une cravate et le buste couvert d'un habit avec grand cordon en sautoir. Sous l'épaule est la signature du graveur : DU VIVIER. F. Autour du buste est la légende : LUD. XV. REX CHRISTIANISS. Grenetis près du bord.

R/. Ecu de France ovale, azuré, posé sur un cartouche couronné et accosté de deux branches de laurier. Au bas de l'écu, sous un double filet horizontal, est l'exergue en deux lignes : NOTAIRES AU CHATELET | D'ORLÉANS. Tout autour court la légende : LEX EST UBICUNQUE NOTEMUS. (2) Grenetis près du bord.

Tranche limée, frappée du mot ARGENT.

Ce jeton présente de nombreuses anomalies : les deux faces sont d'époques différentes, le droit du temps de Louis XV, le revers du temps de Louis XVI ; le mot « argent » n'est pas habituel à cette date ; enfin le haut du droit

---

(1) Ce catalogue, dressé par M. Arnoult, a été imprimé après sa mort sous le titre : « *Catalogue des monnaies, papiers-monnaie et jetons de la collection Camille Arnoult* », Orléans, 1908.

(2) Mon collègue, M. l'archiviste Soyer, m'a fait remarquer avec beaucoup de raison que cette devise est l'affirmation par les notaires d'Orléans de leur privilège d'instrumenter dans tout le royaume : « *Partout où nous notons, c'est la loi* », autrement dit nos actes sont valables quel que soit l'endroit du royaume où nous les recevons. Il est donc indispensable de connaître l'histoire et les privilèges de la Communauté pour saisir le sens de sa devise.

et le haut du revers se correspondent alors que c'est le contraire qui est usuel. Quant à l'inscription de l'exergue, nous avons vu que ce n'est qu'à partir de 1781 qu'on supprima les mots *Conseillers du Roi* qui y étaient antérieurement. Ce jeton a été frappé au xix° siècle avec deux coins anciens d'époques différentes mais j'ignore la date de cette frappe.

Jeton rond du module de 29 millimètres. Poids 11 gr. 10.

— II. Il existe des exemplaires en bronze du jeton précédent. Même module 29 millimètres.

— III. Avant de décrire les jetons distribués sous le règne de Louis XV, je mentionnerai un exemplaire en argent qui me semble être une épreuve.

Sur le droit est un écu de France presque rond, « *le globe de la France* », comme disent les délibérations de 1767, couronné, accosté de deux palmes et supporté par une sorte de nuage placé à la partie inférieure gauche. Légende circulaire : LUD. XV. REX CHRISTIANISS.

R/. Un second globe de la France couronné, accosté de deux palmes, et accompagné de flammes ou nuages, dont une partie passe en avant de l'écu, décore le revers. Au bas est un exergue en trois lignes : CONS. DU ROY | NOTAIRES AU CHATELET | D'ORLÉANS. Tout autour est la légende : LEX EST UBICUNQUE NOTEMUS.

Grenetis sur la tranche et autour des deux faces.

Jeton rond du module de 29 millimètres.

— IV. Ce quatrième type me semble être le plus ancien des jetons distribués. Il porte au droit une tête de Louis XV, de profil à droite, laurée, le cou nu, les cheveux longs frisés sur la tempe, attachés derrière la nuque par un ruban et tombant le long du col. La signature du graveur est placée au bas : « *R. filius* » (Roettiers fils). Légende circulaire : LUD. XV. REX CHRISTIANISS.

R/. Le globe de la France couronné et accosté de deux palmes. Au bas, sous un filet horizontal, exergue en trois lignes : CONSEILLERS DU ROY | NOTAIRES AU CHATELET | D'ORLÉANS. Légende circulaire : LEX EST UBICUNQUE NOTEMUS.

Grenetis sur la tranche et sur le bord des deux faces.
Jeton rond en argent du module de 29 millimètres.
M. C. Arnoult attribue à ce jeton la date de 1756 ?

— V. Il existe des refrappes modernes du jeton n° IV, en bronze. Le mot « *bronze* » est frappé sur la tranche qui est limée.

Jeton rond du module de 28 millimètres.

— VI. Sur le droit, tête de Louis XV, de profil à droite, laurée, les cheveux longs très frisés sur la tempe, attachés par un ruban et tombant sur la naissance de l'épaule qui est recouverte d'une draperie agrafée. Sous l'épaule est la signature du graveur : R. FIL. (Roettiers fils). Légende circulaire : LUD. XV. REX CHRISTIANISS.

R/. Revers identique au n° IV.

Grenetis sur la tranche et sur le bord des deux faces.
Jeton rond en argent du module de 29 millimètres.

— VII. D/. Tête de Louis XVI, de profil à droite, les cheveux longs, noués par un ruban derrière la nuque et tombant le long du col nu. Le coin n'est pas signé. Légende circulaire : LUD. XVI. REX CHRISTIANISS.

R/. Revers identique au n° IV.

Grenetis sur la tranche et sur le bord des deux faces.
Jeton rond en argent du module de 29 millimètres.

— VIII. D/. Tête de Louis XVI, de profil à droite, les cheveux longs, noués par un ruban derrière la nuque et tombant le long du col nu. Sous le cou est la signature du graveur : DU VIV. (Duvivier). Légende circulaire : LUD. XVI REX CHRISTIANISS.

R/. Revers identique au n° I. L'exergue ne porte que NOTAIRES AU CHATELET D'ORLÉANS ; les mots « Conseillers du Roy » ont disparu conformément à la délibération du 21 mars 1781 ; le jeton est donc postérieur à cette date.

Grenetis sur la tranche et sur le bord des deux faces.
Jeton rond en argent du module de 30 millimètres. Poids 9 gr. 75.

— IX. D/. Buste de Louis XVI, de profil à droite, les cheveux relevés sur le front, attachés par un ruban derrière la nuque et retombant dans le dos, le cou entouré d'une cravate, le buste vêtu d'un habit avec grand cordon en sautoir retenu par une patte sur l'épaule. Le coin n'est pas signé. Légende circulaire : LUDOV. XVI. REX CHRISTIANIS.

R/. Revers identique au n° I.

Grenetis sur la tranche et sur le bord des deux faces.

Jeton rond en argent du module de 29 millimètres. Poids 10 gr.

— X. D/. Buste de Louis XVI, de profil à droite, les cheveux relevés sur le front, attachés par un ruban derrière la nuque et retombant dans le dos, le cou entouré d'une cravate, le buste vêtu d'un habit avec grand cordon en sautoir mais sans patte d'épaule. Signature du graveur sous l'épaule : DUVIV (Duvivier). Légende circulaire : LUD. XVI. REX CHRISTIANISS.

R/. Revers identique au n° I.

Grenetis sur la tranche et sur le bord des deux faces.

Jeton rond en argent (1) du module de 29 millimètres. Poids 9 gr. 40.

Arnoult donne, comme date de frappe de ce jeton, 1781. Je le crois postérieur de quelques années.

— XI. D/. Tête de Louis XVIII, de profil à droite, les cheveux relevés sur le front, noués derrière la nuque par un ruban et tombant le long du cou nu. Pas de signature du graveur. Légende circulaire : LOUIS XVIII ROI DE FRANCE ET DE NAVARRE.

R/. Harpocrate, dieu du Silence, debout, de face, un doigt de la main posé sur la bouche, appuyé du coude sur un cippe placé à sa droite, les jambes croisées ; le dieu est presque nu, le bas du torse couvert d'une légère draperie qui passe sur le bras droit et retombe le long de la colonne. Sur la face antérieure du cippe est sculpté le miroir de la

---

(1) La deuxième édition du Catalogue des *Jetons des Compagnies de Notaires de France*, par E. BOUDEAU (1912), indique, sous le n° 274, un exemplaire en cuivre de ce jeton. Je ne l'ai jamais rencontré et je crois à une erreur du rédacteur du catalogue.

Prudence avec un serpent enroulé autour du manche, au-dessus du miroir est le mot NOTAIRES et, au-dessous, en deux lignes : ARROND^T | D'ORLÉANS. En bas et à droite est la signature du graveur : CAQUÉ F., et, sous le cippe, la mention DE PUYMAURIN D. (sous la direction de de Puymaurin). Légende circulaire : LEX EST UBI NOTAMUS.

Jeton octogonal en argent, de 3o millimètres de diamètre. Poids 14 gr. 45.

— XII. D/. Identique au n° XI mais, sous l'épaule de Louis XVIII, est la signature du graveur CAQUÉ F. et plus bas contre le bord du jeton, la mention DE PUYMAURIN D.

R/. Identique au revers du n° XI.

Jeton octogonal en argent, de 3o millimètres de diamètre.

— XIII. D/. Identique à la face du n° XII.

R/. Dans une couronne formée de deux branches de laurier réunies par une rosace est l'inscription en trois lignes : NOTAIRES | DE L'ARROND^T | D'ORLÉANS. Légende circulaire placée entre le bord du jeton et la couronne : QUAE CREDIS SACRA QUOD NOTAMUS LEX ; une étoile sépare le début et la fin de cette légende.

Jeton octogonal en bronze avec le mot CUIVRE frappé sur la tranche. Diamètre 3o millimètres.

Ce jeton semble être une refrappe et le coin du revers est certainement très postérieur à celui du droit.

— XIV. Tête de Charles X, de profil à droite, les cheveux ramenés en avant sur le front, favoris courts en avant de l'oreille, cou nu. Sous le cou est la signature du graveur DUBOIS F. et plus bas, près du bord, la mention DE PUYMAURIN DI. Légende circulaire : CHARLES X ROI DE FRANCE ET DE NAV.

R/. Identique au revers du n° XI.

Jeton octogonal en argent, de 3o millimètres de diamètre. Poids 14 gr. 9.

— XV. Droit et revers semblables à ceux du n° XIV, sauf que, sur le droit, la mention « De Puymaurin di. » n'existe pas et que la signature du graveur E. DUBOIS est placée en bas près du bord du jeton.

Jeton octogonal en argent, de 30 millimètres de diamètre.

— XVI. Droit semblable à celui du n° XIV.

R/. Harpocrate, debout, de face, un doigt sur la bouche, accoudé sur un cippe placé à sa droite, les jambes croisées ; le dieu est presque nu, le bas du torse couvert d'une légère draperie qui passe sur le bras droit et retombe le long de la colonne. Sur celle-ci est un parchemin déroulé, retenu par le coude d'Harpocrate. En dessous du parchemin, sur la face antérieure du cippe, est sculpté un miroir dont le manche n'est plus accompagné du serpent symbolique. Au bas du cippe est l'inscription en trois lignes : NOTAIRES | — ARROND.T | D'ORLÉANS. Le coin de ce revers ne porte pas de signature de graveur. Légende circulaire : QUAE CREDIS, SACRA : QUOD NOTAMUS, LEX.

Sur la tranche est frappé le mot « BRONZE ».

Jeton octogonal en bronze de 30 millimètres de diamètre.

Ce jeton semble être une refrappe et le coin du revers doit être, de quelques années, postérieur à celui du droit.

— XVII. Tête de Charles X, de profil à gauche, les cheveux ramenés en avant sur le front, favoris courts en avant de l'oreille, cou nu. Au bas est la signature du graveur CAQUÉ. La tête du roi est plus petite que celle des jetons n°ˢ XIV, XV et XVI. Légende circulaire : CHARLES X ROI DE FRANCE ET DE NAVARRE.

R/. Identique au revers du n° XVI.

Sur la tranche est frappé le mot « BRONZE ».

Jeton octogonal en bronze de 29 millimètres de diamètre.

Ce jeton semble être une refrappe faite à la même époque que celle du n° XVI.

— XVIII. Tête de Louis-Philippe, de profil à droite, les cheveux frisés et ramenés vers le sommet du front, les favoris longs, le cou nu. Sous la naissance de l'épaule est la signature du graveur DUBOIS. Légende circulaire : LOUIS PHILIPPE I.ᵉʳ ROI DES FRANÇAIS.

R/. Identique au revers du n° XVI mais, sous le cippe, près du bord, est la signature du graveur CAQUÉ F.

Jeton octogonal en argent de 30 millimètres de diamètre. Poids 15 gr. 40.

— XIX. Tête de Louis-Philippe plus grosse que celle du n° XVIII, de profil à droite, les cheveux frisés et ramenés vers le sommet du front, les favoris larges, le cou nu. En bas, près du bord, est la signature du graveur DUBOIS. Légende circulaire : LOUIS PHILIPPE I ROI DES FRANÇAIS.

R/. Identique au revers du n° XVI, non signé.

Sur la tranche est frappé le mot ARGENT.

Jeton octogonal en argent de 30 millimètres de diamètre. Poids 15 gr. 90.

— XX. Droit semblable à celui du n° XIX.

R/. Identique au revers du n° XVIII avec la signature du graveur CAQUÉ F.

Jeton octogonal en argent de 30 millimètres de diamètre. Poids 15 gr. 50.

M. C. Arnoult donne comme date de frappe de ce jeton l'année 1843.

— XXI. Tête de Louis-Philippe, d'une grosseur intermédiaire entre les n°⁵ XVIII et XIX, de profil à droite, ceinte d'une couronne de chêne nouée d'un ruban tombant derrière le cou nu, les favoris larges. En bas, près du bord, est la signature du graveur CAQUÉ F. Légende circulaire : LOUIS PHILIPPE I ROI DES FRANÇAIS.

R/. Identique au revers du n° XVIII avec la signature du graveur CAQUÉ F.

Jeton octogonal en argent de 30 millimètres de diamètre. Poids 15 gr. 10.

— XXII. Droit semblable à celui du n° XXI.

R/. Identique au revers du n° XVI, non signé.

Sur la tranche est frappé le mot ARGENT.

Jeton octogonal en argent de 30 millimètres de diamètre.

— XXIII. Droit semblable à celui du n° XXI.

R/. Identique au revers du n° XVI, non signé.

Sur la tranche est frappé le mot CUIVRE.

Jeton octogonal en bronze de 30 millimètres de diamètre.

— XXIV. Droit semblable à celui du n° XXI.

R/. Identique au revers du n° XIII.

Sur la tranche est frappé le mot BRONZE.

Jeton octogonal en bronze de 30 millimètres de diamètre.

— XXV. Droit semblable au revers non signé du n° XVI (Harpocrate).

R/. Identique au revers du n° XIII.

Jeton octogonal en argent de 30 millimètres de diamètre. Frappé sous le régime de la République de 1848.

— XXVI. Droit et revers identiques à ceux du n° XXV. Sur la tranche est frappé le mot BRONZE.

Jeton octogonal en bronze de 30 millimètres de diamètre.

— XXVII. Tête de Napoléon III, de profil à gauche, les cheveux ramenés en avant de l'oreille, moustache en pointe et barbiche, le cou nu. Sous la naissance de l'épaule, près du bord, sont les initiales du graveur F. C. en très petites lettres. Légende circulaire : NAPOLÉON III EMPEREUR.

R/. Identique au revers du n° XIII.

Sur la tranche est frappé le mot ARGENT.

Jeton octogonal en argent de 31 millimètres de diamètre.

— XXVIII. Droit et revers identiques à ceux du n° XXVII. Sur la tranche est frappé le mot BRONZE.

Jeton octogonal en bronze de 31 millimètres de diamètre. Poids 14 gr. 50.

Ce jeton est une refrappe faite depuis peu d'années.

— XXIX. Droit semblable à celui du n° XXVII avec cette seule différence que les initiales du graveur F. C. sont en lettres plus grosses et occupent tout l'intervalle entre la naissance de l'épaule et le bord.

R/. Identique au revers du n° XIII.

Sur la tranche est frappé le mot ARGENT.

Jeton octogonal en argent de 31 millimètres de diamètre. Poids 13 gr. 60.

D'après M. C. Arnould ce jeton aurait été frappé en 1853. On considère généralement que c'est la seconde émission du jeton n° XXVII.

— XXX. Tête de Napoléon III, de profil à gauche, ceinte d'une couronne de laurier liée en arrière par un ruban flottant sur le cou nu, moustache en pointe et barbiche plus fortes que sur le n° XXVII, les cheveux ramenés en avant de l'oreille. Sous la naissance de l'épaule est la signature du graveur OUDINÉ. Légende circulaire : NAPOLÉON III EMPEREUR.

R/. Identique au revers du n° XIII.

Sur la tranche est frappé le mot ARGENT.

Jeton octogonal en argent de 31 millimètres de diamètre. Poids 14 gr. 10.

D'après M. C. Arnoult ce jeton aurait été frappé en 1862.

— XXXI. Droit et revers identiques à ceux du n° XXX. Sur la tranche est frappé le mot BRONZE.

Jeton octogonal en bronze de 31 millimètres de diamètre.

Ce jeton est une refrappe faite depuis peu d'années.

— XXXII. Tête de Cérès symbolisant la République, de profil à droite, couronnée d'épis et de feuilles de chêne, le chignon retenu par une résille d'où se détache un ruban tombant sur le cou nu. Sous la naissance de l'épaule est la signature du graveur PINGRET F. Légende circulaire : RÉPUBLIQUE FRANÇAISE.

R/. Identique au revers du n° XIII.

Sur la tranche est frappé le mot ARGENT.

Jeton octogonal en argent de 31 millimètres de diamètre. Poids 13 gr. 75.

M. C. Arnoult date ce jeton de la seconde République ?

— XXXIII. Droit et revers identiques à ceux du n° XXXII. Sur la tranche est frappé le mot BRONZE.

Jeton octogonal en bronze de 31 millimètres de diamètre. Poids 14 gr. 50.

— XXXIV. Tête de femme symbolisant la République, de profil à gauche, les cheveux longs retombant en boucles sur le cou nu et ceints d'un bandeau sur lequel est l'inscription SUFFRAGE UNIVERS[el] ; ce bandeau s'attache en arrière par un nœud à bouts flottants. Sous le cou est la signature du graveur BARRE. Légende circulaire : REPUBLIQUE FRANÇAISE.

R/. Identique au revers du n° XIII.

Sur la tranche est frappé le mot ARGENT.

Jeton octogonal en argent de 31 millimètres de diamètre.

M. C. Arnoult date ce jeton de l'année 1879.

— XXXV. Droit et revers identiques à ceux du n° XXXIV. Sur la tranche est frappé le mot BRONZE.

Jeton octogonal en bronze de 31 millimètres de diamètre. Poids 14 gr. 40.

— XXXVI. La Loi sous les traits d'une femme vêtue à l'antique, assise, de face, sur un trône, tenant de la main droite la Main de Justice et, de la gauche, qui s'appuie sur les Tables de la Loi, une balance. Sur le pied gauche du trône est figuré, sur fond azuré, le miroir de la Prudence. De chaque côté sont disposés les attributs de l'agriculture, du commerce et de l'industrie, mélangés à des branches de laurier. En bas, près du bord, est la signature du graveur A. BORREL. Pas de légende circulaire.

R/. Identique au revers du n° XIII.

Sur la tranche est frappé le mot ARGENT.

Jeton octogonal en argent de 31 millimètres de diamètre, du poids de 14 gr., frappé en 1879 d'après M. C. Arnoult.

— XXXVII. Droit et revers identiques à ceux du n° XXXVI. Sur la tranche est frappé le mot BRONZE.

Jeton octogonal en bronze de 30 millimètres de diamètre.

— XXXVIII. Buste de femme symbolisant la République, de profil à droite, les cheveux flottants, couronnée de chêne et d'olivier. Le coin n'est pas signé (il serait de Daniel Dupuis ?). Légende circulaire : REPUBLIQUE FRANÇAISE.

R/. Dans un cartouche rond entouré d'un grenetis de perles, est l'inscription, en trois lignes : NOTAIRES | DE L'ARROND^T | D'ORLEANS. Autour du cartouche est une couronne formée d'une branche de chêne et d'une branche d'olivier. Au bas du revers est la signature du graveur H. DUBOIS.

Jeton rond, en argent patiné, de 32 millimètres de diamètre, du poids de   frappé en 1901 d'après M. C. Arnoult.

— XXXIX. Droit et revers identiques à ceux du n° XXXVIII.

Jeton rond, en bronze, de 32 millimètres de diamètre.

— XL. D/. Les armes de la ville d'Orléans timbrées d'une couronne murale et accostées de deux branches d'olivier. Légende circulaire : NOTAIRES DE L'ARRONDISSEMENT D'ORLÉANS. Le coin n'est pas signé.

R/. Neuf écus d'armoiries, disposés sur trois rangs superposés, des neuf chefs-lieux de canton de l'arrondissement d'Orléans : Jargeau, Beaugency, Meung, Artenay, Cléry, Châteauneuf, La Ferté, Patay et Neuville. Au-dessous des deux derniers écus est la signature du graveur CH. MAREY. Tout au bas du jeton est le millésime de l'émission « 1911 ». Légende circulaire : QVÆ CREDIS SACRA — QUOD NOTAMUS LEX.

Sur la tranche est frappé le mot ARGENT.

Jeton rond, en argent patiné, de 33 millimètres de diamètre, du poids de 15 gr., frappé en 1911.

— XLI. Droit et revers identiques à ceux du n° XL. Sur la tranche est frappé le mot BRONZE.

Jeton rond, en bronze patiné, de 33 millimètres de diamètre et du poids de 14 gr. 40.

— XLII. Lors de l'émission de 1911 il a été également frappé quelques exemplaires du jeton n° XL en métal blanc imitant l'argent.

— XLIII. D/. La statue équestre de Jeanne d'Arc, de Foyatier, qui est érigée sur la place du Martroi à Orléans. Pas de signature de graveur ; pas de légende.

R/. Sur le revers est l'inscription en six lignes : COMITÉ | RÉGIONAL | DES NOTAIRES | DU RESSORT | DE LA COUR D'APPEL | D'ORLÉANS.

Sur la tranche est frappé le mot ARGENT.

Jeton rond, en argent, de 35 millimètres de diamètre.

— XLIV. Droit et revers identiques à ceux du n° XLIII. Sur la tranche est frappé le mot BRONZE.

Jeton rond, en bronze, de 35 millimètres de diamètre.

CHAPITRE V

Les offices réunis à la Communauté des Notaires au Châtelet d'Orléans

Nous avons déjà vu, au cours de cette étude, qu'à de nombreuses reprises le pouvoir royal, toujours à court d'argent, avait créé des offices nouveaux dont les fonctions relevaient plus ou moins du notariat, et qu'au bout d'un temps généralement rapproché, les notaires avaient été obligés de *réunir* ces offices, c'est-à-dire de les faire disparaître en les rachetant à beaux deniers comptants.

Nous allons examiner successivement ceux de ces offices que dût réunir la Communauté des Notaires au Châtelet d'Orléans, et qui, en majorité, furent créés sous le règne de Louis XIV.

Maîtres-Priseurs-Vendeurs de meubles. — Avant les créations et réunions dont nous allons parler, il exista un certain nombre de charges qui disparurent et dont les notaires firent les fonctions sans qu'on trouve trace de rachat régulier. De ce nombre sont les *Maîtres-Priseurs-Vendeurs de meubles* créés en 1556 pour exercer des fonctions qui, auparavant, étaient faites par les notaires et les huissiers. Vingt ans plus tard on ordonna la réunion de ces offices à ceux des sergents mais ceux-ci se refusèrent presque partout à les réunir, en sorte que les notaires continuèrent à faire les adjudications mobilières conjointement avec les sergents et huissiers.

Greffier des Notifications. — Un autre office avait été créé en 1581 dans chaque siège royal, celui de *Greffier des notifications*, et sa création avait été confirmée en 1627 et 1637. Les notaires étaient tenus de délivrer à cet officier un état sommaire de tous les décrets, contrats et actes reçus par eux et de lui payer des droits. Cette production d'un état qui devait comprendre les noms des acheteurs et vendeurs, la désignation des choses vendues et leur prix était à la fois onéreuse et gênante pour les notaires qui refusaient de s'y conformer. Et comme l'office était parfois exercé par un de leurs confrères, ainsi qu'il arriva à Orléans en 1638 où le titulaire était Maria Faucheux, notaire au Châtelet, demeurant au Coing Maugars (1), les autres notaires répugnaient à faire connaître à un concurrent le détail des actes qu'ils avaient reçu ; de là naissaient des contestations de toutes sortes qui amenèrent la disparition de cet office à une époque et dans des conditions que nous ignorons. Fût-il supprimé purement et simplement ou bien fût-il racheté par la Communauté ? La seconde hypothèse est de beaucoup la plus vraisemblable.

Gardes-Scels. — Par édits de décembre 1639 et juin 1640 on avait détaché, des offices de *Gardes des Petits Scels des Sentences et Jugements,* la fonction de sceller les contrats et actes passés par notaires et tabellions et créé, en hérédité, des offices de *Gardes des petits Scels des contrats et actes de notaires* « afin de subvenir aux plus pressantes despenses de la guerre ». D'un office de scelleur royal, créé en 1542 pour l'apposition des sceaux sur les sentences et les contrats et déprécié par suite de l'inobservance de cette formalité, on faisait ainsi deux offices distincts. On espérait, grâce à des sanctions sévères allant jusqu'à l'annulation des actes non scellés, que l'apposition du sceau se ferait d'une façon régulière et que, par suite, les offices de Gardes-Scels trouveraient aisément acquéreurs. Mais le nouvel établissement suscita des difficultés et des plaintes sans nombre ; non seulement les parties négligèrent de faire sceller leurs actes, mais les notaires eux-mêmes conseillèrent cette abstention

(1) Il existe aux Archives de la Chambre des Notaires d'Orléans une sommation datée du 4 août 1638 par laquelle Maria Faucheux enjoint à Abraham Lasne, notaire au Châtelet, de lui délivrer, dans le délai d'un mois, les extraits de tous les actes qu'il a reçus et qui sont sujets aux droits.

à leurs clients. Pour remédier à cette situation on décida d'attribuer aux notaires et tabellions le droit de sceller leurs actes moyennant « une modique finance » de laquelle « ils pourront être remboursés en peu de temps et recevoir ledit droit par leurs mains et sans frais en délivrant les actes aux parties ».

L'office de Garde du Petit Scel des Contrats et Actes des notaires fut joint aux offices de Notaires royaux et subalternes du ressort du Parlement de Paris par déclaration du roi et arrêt du Conseil du mois de mars 1646. Les notaires d'Orléans furent taxés au Conseil d'Etat à 200 livres tournois, chacun, pour cette réunion.

En dépit de cette suppression, la Communauté fut obligée, soixante ans plus tard, de racheter un office héréditaire semblable. Un édit de décembre 1691 avait, en effet, érigé un Garde du Petit Scel avec pouvoir de sceller les contrats des notaires d'un scel gravé aux armes de Sa Majesté en placard de cire rouge. En novembre 1696 un second édit avait remplacé, dans toutes les juridictions royales, cet office par un autre office identique de Conseiller du Roi Garde-Scel tant des sentences, jugements et autres actes judiciaires que des contrats et actes des notaires et tabellions. Un tarif des droits à payer à cet officier vint compléter l'édit de 1696 : les contrats de constitution de rente, les inventaires, partages, contrats de ventes, contrats de mariage, donations, dons mutuels, échanges, testaments, transports, titres nouveaux ou reconnaissances, baux à rente ou longues années, transactions portant cession d'immeubles ou constitution de rentes devaient payer 13 sols ; les transactions sur procès, 10 sols ; les baux à loyer, à ferme, à moitié, etc., les contrats de vente de droits mobiliers, 8 sols ; les procurations *ad resignandum*, prises de possession et autres procurations, 6 sols ; les ratifications d'actes, les obligations, transports et marchés au-dessus de 20 livres, tous les actes non énoncés au présent tarif, sauf les quittances, 5 sols ; les obligations, transports et marchés au-dessous de 20 livres, 4 sols ; les brevets d'apprentissage, 2 sols. Le sieur Henry Hucherard fut commis pour la vente de ces offices et, dès le 29 janvier 1697 l'intendant André Jubert de Bouville ordonnait de mettre à exécution l'édit de 1696 dans l'étendue de la Généralité d'Orléans.

Les notaires firent tout leur possible pour s'opposer à l'exécution de l'édit de 1696 et ils obtinrent un commencement de satisfaction par la déclaration du 17 septembre 1697 qui dispensait les titulaires des anciens offices de Gardes-scels d'acheter les nouveaux offices de Conseillers du Roi Gardes-scels des sentences et contrats ; mais, sous le prétexte qu'ils jouiraient dorénavant de droits plus élevés en vertu du nouveau tarif, on les obligea à payer une finance supplémentaire. Les notaires d'Orléans durent s'incliner et, en 1706, moyennant une somme dont je ne connais pas le montant, ils devinrent propriétaires du Petit Scel et eurent le droit de sceller leurs actes avec paraphe.

Greffiers des arbitrages. — Au mois de mars 1673 un édit créa, en titre d'offices formés et héréditaires, un certain nombre de charges de « Greffiers des arbitrages, compromissions, scindicats, directions des créanciers, notaires, gardenottes et tabellions » ; plus simplement on les dénomma *Greffiers des arbitrages* ou *Greffiers des conventions*. Cette création, qui n'était, comme toutes les autres, qu'un moyen pour le Trésor de se procurer de l'argent, semblait cependant inspirée par l'intérêt public. Les procès étant longs et dispendieux étaient souvent terminés, d'un commun accord entre les parties, par des arbitrages. Mais comme les arbitres employaient fréquemment, comme rédacteurs de leurs conventions, des particuliers sans aucun mandat ni caractère officiel, les minutes des arbitrages s'égaraient et il était parfois impossible de les retrouver lorsqu'on en avait besoin. L'édit de 1673 créait des officiers spéciaux chargés de la confection et de la garde des minutes d'arbitrages et, pour rendre leurs offices plus importants et par suite plus faciles à vendre, il leur attribuait des fonctions de notaires, gardes-notes et tabellions qui en faisaient des concurrents redoutables pour les notaires titulaires. Ceux-ci, d'ailleurs, étaient astreints à remettre aux nouveaux officiers toutes les anciennes minutes d'arbitrages déposées dans leurs études et, pour preuve de leur bonne foi, à leur communiquer tous leurs registres et répertoires. Les Greffiers des arbitrages étaient déchargés de tutelles, curatelles, guet et gardes et de toutes autres charges publiques.

Un traitant, Louis Le Febvre, fut commis pour la vente de ces offices, dont le nombre avait été fixé à deux pour Orléans. Peu de temps après la promulgation de l'édit de création l'un des offices trouva acquéreur dans la personne d'un sieur Pierre Poignant. Le 17 octobre 1673 les notaires d'Orléans adressèrent au roi une requête contre la nomination de Poignant, mais, n'ayant pu obtenir gain de cause, ils décidèrent de traiter. Deux des membres de la Communauté, M⁰ˢ Denis Lecoq et Antoine Fieffé, furent envoyés à Paris et se logèrent « rue Galande à l'enseigne des quatre fils d'Aymond » ; ils s'abouchèrent immédiatement avec le sieur Claude Sarreau, commis et procureur de Louis Le Febvre et, le 15 mars 1674, ils traitaient avec lui au nom de leur Communauté pour les deux charges de Greffiers des arbitrages créées à Orléans. Non compris les frais des délégués, il en coûta aux notaires 8.000 livres : 6.750 livres à verser au Trésorier des parties casuelles, 750 livres pour les deux sols par livre à payer à Le Febvre et enfin 500 livres remis à Sarreau en une lettre d'échange tirée sur les sieurs Boucher et de Lescluse, notaires à Orléans, « pour frais de significations faites à la Communauté, gages du Commis préposé pour l'exercice desdites charges, de celuy chargé des diligences, loyers de l'Étude dudit Commis, etc. » ; la moitié du prix principal fut soldée en un billet de 3.750 livres de M. Clergeau, du 21 mai ; les autres 3.750 livres furent payées en argent le 17 septembre 1674 par Guillaume Hubert, notaire à Orléans.

Notaires royaux apostoliques. — En exposant, dans la première partie de cette étude, les origines du notariat en France, nous avons eu déjà l'occasion de montrer ce qu'étaient les notaires apostoliques, qui, institués d'abord par le Pape, puis commissionnés par les évêques dans leurs diocèses respectifs, avaient fini par disparaître peu à peu devant les notaires royaux. A la fin du XVIIe siècle, il restait cependant encore quelques-unes de ces charges, mais elles étaient de bien minime importance puisqu'elles se bornaient presque exclusivement à la réception des actes relatifs aux bénéfices (1). Les notaires apostoliques, ne pouvant rédiger que des contrats dont l'exécution était d'autant plus aléatoire qu'ils n'emportaient pas hypothèque, avaient vu s'éloigner leur clientèle. N'étant pas créés en titres d'offices, ils n'étaient pas, comme les notaires royaux, tenus de conserver leurs minutes pour les transmettre à leurs successeurs. S'ils n'opéraient plus comme les anciens notaires de Cour ecclésiastique qui, à Orléans, rédigeaient de véritables *chartes parties* que les contractants se partageaient entre eux (2), en revanche, pour n'avoir pas à conserver de minutes, ils se contentaient de délivrer des actes en brevets. Il en résultait un certain désordre et une gêne sérieuse pour ceux qui ayant eu recours à leur ministère avaient ultérieurement besoin de remplacer un acte égaré ou perdu.

Un édit de décembre 1691 prit prétexte de cette situation pour supprimer toutes les charges de notaires apostoliques qui existaient encore et créer des offices héréditaires de *notaires royaux apostoliques*. De sa propre autorité, le roi

(1) Nous avons relevé à Orléans quelques noms de notaires apostoliques dont plusieurs étaient en même temps notaires au Châtelet : Guillaume Fieffé en 1662 ; Alexandre Basly en 1662 ; Jean Sougy en 1664 ; Etienne Delavau en 1667 ; François de Saint-Mesmin en 1683 ; François Poullin en 1692 ; Pierre Ducloux en 1693 ; Jacques Ravé en 1692 ; Michel Haillard en 1693.

(2) Avant l'édit de création des Notaires d'Orléans par Philippe le Bel, il y avait en cette ville des notaires de Cour ecclésiastique qui rédigeaient par écrit en langue latine les contrats et conventions faits de bonne foi entre les parties contractantes et dont ils délivraient à chacune des parties un écrit fait double des deux côtés d'une peau de parchemin dans le milieu de laquelle ils écrivaient ce mot « *chirographus* » et ensuite ils la coupaient en deux, laissant le haut des lettres d'un côté et le bas de l'autre et chacune des parties avait son acte en même forme en haut duquel, à l'extrémité, paraissait la moitié de ce *Chirographus* ainsi coupé. (Bibliothèq. d'Orléans, ms 985, pièce 3 *bis*).

se substituait au pape et aux évêques. Huit offices furent
créés pour le diocèse d'Orléans avec pouvoir de postuler
même dans l'Officialité et dans les Cours ecclésiastiques du
diocèse à l'exclusion des procureurs des bailliages sénéchaus_
sées ou autres sièges et de jouir, en qualité de Notaires
royaux et apostoliques, des mêmes droits, profits, émoluments, honneurs et rangs attribués par les règlements aux
notaires royaux d'Orléans et, comme procureur de l'Officialité, de droits et salaires identiques à ceux que percevaient les procureurs des Sièges royaux. Les nouveaux notaires royaux apostoliques avaient le droit exclusif de passer les actes en matières bénéficiales ; en outre, ils pouvaient, comme les notaires royaux, recevoir tous actes émanant de personnes ou de communautés ayant un caractère
ecclésiastique ou relatifs à ces personnes, à ces communautés ou à leurs biens. On verra un peu plus loin, par le tarif
des droits à percevoir, combien ces actes étaient nombreux
et quel préjudice la nouvelle création allait causer aux notaires au Châtelet d'Orléans. Par un arrêt du Conseil du
18 mars 1692 il fut ordonné qu'une bourse commune serait faite entre les notaires apostoliques et que ceux-ci seraient exemptés du logement effectif des gens de guerre, de
la collecte des tailles, de tutelle, de curatelle, de guet et
garde et de toutes autres charges publiques.

Ne pouvant lutter contre une telle concurrence, les notaires au Châtelet d'Orléans résolurent de traiter et offrirent
de se charger du paiement de la finance des huit offices de
notaires apostoliques, à la condition que la répartition de
la somme à payer fut faite non seulement sur eux mais sur
tous les autres notaires royaux du diocèse. Après avis favorables de l'intendant André Jubert de Bouville, marquis de
Bizy, et du contrôleur général des finances Phelypeaux de
Pontchartrain, le roi consentit à faire l'union des huit offices de notaires apostoliques aux offices de notaires royaux
du diocèse et le Conseil d'État fixa, le 29 juin 1694, à
9.600 livres et les 2 sols pour livre de ladite somme, la
finance à payer, dans un délai de deux mois, par les notaires au Châtelet entre les mains de Me Antoine Gatte chargé
par Sa Majesté de la vente.

Dès le 5 août 1694 un commandement était adressé, à la requête d'Antoine Gatte pour lequel domicile était élu en son bureau à Paris, rue Neuve des Bons Enfants, paroisse Saint-Eustache, et à Orléans, en la maison de M⁰ François Guérin, rue et paroisse de Saint-Pierre-Empont, chargé de la procuration dudit sieur Gatte, par Jacques Vitray, premier huissier-audiencier du roi en la Prévôté d'Orléans, y demeurant rue Porte-Bourgogne, paroisse Saint-Pierre-Empont, à M⁰ Boucher, syndic des Notaires au Châtelet en son domicile, rue Porte-Bannière, paroisse Saint-Pierre-Ensentelée, de payer 10.560 livres, outre celle de 95 livres 6 sols 3 deniers pour les frais des expéditions des arrêts et commission.

La Communauté, loin d'obtempérer au commandement signifié à son syndic, continua des négociations en vue d'obtenir des conditions plus favorables. Le 7 décembre 1694 un arrêt du Conseil d'Etat était rendu sur sa demande, après avis de l'Intendant et du Contrôleur général des finances ; il modérait à 5.000 livres, non compris les 2 sols pour livre, la finance des huit offices de notaires apostoliques. Mais là ne s'étaient pas bornées les réclamations des notaires d'Orléans. A la réflexion ils s'étaient rendu compte de la difficulté qu'ils éprouveraient à se faire rembourser la quote-part incombant aux autres notaires royaux du diocèse et, pour éviter toute contestation, ils avaient demandé que les offices de notaires apostoliques fussent réunis aux seuls Notaires au Châtelet d'Orléans. Un arrêt du Conseil d'Etat, en date du 18 janvier 1695, leur donna gain de cause ; il annulait l'arrêt antérieur du 29 juin 1694, réunissait aux seuls offices de notaires royaux au Châtelet d'Orléans les huit offices de notaires apostoliques du diocèse et permettait aux notaires au Châtelet de faire exercer les offices de notaires apostoliques par huit d'entre eux nommés à la pluralité des voix et qui jouiraient, seuls, des privilèges et exemptions portés par l'édit de décembre 1691.

Un supplément de finance fut exigé des notaires d'Orléans pour la confirmation des charges de notaires apostoliques réunies à leur Communauté. Un édit de mars 1708,

les taxant à 3.000 livres, non compris les 2 sols pour livre,
fut modéré à 1.500, plus les 2 sols pour livre. Pour payer
cette somme la Communauté décida d'emprunter 1.800
livres à constitution de rente et, en l'absence du syndic
Godefroy, elle chargea son doyen, Me P. Thué, de contracter cet emprunt. Elle avait bien tenté de s'opposer à l'exécution de cet édit mais, en 1709, Jean le Doux, de Paris,
ayant fait saisir et menaçant de faire vendre les meubles de
plusieurs notaires, elle dut s'incliner.

Plutôt que de nommer huit d'entre eux pour exercer les
fonctions de notaires apostoliques, comme l'avait ordonné
l'arrêt de 1695, les notaires au Châtelet préférèrent donner
ces charges à bail à l'un d'eux qui nommait trois de ses
confrères pour lui servir d'adjoints. Me Cavel, le précédent
fermier, se fit adjuger à nouveau le notariat apostolique
en 1707 moyennant 260 livres par an ; ses adjoints étaient
alors Mes François Rou, Etienne Saulger et Gabriel-François
Martin. En 1715, ce fut Me Odigier qui s'en rendit adjudicataire moyennant 400 livres par an ; il nomma, pour ses
adjoints, Mes F. Rou, P. Ducloux et J. Mauduison. En 1721
le bail fut renouvelé au même Me Odigier, moyennant
450 livres par an ; Mes Rou, P. Thué l'aîné et Ph.-Et. Jullien lui servirent d'adjoints ; en 1727 le bail fut consenti
au même prix au même fermier, mais pour un an seulement. Le 3 avril 1728 Me Michel Godeau prit à ferme le notariat apostolique pour 410 livres par an et choisit pour
adjoints Mes P. Robillard, Claude Delaroue et Gabriel
Godeau. Six ans plus tard, le 15 mars 1734, le notariat
apostolique était affermé moyennant 410 livres par an à
Me Jean Mallier ayant pour adjoints Mes P. Robillard l'aîné,
Michel Godeau le jeune et Etienne Aignan ; le même
Me Jean Mallier le reprit à nouveau pour neuf ans, en
juillet 1739, à raison de 450 livres par an.

Afin de récupérer leur fermage et d'augmenter leur gain,
les fermiers du notariat apostolique avaient, paraît-il, ten-
dance à augmenter outre mesure les frais des actes qu'ils
recevaient. Pour mettre fin à ces abus « le sieur Evêque et
les Syndics et Députés du diocèse d'Orléans » adressèrent au

Roi une requête pour être autorisés à rembourser les acquéreurs et titulaires des offices de notaires royaux apostoliques
et à les réunir au Clergé pour les faire exercer par telles
personnes capables et de qualité requise qu'il lui plairait
choisir. Le 16 mai 1744, ils obtinrent un arrêt du Conseil
d'Etat en ce sens. Mais, sur l'opposition des notaires au
Châtelet d'Orléans un second arrêt du Conseil rendu le
15 février 1746 vint annuler le premier et ordonna que les
arrêts des 29 juin 1694 et 18 janvier 1695 seraient exécutés
selon leur forme et teneur et que, en conséquence, les
notaires au Châtelet continueraient d'exercer les fonctions
de notaires apostoliques ; le clergé était en outre condamné
aux dépens.

Le 23 mars 1747 un compromis fut tenté entre les deux
parties et les notaires offrirent d'établir un tarif des droits
de tous les actes du notariat apostolique. Le clergé refusa
de signer ce compromis et l'instance fut reprise ; pour
frayer aux dépens du procès chaque notaire s'engagea à
verser 12 livres. Par les soins du syndic du diocèse une
nouvelle requête fut présentée et signifiée le 14 juin 1747
pour s'opposer à l'arrêt de 1746 ; mais, le 30 juin, grâce à
la médiation du Lieutenant-général, l'affaire se termina
heureusement. Un projet de tarif des droits qui seraient
perçus à l'avenir pour la réception et la signification des
actes concernant l'office de notaire apostolique fut adopté,
souscrit et proposé au Conseil d'Etat tant par le sieur Evêque,
le Syndic et les Députés du Clergé d'Orléans que par les
Notaires royaux au Châtelet, et le sieur Barentin, intendant
de la Généralité. A la suite de cette entente, un arrêt du
Conseil d'Etat du roi en date du 30 avril 1748 maintint et
confirma les notaires au Châtelet d'Orléans dans l'union,
faite à leurs offices par l'arrêt du 18 janvier 1695, des
charges de Notaires apostoliques du diocèse d'Orléans créés
par l'édit de 1691, à la charge par lesdits notaires au Châtelet d'exercer par eux-mêmes les fonctions de Notaires
apostoliques. « Ordonne Sa Majesté qu'ils ne pourront
nommer aucun de leur Communauté en particulier pour
l'exercice desdits offices, ni les affermer, à l'effet de quoi

S. M. a cassé et annulé le bail actuellement subsistant de
l'exercice desdits offices ; permet néanmoins S. M. aux
autres notaires royaux du diocèse d'Orléans, chacun dans
son district, éloignés de trois lieues de la ville d'Orléans
et au-delà, de recevoir, lorsqu'ils en seront requis, les actes
de résignation, permutation, démission, révocation et répudiation de bénéfices des bénéficiers qui seront domiciliés
èsdites villes, bourgs et paroisses..... ordonne en outre
S. M. que la moitié de tous les émoluments des minutes
des actes concernant le Notariat apostolique reçues ou
signifiées par les notaires au Châtelet sera rapportée à la
bourse commune desdits notaires et que l'autre moitié
demeurera au notaire qui aura reçu, signifié ou publié
l'acte. Fait S. M. défenses auxdits notaires, d'exiger et percevoir autres ni plus grands droits que ceux portés au
tarif à peine de concussion et de répétition contre eux du
quadruple. »

Il est, à mon avis, intéressant de reproduire les trente et
un articles du tarif (1) annexé à l'arrêt du 30 avril 1748
parce qu'ils donnent l'énumération des divers actes rele-
vant du ministère des notaires apostoliques :

I. Procuration pour résigner, même avec réserve de
pension, permuter, rétrocéder, requérir Bénéfices, en donner sa démission, en prendre possession, minute . . . . 4 livres.

II. Procuration pour consentir création ou extinction
de pension, minute . . . . 2 livres

III. Révocation des procurations et rétractations des
révocations . . . . 2 livres

IV. Procuration pour insinuer et notifier les grades. 2 livres

V. Signification et notification des grades pour la
première fois. . . . . 3 livres.

VI. Notification réitérée. . . . . 2 livres

VII. Les concordats et transactions entre deux ou plusieurs ecclésiastiques pour matières bénéficiales
seront payés suivant le travail (sauf contestation
et appel au Conseil) . . . .

(1) Bibliothèque d'Orléans, recueil B. 2787, pièce 10 imprimée.

VIII. Cession ou donation d'indult, cession et dona-
tion de patronage . . . .   3 livres
IX. Echange de droit de patronage. . . . . . .   4 livres
X. Démission pure et simple et rétrocession de bénéfices. . . . .   4 livres
XI. Permutation de bénéfice. . . . .   4 livres
XII. Prise de possession des évêchés et abbayes
d'hommes et de filles. . . . .   24 livres
XIII. Prise de possession de tous les autres bénéfices.   5 livres
XIV. Opposition à prise de possession, réquisition
d'ouvertures de portes, sommation d'assembler
les chapitres ou communautés, actes de refus,
signification de brefs, rescrits, bulles, lettres
d'indult, joyeux avènement, brevets de régale
et toutes sommations ou interpellations. . . .   4 livres
XV. Collation, présentation, représentation, élection de
dignité, acceptation, confirmation, intronisation.   3 livres
XVI. Commission pour le déport. . . . .   2 livres
XVII. Réquisition de *visa*, provision et autre réquisition, fulmination de bulles, rescrits, signatures
apostoliques, publication de prise de possession.   4 livres
XVIII. Répudiation de provisions . . . .   2 livres
XIX. Signification de revocation de procuration, de
retractation de revocation et autre signification.   3 livres
XX. Aux informations de vie et de mœurs sur les nommés par le Roy aux évêchés et qui sont envoyées
au Pape afin d'obtenir les bulles de provisions,
les Notaires auront pour la minute 10 sols pour
l'audition de chaque témoin. . . . .   0.10 s.
XXI. Procès-verbal de consécration d'église, bénédiction de chapelles domestiques. . . . . .   6 livres
XXII. Procès-verbal de donation de reliques. . . .   4 livres
XXIII. Compromis, procuration pour compromettre.   2 livres
XXIV. Les vacations aux Sentences arbitrales en matière bénéficiale seront taxées par le lieutenant-
général sauf appel au Conseil.
XXV. Il sera payé aux Notaires le tiers des droits ci-
dessus pour les expéditions de tous les actes énoncés dans le présent tarif.
XXVI. Copies de pièces signifiées lors de la notification
des grades, 10 sols chaque pièce . . . . . .   0.10 s.

XXVII. Lorsque les Notaires seront requis de passer quelque acte dans la nuit, leurs salaires seront payés au double.

XXVIII. Les droits ci-dessus détaillés seront payés aux Notaires pour tous les actes passés dans les lieux de leur résidence ou à une demi-lieue au-delà.

En cas de transports, ils recevront 8 livres par jour, outre leur travail, pour frais de voiture et de nourriture.

La journée sera comptée par quatre lieues de distance y compris le retour, ce qui fait 8 livres l'aller et le retour compris.

Le notaire qui se transportera depuis demie-lieue jusqu'à deux lieues de sa résidence aura 4o sols outre sa minute et de deux lieues jusqu'à trois, 1oo sols.

XXIX. Lorsque les bénéficiers requéreront un notaire au Châtelet d'Orléans de préposer un Notaire royal sur les lieues, ils paieront audit Notaire au Châtelet. . . . . 4 livres.

XXX. Outre les droits ci-dessus énoncés les Notaires seront encore remboursés de leurs déboursés de controlle, papier, parchemin, timbre et insinuation.

XXXI. Les notaires royaux du diocèse n'auront pour les actes qu'ils passeront comme notaires apostoliques que les deux tiers des droits ci-dessus réglés.

En conséquence de l'arrêt du 3o avril 1748 et du tarif annexé, chacun des trente-trois notaires au Châtelet d'Orléans fit désormais les fonctions du Notariat apostolique.

Commissaires et greffiers aux inventaires. — Depuis un temps immémorial, la confection des inventaires avait été la source de contestations continuelles entre les Magistrats du bailliage et les notaires, chacun de ces corps prétendant avoir le droit exclusif de les faire. Pour mettre tout le monde d'accord, le Roi, par édits de mai 1622 et décembre 1639, avait créé des Commissaires spéciaux pour la confection des inventaires des défunts et des Greffiers destinés à

assister les Commissaires et rédiger les actes. Cette création, qui d'ailleurs n'avait été ordonnée que dans les ressorts des parlements de Toulouse, Bordeaux et Aix, n'avait
pas eu grand succès et un petit nombre de ces offices nouveaux avaient été levés. D'autre part, comme il n'y avait
pas eu de création semblable dans le ressort des autres parlements, l'attribution de la confection des inventaires était
toujours aussi incertaine et les conflits continuaient entre
les divers officiers qui prétendaient à ces fonctions. C'est
dans ces conditions qu'un édit, donné à Versailles en
mars 1702 et registré en parlement le 15 mars de la même
année, vint supprimer les offices déjà créés de Commissaires et Greffiers aux Inventaires et créa de nouveaux officiers pour en faire les fonctions dans toute l'étendue du
royaume, sauf à Paris où les Notaires étaient en possession
de faire les inventaires. On fixa à quatre le nombre des offices à créer dans les villes où il y avait cour supérieure :
Orléans, Tours, Angers, Poitiers, La Rochelle, Marseille,
Lyon, Reims, Chalons, Amien, Arras et Caen. Cet édit
donnait aux seuls Commissaires aux inventaires le droit
de procéder à l'apposition et à la levée des scellés et aux inventaires des biens meubles et immeubles des défunts, même
à ceux qui seraient ordonnés par justice lors de banque-
route et faillite. Le roi semblait prendre ainsi l'intérêt du
public en remettant un peu d'ordre dans les attributions
d'officiers rivaux ; en réalité, il se bornait à augmenter
d'une unité le nombre des édits bursaux qu'il avait déjà
signés.

Pour que la vente de ces offices fût plus facile, on avait
eu soin de déclarer qu'ils pourraient être réunis au corps
des officiers des bailliages, aux communautés de notaires
ou à d'autres compagnies semblables. A Tours le lieutenant-
général et les juges du Présidial devancèrent les offres des
notaires et se firent attribuer ces offices. A Orléans au contraire une entente eut lieu entre les divers magistrats et les
notaires au Châtelet et fut confirmée par un arrêt du Conseil d'Etat du 28 août 1703. Cet édit ordonnait la réunion
des huit offices de Commissaires et de Greffiers aux inven-

taires dans les conditions suivantes. Les notaires au Châtelet d'Orléans feront *seuls* tous les inventaires et descriptions des biens meubles et immeubles, titres, papiers et enseignements des personnes majeures ou mineures venant à décéder et ceux qui seront ordonnés par justice dans tous les lieux où la Justice appartient à Sa Majesté ; pour chaque vacation il leur sera payé 3 livres 10 sols, outre leur grosse. Les lieutenant-général et prévôt pourront assister avec leurs greffiers, s'il est besoin, à la confection de ces inventaires, lorsqu'ils en seront requis par l'une des parties ; lesdits lieutenant-général et prévôt, assistés de leurs greffiers, feront, à l'exclusion des notaires, tous les inventaires dans les cas royaux ; de même ils feront, en la manière accoutumée, les affirmations et clôtures des inventaires. Cette réunion qui coûta 12.000 livres et les 2 sols pour livre fut répartie entre les divers intéressés :

278 livres furent payés par Gabriel Curault, lieutenant-général.

800 livres, par Elie Delafons, prévôt d'Orléans.

347 livres, par Me Delaistre, conseiller de la Cour de parlement de Paris, et consorts, propriétaires du greffe du bailliage et siège présidial d'Orléans.

1.075 livres, par Marie-Magdeleine de la Pallu, veuve de Me Georges Le Portier, propriétaire du greffe de la prévôté d'Orléans.

9.500 livres, par la Communauté des Notaires au Châtelet d'Orléans.

Le prix principal fut versé entre les mains du trésorier des Revenus casuels ; les 2 sols pour livre, dans celles de Jacques Lalou chargé de la vente de ces offices.

Quelques années plus tard, une nouvelle contribution fut exigée des acquéreurs par un édit donné à Fontainebleau au mois d'août 1711, registré en parlement, portant création d'augmentation de gages héréditaires sur le pied du denier vingt et attribution d'icelle aux offices de Commissaires et Greffiers aux inventaires créés en 1702, qu'ils aient été vendus ou réunis ou qu'ils restent à vendre. Les considé-

rants de l'arrêt de 1711 sont très curieux : « la plus grande
partie des offices a été acquis par des particuliers et les
autres réunis aux officiers des sièges et aux notaires des
lieux qui en faisaient cy-devant les fonctions pour des
finances modiques dont Nous sommes informés qu'ils ont
été remboursés et bien au-delà par les Vacations et Droits
qu'ils ont perçus en conséquence dudit Edit sans avoir
d'ailleurs contribué, comme tous les autres Officiers, aux
besoins de notre état, ce qui aurait donné lieu à plusieurs
propositions qui nous auraient été faites de supprimer ces
offices pour les créer de nouveau et en tirer une finance
proportionnée aux Gages, Vacations et Droits qui y ont été
attribués : mais comme nous voulons préférer l'intérêt particulier de ces officiers au nôtre, nous avons seulement ré-
solu de les y confirmer, afin qu'ils puissent à toujours y
être maintenus et en jouir paisiblement et en même temps
de leur attribuer des augmentations de gages au denier
vingt. »

En conséquence de l'édit d'août 1711, la Communauté
des Notaires au Châtelet d'Orléans fut taxée à 6.000 livres
en principal et 600 livres pour les 2 sols par livre, qui furent
payées entre les mains de Jean-Jacques Clément chargé du
recouvrement de la finance de l'augmentation des gages des
Commissaires et Greffiers aux inventaires. Cette augmentation de gages représentait environ 300 livres par an pour
les notaires. C'était payer fort cher la confirmation d'offices qui furent supprimés en septembre 1714 comme contraires aux règlements et à l'intérêt public et dont les fonctions continuèrent à être disputées aux notaires par les magistrats du Bailliage.

Notaire royal du Grenier à sel. — Une autre création d'office suivit de près celle des Commissaires aux inventaires.
Le trésor royal épuisé avait de pressants besoins pour soutenir la lutte engagée contre l'Europe entière et les créations d'offices constituaient l'un des moyens les plus sûrs
de se procurer de l'argent. En février 1704 un édit créa,
dans chaque Grenier à sel du royaume, un office de Notaire

royal du Grenier à sel, à qui était réservé le monopole des
actes relatifs aux Gabelles et qui avait, en outre, la faculté
de passer toutes sortes d'actes. Une déclaration du 11 novembre de la même année vint préciser les attributions et
les privilèges des nouveaux officiers qui étaient non-seulement exemptés de toutes les charges publiques mais avaient
encore la jouissance d'un demi-minot de sel de franc salé.

S'ils étaient généralement de très peu d'importance, les
actes ressorissant au Grenier à sel étaient alors extrêmement nombreux. Chaque chef de famille était astreint à
l'achat d'une quantité de sel souvent supérieure à sa consommation et toujours payable comptant. Or la misère était
si grande que beaucoup ne pouvaient payer et que, par
nécessité, on devait leur faire crédit en se contentant d'exiger d'eux une reconnaissance notariée pour *prêt de sel*. De
plus, la faculté de recevoir toutes sortes d'actes faisait du
Notaire au Grenier à sel un concurrent redoutable pour
les autres notaires royaux. Aussi les notaires au Châtelet
d'Orléans s'empressèrent-ils de demander la réunion de ce
nouvel office à leur Communauté. Par déclaration du roi
du 11 novembre 1705 la réunion fut accordée « pour en
faire par lesdits notaires alternativement les fonctions et
jouir en commun des droits et émoluments dont ils feront
Bourse commune entre eux sans qu'ils soient obligés de
prendre aucunes lettres de provisions, prêter nouveau serment, ni se faire recevoir par devant les officiers des Greniers ni ailleurs ; avec faculté auxdits notaires d'éteindre
ou revendre ledit office et jouir par eux ou par ceux qui
pourraient acquérir d'eux ledit office des droits, privilèges,
exemptions, franc-salé et autres attributions portés par ledit
Edit et par la Déclaration du 11 novembre ». Pour cette
union ils furent taxés à la somme de 2.250 livres payée le
12 mars 1706 à Bertin, trésorier général des Revenus Casuels et à celle de 225 livres pour les 2 sols par livre versée
le 1er juin 1706 à Jacques Lalou chargé de la vente des offices de Notaires royaux gardes-notes dans tous les Greniers
à sel du royaume. Ces sommes furent prises sur les
2.400 livres empruntées par la Communauté des sieurs De

la Roche et Brèthon, par contrat du 17 mars 1705, avec hypothèque et privilège spécial sur l'office réuni. Le notariat du Grenier à sel ne fut pas exercé par chaque notaire en particulier, mais donné à bail ; en mars 1705 il fut affermé pour six ans à M⁰ Antoine Sevin, notaire au Châtelet, qui en fit seul les fonctions. En 1708, M⁰ Charles Recullé, successeur de Sevin, offrit de prendre la suite du bail, mais il fit remarquer que les affaires avaient beaucoup diminué « par la misère et pauvreté, se passant peu d'actes d'obligations concernant les emprunts du Scel que font les particuliers de campagne ». Il n'offrait en conséquence, que 120 livres par an montant des arrérages annuels des principaux des emprunts faits pour le paiement de la finance de notaire au grenier à sel. La Communauté accepta ces offres ; le 24 mars 1711, M⁰ Pierre Robillard, l'un des notaires au Châtelet, s'en rendait adjudicataire moyennant 63 livres par an. Cet office fut supprimé en 1718.

Notaires Syndics. — Les notaires au Châtelet d'Orléans n'avaient pas encore parfait le paiement de la finance de la charge de Notaire du Grenier à sel que d'autres offices étaient déjà créés qui menaçaient d'apporter un trouble profond dans les fonctions du notariat. Un édit du roi de mars 1706, registré en parlement le 14 avril, avait en effet créé en titre d'offices formés et héréditaires douze Conseillers Syndics des notaires au Châtelet de Paris, deux Conseillers Syndics dans les villes possédant au moins huit notaires et un dans celles où il y en avait au moins quatre. On rappelait dans cet édit, avec beaucoup plus d'assurance que de sincérité, que des Syndics avaient déjà été établis dans la plupart des Communautés d'officiers et autres du royaume et que leur établissement avait paru si utile et si avantageux au bien de ces communautés qu'on avait considéré comme nécessaire d'en établir dans les compagnies de notaires. Les nouveaux notaires syndics devaient exercer « mêmes et semblables fonctions que font les autres Notaires royaux des lieux où ils seront établis et en outre celles de Syndics des Communautés desdits notaires royaux », en remplacement des Syndics élus, et « en cette qualité jouir des droits, salaires,

honneurs, privilèges des Syndics électifs, recevoir tous les
deniers entrans en bourse commune pour les employer suivant les délibérations de leurs Communautés, passer comme
notaires toutes sortes d'actes et contrats concurremment
avec les autres notaires royaux et *signer en second* tous les
actes passés par les autres notaires royaux des lieux où ils
seront établis, à l'exclusion de tous autres, et jouir par lesdits Syndics, pour raison de ce, de 2 sols 6 deniers pour
chaque acte en brevet. » Le salaire des Syndics pour les
autres actes était fixé à 1 sol par rôle de grosse. Pour les
actes signés en second par les Syndics, les notaires royaux
étaient dispensés de se faire assister de deux témoins, sauf
pour les testaments où les deux témoins demeuraient nécessaires ; mais les testaments devaient également être signés en second par les Syndics. Une dernière clause particulièrement aggravante stipulait que les actes qui ne seraient pas signés en second par les Syndics ne pourraient
porter aucune hypothèque ni avoir aucune exécution. L'é-
dit de 1706 permettait aux Communautés de notaires d'acquérir les nouveaux offices en corps ou en particulier et il
leur accordait la préférence dans un délai de trois mois.

Les notaires de Paris s'empressèrent de réunir les offices
de notaires-syndics et ils en obtinrent la suppression le
28 mai 1707 ; ceux d'Orléans, au contraire, laissèrent les
négociations traîner en longueur dans l'espoir que l'édit de
création serait bientôt annulé. Il en résulta que, malgré une
Déclaration du 28 avril 1708 portant réunion à la Communauté des deux offices de Conseillers du Roy Notaires Syndics établis à Orléans, ces deux offices furent levés par un
sieur René Froger qui obtint des provisions le 12 août 1708.
Les notaires au Châtelet s'opposèrent à sa réception par le
lieutenant-général du Bailliage et, pour éviter un procès,
Me Froger consentit verbalement à la réunion à leur Communauté des deux offices qu'il avait achetés, moyennant
qu'on lui rembourserait la finance, les 2 sols pour livre,
les frais et faux-frais et les intérêts des sommes payées par
lui.

Dans ces conditions, les notaires n'avaient qu'à accepter

les offres de M° Froger et à payer pour supprimer des offices aussi gênants pour eux. Le syndic des notaires était alors M° Louis Godefroy qui, le 28 juin 1708, à la suite d'une scène scandaleuse, avait été exclu de la Compagnie. « Pour le refus et négligence du Syndic », le Doyen convoqua la Communauté le 5 octobre pour mettre ses membres au courant de la situation. Dans cette séance on délibéra d'accepter la réunion des deux offices, de rembourser M° Froger, et, en vue de ce remboursement, d'emprunter 4.000 livres à constitution de rente en affectant à la sûreté de l'emprunt les deux offices réunis et les droits y attribués et, en outre, les offices des notaires. Bourse commune devait être faite de tous les droits attribués aux charges de Notaires Syndics ; tous les six mois, la Communauté nommerait trois de ses membres pour signer en second et apposer le scel sur les actes et les droits perçus par eux seraient employés à l'acquittement des rentes créées. Une modification fut apportée le 13 mai 1709 à cette délibération et la Communauté décida de procéder, tous les trois mois, à la nomination de six notaires pour faire les fonctions de Notaires Syndics.

Ces charges n'eurent, d'ailleurs, qu'une durée éphémère. Un édit du roi, donné à Paris en décembre 1717 et registré en parlement le 31 décembre 1717, vint les supprimer et rendre aux Communautés de notaires le droit d'élire leurs syndics. « Les offices de Notaires Syndics, dit l'édit de suppression, sont à charge à nos peuples tant par les droits dont jouissent les propriétaires de ces offices sur les actes et expéditions que par la faculté de signer seuls en second les minutes et les grosses des actes ». Les titulaires furent, en conséquence, réduits aux seules fonctions de notaires et privés des droits attribués à ces charges et notamment de la signature en second.

Mais comme cette suppression n'annulait pas les emprunts contractés par les Communautés pour réunir ces offices et qu'elle supprimait les gages de ces emprunts garantis par les droits à percevoir, il fallut aviser aux mesures à prendre pour remplacer le produit de ces droits. Par délibération du 27 janvier 1718 la Communauté des Notaires au Châtelet d'Orléans décida que tous ses membres paieraient les arrérages des rentes dues pour la réunion des offices supprimés au moyen de taxes sur certains actes.

Conseillers-Commissaires aux Prisées et Ventes de meubles. — Parmi les charges dont la réunion fut imposée à la Communauté des Notaires au Châtelet d'Orléans, celles de Commissaires aux Prisées et Ventes de meubles sont particulièrement importantes. L'exercice de ces fonctions ou, plutôt, les exemptions qui étaient attachées à ces offices furent en effet, comme on le verra plus loin, l'origine d'un long procès entre la Municipalité et la Communauté des Notaires d'Orléans.

Un édit du mois d'août 1712, enregistré au Parlement le 2 septembre de la même année, avait créé et érigé, dans toutes les villes du royaume où il y avait « Justices royales », des offices de Conseillers-Commissaires aux Prisées et Ventes de meubles. Ces Conseillers-Commissaires devaient assister à tous les ventes mobilières, forcées ou volontaires, faites par les Huissiers-Priseurs. Prévenus par ceux-ci, les Conseillers-Commissaires se rendaient aux ventes qui avaient lieu, en hiver, à 8 heures du matin et à 2 heures du soir et, en été, à 7 heures du matin et à 3 heures de l'après-midi ; si la vente n'était pas ouverte à l'heure réglementaire, l'Huissier-Priseur n'avait droit qu'à une demi-vacation. Au commencement et à la fin de chaque vacation, les Commissaires apposaient leur signature sur le procès-verbal et, durant le cours de la vente, écrivaient, en marge de chaque article, le prix atteint par les meubles vendus. Dans le cas où de la vaisselle d'argent se trouvait parmi les objets de la vente, c'était au Commissaire qu'incombait le soin d'en prendre possession, conformément aux édits et règlements en vigueur, et de la porter aux Hôtels des Monnaies ; nous sommes, en effet, à l'époque où les malheurs de l'Etat obligeaient tout le monde, suivant l'expression de Saint-Simon, à « se mettre en faïence ». A la fin de chaque vacation, l'argent provenant du prix des meubles était remis par l'Huissier-Priseur au Commissaire

qui consignait cette recette sur un registre paraphé par le
Lieutenant civil et en remettait le montant aux intéressés
huit jours plus tard, s'il n'y avait pas d'oppositions ; en cas
d'oppositions formées entre leurs mains dans les vingt-
quatre heures de la vente, les Commissaires étaient tenus
de déposer l'argent dans la caisse des Receveurs des Consignations si, à la fin du mois qui suivait l'achèvement de la
vente, il subsistait deux oppositions.

Comme rémunération de leurs peines et « afin qu'ils
puissent donner toute l'application nécessaire à l'exercice
de leurs Offices », les Conseillers-Commissaires percevaient,
pour leur assistance aux Procès-Verbaux de prisées, les
mêmes droits que les Huissiers qui les établissaient. De plus,
ils avaient 6 deniers pour livre du prix des ventes forcées,
et 3 deniers dans le cas de vente volontaire ; cependant,
même dans ce dernier cas, ils percevaient 6 deniers comme
pour les autres ventes, lorsqu'une opposition subsistait
jusqu'à la clôture de la vente. Il leur était alloué 5 sols pour
visa et enregistrement de chaque opposition. En plus de la
vacation, taxée à 3 livres, les Conseillers-Commissaires
avaient droit, pour frais de voyage lorsqu'ils travaillaient à
la campagne, à 25 sols d'indemnité pour la première lieue
de distance et 20 sols pour chacune des autres. Les Conseillers-Commissaires d'une même ville devaient faire bourse
commune des droits à eux attribués par l'édit de 1712 ; un
simple préciput était prélevé par celui qui avait assisté à
la vente.

Divers privilèges et exemptions étaient attachés aux
charges de Conseillers-Commissaires ; outre le droit de
Committimus en la Chancellerie du Palais, ces officiers
jouissaient, chacun, d'un minot de franc-salé ; ils étaient
exemptés de toutes fonctions de tutelle et curatelle, du logement des gens de guerre tant dans les maisons qu'ils occupaient que dans celles qui leur appartenaient, de la collecte, de la taille et du sel, guet, garde et autres charges de
Ville et de Police ; enfin ils ne pouvaient être augmentés à
la Taille ou à la Capitation pour raison de l'acquisition d'un
ou plusieurs des offices de Conseillers-Commissaires.

Les charges étaient possédées à titre de survivance ; et, lors des mutations, les titulaires devaient payer le huitième du quart de leur finance. Les frais de réception étaient taxés à 5 livres versés au Greffe. Enfin il était dressé, pour chaque ville, un tableau, affiché dans la Chambre de la Communauté des Huissiers-Priseurs, contenant les noms, surnoms et demeures des Commissaires en exercice.

Telles étaient les principales dispositions de l'édit de 1712 portant création de Conseillers-Commissaires aux Prisées et Ventes de meubles. Le nombre de ces officiers fut fixé à six pour Orléans.

Les émoluments, les privilèges, le titre même de *Conseiller du Roi* pourtant si envié, attachés à ces charges « ne tentèrent pas les acheteurs parce qu'il n'était pas difficile de prévoir une suppression prochaine sitôt que les besoins de l'Etat le permettraient ». Aussi, dès le 21 février 1713, une déclaration royale les réunit-elle à la Communauté des Notaires au Châtelet d'Orléans. Le duc d'Orléans ayant demandé au Conseil du Roi que cette réunion n'eût pas lieu dans son apanage, on lui fit entendre que les besoins de l'Etat étaient trop grands pour renoncer à cette opération financière et on l'apaisa en lui promettant qu'après la première finance qui devait être pour le Roi, ces offices seraient assujettis, à son profit, au prêt et à l'annuel ; les notaires devaient lui fournir un homme vivant et mourant, faute de quoi les offices tomberaient aux parties casuelles du Prince.

Restait à fixer la somme que les notaires devaient payer pour la réunion qu'on leur imposait. Tout d'abord on leur demanda 30.000 livres ; mais après de longs marchandages on tomba d'accord à 5.500 livres et les 2 sols pour livre. Ce prix fut payé par les Notaires au Châtelet d'Orléans le 13 juillet 1715.

Les notaires, au moins ceux d'Orléans, n'exercèrent jamais les fonctions de Commissaires aux prisées qu'ils venaient de racheter ainsi par force, mais ils jouirent des privilèges et exemptions attachés à ces offices et se prévalurent du titre de Conseillers du Roi auquel ils avaient déjà droit.

par suite de la réunion des charges de Notaires-Syndics.
Désormais ils s'intituleront dans leurs actes *Conseillers du
Roi Notaires au Châtelet d'Orléans*.

Offices divers. — Nous avons examiné successivement,
par ordre de dates de création, les offices que les notaires
d'Orléans furent obligés de réunir. Sans nul doute, ces réunions durent être plus nombreuses si l'on en juge par celles
qui furent imposées aux Communautés voisines. N'ayant
trouvé aucun document les concernant, nous nous bornerons à énumérer celles de ces charges dont la réunion fut,
peut-être, imposées aux notaires d'Orléans :

les *Commissaires-Examinateurs*, créés en 1596 avec pou-
    voir de faire les inventaires, et supprimés en 1716 ;
les *Certificateurs Prudhommes*, créés en 1627 pour assister
    les notaires dans le cas où l'une des parties contrac-
    tantes ne saurait ni lire ni écrire ;
les *Jurés-priseurs-vendeurs de meubles*, déjà créés en 1556
    et supprimés en 1576, furent créés de nouveau en 1696
    et en 1711 ;
les *Notaires-arpenteurs-priseurs de terres*, créés en 1702 ;
les *Parapheurs de registres*, créés en 1709 ;
les *Trésoriers de Bourse commune*, créés en 1696 et
les *Gardes des archives de Communautés*, créés en 1709.

Suppression des offices non entièrement payés. — En
août 1716 un édit du roi confirmant deux déclarations antérieures, du 9 juillet et du 19 octobre 1715, supprima tous
les offices créés avant 1713 dont les finances n'avaient pas
été payées en entier ; cet édit supprimait en même temps
les droits, augmentations de gages et taxations attribués
aux offices subsistants pour lesquels les titulaires n'ont pas
payé en entier les sommes contenues aux rôles. Beaucoup
de particuliers et de Communautés s'étaient bornés à verser des à-comptes entre les mains des traitants et l'on ne
savait pas quels droits pouvaient être accordés à ceux qui
avaient payé ces à-comptes. L'édit de 1716 mit fin aux agis-

sements des traitants et de leurs préposés ou commis qui continuaient à percevoir des impositions à leur profit, malgré la déclaration du 9 juillet 1715 supprimant tous les offices non entièrement soldés.

CHAPITRE VI

Les procès de la Communauté des notaires

S'il fallait dénombrer et exposer tous les procès que la Communauté des Notaires au Châtelet d'Orléans soutint ou intenta au cours de sa longue existence, un volume entier ne suffirait pas et la lecture en serait certainement très fastidieuse.

Presque toutes les instances eurent des causes semblables qu'on peut ranger sous trois chefs : la première, et de beaucoup la plus importante, fut le droit à la confection des inventaires que tous les officiers prétendaient s'attribuer ; la seconde fut le respect des limites territoriales qu'il fallait imposer de temps à autre aux notaires voisins trop entreprenants ; la troisième fut la défense du privilège d'instrumenter dans tout le royaume que l'on contesta plus d'une fois. En outre de ces trois motifs principaux, la Communauté eut à faire plaider une infinité d'affaires ayant pour objet les causes les plus diverses. Ceci dit, et sans vouloir les ranger par catégories, nous allons essayer d'exposer d'une façon très succincte, dans l'ordre où ils se produisirent, les principaux procès où la Communauté intervint. La succession même des contestations montrera d'une manière frappante quelles furent, aux diverses époques, l'existence, les relations et l'influence de la Communauté.

Procès divers. — Cette influence, elle ne la possédait pas au début du XVIe siècle et le prévôt, sous la dépendance duquel les notaires avaient été pendant longtemps, en prenait à son aise vis-à-vis d'eux. Ayant eu besoin pour lui-même de la chambre que la Communauté occupait au Châtelet il l'en expulsa et refusa de la rendre. En 1532 les quinze notaires d'alors plaidaient à cette occasion contre François de Saint-Mesmin. Nous ne savons pas quelle fut l'issue de ce procès, mais il est vraisemblable que si les notaires purent se faire rendre justice ce ne fut qu'avec beaucoup de peine et après un long espace de temps.

Les luttes religieuses du milieu du xvi° siècle eurent leur répercussion au sein même de la Communauté. En 1566 l'ordre du syndicat appelait à présider la Communauté un membre de la religion prétendue réformée, M° Guillaume Sevin. En raison de ses croyances, on refusa de lui remettre en mains les titres, pièces et contrats concernant les états et offices de notaires. Pour pouvoir exercer sa charge syndicale, Sevin fut réduit à assigner la Communauté et une sentence du prévôt en date du 17 mai 1566 contraignit les notaires à lui remettre les papiers dont il avait besoin.

La même année, la Communauté poursuivait les sergents du bailliage, ainsi que les juges-consuls, afin de les obliger à observer les ordonnances et à ne mettre à exécution que des brevets d'obligation régulièrement grossoyés et scellés ; en même temps elle demandait que les notaires royaux et seigneuriaux du bailliage fussent tenus de « mettre le lieu, maison, paroisse et ressort à tous les actes qu'ils recevront, le nom, surnom et celuy en la maison duquel est passé l'acte par lesdits notaires, sur peine d'amende arbitraire et permis aux notaires d'Orléans d'en informer ». Le 4 novembre 1566 la Communauté obtenait une sentence du bailliage conforme à sa requête et, en conséquence, elle faisait condamner, le 9 novembre, à 60 sols parisis d'amende, Richard Maillard, sergent royal à Orléans, qui avait exécuté un brevet d'obligation sans être grossoyé ni scellé.

« En 1585 fut agité un grand différend et contestation entre les notaires du Châtelet d'Orléans et contre M° Charles Prieur commis en l'exercice du greffe de la prevosté d'Orléans, sur ce que ledit greffier pretendoit la confection de tous les inventaires es quels les mineurs se trouvoient avoir intérêts, les retraits lignagers, partages, etc... » Cette poursuite se termina le 15 février 1585 par une sentence qui donnait gain de cause aux notaires, défendait à Prieur et à tous autres de les troubler en la fonction des inventaires, ventes et partages à peine de nullité et permettait aux parties d'appeler tels notaires que bon leur semblerait.

C'est encore la question des inventaires qui donna lieu à une instance d'autant plus importante que les notaires étaient menacés d'être exclus de passer tous actes de cette nature. En 1598, « il y a eu un procès de conséquence entre les notaires et Mᵉ Estienne Durant, conseiller en la prevosté d'Orléans, et Jean Le Lectier, receveur du domaine audit Orléans, pourveus de deux offices de Commissaires-Examinateurs ès ville d'Orléans bailliage et prevosté, avec pouvoir de faire les inventaires et partages ». Les notaires, auxquels la passation de ces actes était désormais interdite à peine de 500 écus d'amende et de nullité, s'opposèrent à la réception de ces deux officiers. Un arrêt du Parlement, en date du 25 février 1599, déclara leur opposition bonne et valable et ordonna que les notaires jouiraient « du droit de la confection des inventaires et partages ainsy qu'ils ont cy devant faict et jouissent encor à présent ».

En 1604 « il y eut instance entre la Communauté des notaires et Mᵉ Jacques Vaslin, greffier criminel du bailliage d'Orléans, sur ce que ledit Vaslin s'estoit immiscé de recevoir et passer comme greffier la vente de certains meubles saisis et exécutés sur Mᵉ Jacques Hillaire et vendus devant les prisons ». Une sentence du bailliage, du 3 avril 1604, décida que, sans tirer à conséquence pour l'avenir, la vente des biens faite par Vaslin tiendrait, mais elle fit défenses audit Vaslin et à tous autres greffiers de ne plus recevoir de ventes de biens sous peine de nullité.

Quatre ans plus tard, la Communauté plaidait contre un autre greffier criminel, celui de la prévôté, qui s'arrogeait le droit d'entreprendre les inventaires. Ce greffier, Jean du Han, fut condamné à la requête des notaires par une sentence du 3 janvier 1608.

Quelques mois après, c'était au prévôt terrier et greffier de Chécy et de Saint-Jean-de-Braye, puis à Barthélemy Gigou, sergent, et à Jean Dedinan, greffier d'Ingré, que la Communauté faisait défense de passer aucun inventaire, à peine de nullité dans leurs justices respectives, en vertu de sentences obtenues contre eux les 17 mars et 18 avril 1608. Les appositions de scellés, avec description sommaire des meubles et titres trouvés dans les maisons des défunts, étaient seules permises aux greffiers de ces justices. Barthélemy Gigou, malgré les 12 livres d'amende et de dépens auxquelles il avait été condamné, ne tint d'ailleurs aucun compte de cette défense, car le 11 janvier 1639 la Communauté le faisait condamner à nouveau pour avoir fait à Ingré un inventaire et une vente dans une succession où se trouvaient des mineurs.

En 1621 un procès fut intenté aux notaires d'Orléans par les notaires de Paris à propos de la succession du sieur des Cures. Deux officiers orléanais, Abraham Lasne et Edouard de Meulles, avaient été chargés de l'inventaire ; lorsqu'ils voulurent le continuer dans la maison que le défunt possédait à Paris, les syndics de la Communauté des notaires de Paris y firent opposition. Le 28 août 1621 une sentence provisoire fut rendue à la Chambre civile du Châtelet de Paris et déposée aux minutes de M. Pellegrin, greffier, rue du Moulin, près la Grève. L'affaire fut abandonnée et ne fut pas jugée au fond : nous aurons occasion d'en reparler à propos du grand procès de 1783-1787 entre les deux Communautés rivales d'Orléans et de Paris.

A cette époque, dans les paroisses rurales, il n'était guère d'habitants ayant un peu d'instruction qui ne se mêlassent de rédiger les conventions volontaires entre les parties, et les notaires s'opposaient, de tout leur pouvoir, à ces empiétements sur leurs fonctions. Le 26 mai 1626, ils obtinrent contre le curé de Beaugency un arrêt lui défendant « de s'ingérer à rien dresser ni écrire, quittances, promesses accordées ni autres actes, à peine d'amende et de dommages et intérêts ».

La même année, « quelques gens se voulurent establir pour notaires à l'entour d'Orléans, comme Chécy, Bou, Mardié, Ingré, Saint-Jean-de-Braye, Olivet ». Le 18 juillet 1626, la Communauté obtenait contre eux une sentence du bailliage leur défendant d'instrumenter à peine de tous

dépens, dommages et intérêts, faux et prison et permettant
de faire enlever les tableaux qu'ils avaient fait apposer
dans ces bourgs et de publier l'arrêt au prône. Cette fois
encore la défense ne semble pas avoir été très efficace puisqu'en novembre 1659 Claude Gommet put acheter un
office de notaire au bourg de Chécy et, devant l'opposition
de la Communauté d'Orléans, se pourvut au Conseil privé ;
l'instance y demeura, Gommet ayant, avant le prononcé
de l'arrêt, acheté une charge de notaire au Châtelet d'Orléans.

En 1634, Me Louis Colles, greffier de la justice de Saint-
Aignan, émit la prétention de faire, à l'exclusion des
notaires au Châtelet, les inventaires et ventes dans sa justice et particulièrement « dans l'enclosture du cloître de
l'église » et il se mit en devoir de procéder à la confection
de l'inventaire du sieur de Pichery. Le Chapitre de Saint-
Aignan soutint les prétentions de son greffier, qui fut
cependant condamné par une sentence provisoire en date
du 28 mai suivie, le 8 juillet, d'un jugement sur le fond
maintenant les notaires dans leur droit exclusif de faire les
inventaires tant dans l'enclosture que dans la justice de
Saint-Aignan et défendant au greffier et à tous autres de
les y troubler.

La Communauté s'attaqua, l'année suivante, à des
notaires des environs d'Orléans qui recevaient des actes en
dehors de leurs ressorts respectifs. Le 14 décembre 1635,
elle obtenait une condamnation contre Jacques de Lestang,
notaire de Jargeau, qui avait passé, à Chécy, un contrat de
mariage. Le 3 août, un arrêt semblable avait été obtenu
contre Hobier, notaire d'Artenay, qui avait reçu un partage et un contrat de vente à Scelliers, paroisse d'Ingré. Le
premier avait été condamné à rendre l'émolument qu'il
avait perçu et à payer, outre les dépens taxés à 6 livres, la
grosse du contrat modérée à 35 livres. Antoine Hobier
n'ayant été condamné qu'à des dommages et intérêts et
aux dépens des instances taxés et liquidés à 12 livres, réci-
diva bientôt : en septembre 1641 la Communauté l'assignait à nouveau pour avoir fait un inventaire à Pommiers,

paroisse de Gidy, et le faisait condamner à rapporter l'émolument, à payer les dépens, avec défenses de plus faire aucuns inventaires, ventes et contrats hors de son ressort. Comme précédemment, cette défense ne servit à rien : onze ans plus tard, le 10 décembre 1652, Jean Hobier, notaire à Artenay, était poursuivi « pour avoir entrepris de faire à Orléans inventaire et description de meubles, avec estimation, comme dépendant de la succession de Gabriel Jacquet, sieur de Nouveville, maistre de la poste du Chateau Gaillard, en continuant l'inventaire par luy faict et commencé audit Chateau Gaillard et pour avoir passé acte de foy entre les sieurs de Launoy et Barbade d'Orléans sans dire le nom de la passation quoy que ce fut en cette ville ». Jean Hobier dut rembourser les émoluments perçus, payer les dommages-intérêts, frais et dépens taxés à 16 livres et promettre de ne plus passer d'actes hors de son détroit.

Une affaire toute différente se présenta en 1658. On recherchait alors les usurpateurs de noblesse afin de diminuer les charges du peuple par une répartition plus égale des impôts et l'on avait nommé des Commissaires-députés pour faire cette recherche. Le 20 janvier 1658 ces Commissaires firent signifier aux notaires d'Orléans une ordonnance leur enjoignant de délivrer des extraits de tous les actes reçus par eux depuis l'année 1640 où les qualités de chevalier et d'écuyer avaient été prises par les parties. « Pour le soulagement du public », ou, plus exactement, pour ne pas violer le secret professionnel, « la Communauté des notaires, pour ce assemblée, délibéra de ne rien escrire, faire ne dire ». En raison de ce mutisme, les poursuites continuèrent et, à la fin du mois de mars, le sieur Bruère, commis au recouvrement de ces extraits, accompagné de Guerrier, sergent, et d'autres gens en grand nombre, se rendit à la maison de M° Florent Peigné, notaire, « pour le prendre prisonnier ». Ce dernier s'attendait à la visite : sa porte était fermée et il en refusa l'ouverture à Bruère qui fit un tel bruit que le peuple accourut pour empêcher les commis et sergents de faire insulte au notaire. La foule fut si grande que monsieur

Paris de Belebat, maire de la Ville, dut se transporter sur les lieux pour apaiser le peuple et protéger Bruère et ses consorts, auxquels on voulait faire un mauvais parti et qu'il fit conduire à la maison commune. Cette échauffourée eut pour résultat de reculer les poursuites contre les notaires qui cependant reprirent au bout d'un certain temps. La Communauté sollicita en vain l'appui de plusieurs corps d'officiers, comme messieurs de Ville, messieurs les Thrésoriers, Conseillers du Bailliage et autres qui avoient le plus d'intérêt ». Livrés à leurs propres forces, les notaires finirent par succomber et, en 1662, ils furent obligés de délivrer les extraits demandés. Chacun des contrevenants fut condamné à 1.500 livres d'amende.

Un procès, d'ordre analogue, fut intenté en 1660 à la Communauté mais se termina pour elle d'une façon plus heureuse. Un sieur Coutet, de Chartres, avait assigné la Communauté en paiement d'une taxe de 7.000 livres qu'il prétendait due par les notaires comme engagistes du Contrôle du Châtelet d'Orléans. Celle-ci ayant refusé de s'exécuter, Coutet fit saisir et vendre les bestiaux de la métaierie d'Escrignelles, paroisse de Cernoy, près Gien, qui appartenait à un notaire d'Orléans, Me Florent Peigné. La Communauté présenta alors au Parlement une requête sur laquelle M. Chopin, substitut du Procureur général, mit ses conclusions pour la décharge des notaires, la restitution du prix des bestiaux vendus et l'octroi de dommages et intérêts. Un arrêt fut rendu en ce sens, « et depuis, on n'a plus parlé de cette affaire ».

En 1661, les officiers de la Ferté-Senneterre voulurent empêcher un notaire d'Orléans, Me Thomas Jeuslin, de procéder, à la Ferté, à une récapitulation d'inventaire. Un procès s'ensuivit où intervint le syndic de la Communauté. Le 21 janvier, sur les conclusions de messieurs les gens du Roi, il fut jugé que les notaires au Châtelet d'Orléans bailleraient leurs moyens d'intervention, mais que cependant ils seraient maintenus dans leur privilège de passer tous actes par tout le royaume de France.

Ce privilège leur fut contesté à différentes reprises au cours

14

du xviii° siècle, mais, avec le temps, les notaires d'Orléans avaient acquis plus d'importance et de puissance et nous allons les voir, pour défendre leurs droits, ne plus hésiter à s'opposer aux prétentions des plus hauts personnages et entrer résolument en procès avec les Maire et Echevins, avec le Lieutenant général, avec l'Intendant, avec l'Evêque, etc...

En 1706, le Lieutenant particulier du bailliage veut empêcher M° Blandin père de procéder à l'inventaire des biens du cardinal de Coislin. La Communauté s'émeut ; elle présente une requête au Parlement et, le 26 octobre, elle obtient un arrêt qui lui donne raison.

En 1708, elle s'attaque au greffier civil de la Prévôté pour avoir fait description de meubles et immeubles dans une succession, puis à la Communauté des Procureurs qui s'immiscent à faire fonctions de notaires ; les procès sont portés au Parlement et, le 28 juin, la Compagnie décide qu'elle les poursuivra jusqu'à arrêts définitifs.

Procès avec les notaires de Châteaudun et intervention des ducs de Luynes, de Chevreuse et d'Orléans. — Le début de l'année 1736 marqua le commencement d'une de ces longues et dispendieuses instances qui devaient occuper les notaires au Châtelet jusqu'à l'époque de la Révolution. Les notaires de Châteaudun avaient voulu empêcher les notaires d'Orléans de venir instrumenter chez eux et ils avaient fait intervenir en leur faveur le duc de Luynes comte de Dunois. L'affaire vint au Parlement et les notaires d'Orléans y firent la preuve de la légitimité de leurs droits. Au mois de mai 1736, ils envoyaient à Paris, par un de leurs confrères, M° Legrand, à M° Blanchard, leur procureur, les copies des titres de la Communauté collationnées par M. Le Texier, avocat du roi à Orléans. M° Blanchard ne remplit pas, avec toute la diligence et tout le soin désirés, ses fonctions de défenseur et, le 29 avril 1737, la Communauté décidait de le révoquer et de le remplacer par M° Degoillons-Vinot. Les notaires de Châteaudun et le duc de Luynes multipliaient les objections et l'instance traînait en longueur : le 13 avril 1739, deux notaires d'Orléans étaient envoyés à Paris pour suivre le procès ; deux autres, Mes Johanneton et Chappé, étaient également députés à Paris le 12 août 1739 et il leur était remis 400 livres, prises sur la Bourse commune, pour frayer à la dépense de leur voyage. En janvier 1740, il fallut emprunter 600 livres à constitution de rente qu'on envoya à Me Degoillons-Vinot pour les employer au paiement des épices et des frais du procès ; ces 600 livres furent avancées sans intérêts par le receveur de la Bourse commune, Bazin. En juillet 1740, le jugement était sur le point d'être rendu et l'on jugea utile, pour suivre les dernières phases du procès, de déléguer à Paris M^o Leddet, notaire et greffier de la Communauté, auquel on alloua 300 livres pour ce voyage. L'arrêt fut enfin rendu le 20 août 1740 et le 29 du même mois Me Pichet, syndic, annonçait à la Compagnie qu'elle avait eu gain de cause contre le duc de Luynes et les officiers du Dunois ; séance tenante, on vota l'envoi de 300 livres à Me Degoillons-Vinot pour lever l'arrêt. Le duc de Luynes avait vainement objecté que les lettres patentes octroyées aux notaires d'Orléans en 1512, 1519 et 1539 n'avaient pas été enregistrées ; la Cour, considérant que les lettres de 1544, 1580 et 1584, confirmatives des lettres antérieures, avaient bien été enregistrées, maintint les notaires d'Orléans dans le droit et la possession de passer tous actes concernant l'office de notaire dans toute l'étendue du royaume. Le duc de Luynes fut condamné aux dépens ; quant aux frais de procureur et avocat ils furent liquidés et payés le 2 janvier 1741 par la Communauté qui, dans sa joie d'avoir gagné ce procès important, décida qu'un présent en sucre de la valeur de 100 livres serait offert à Me Salomon, avocat.

Il semblait que l'arrêt du 20 août 1740 dût marquer la fin des contestations avec les officiers de Dunois. Il n'en fut rien cependant et, au bout de quelques années, l'affaire reprit sous une nouvelle forme entre le duc de Chevreuse et le duc d'Orléans. En sa qualité de comte de Dunois, le duc de Chevreuse prétendit que le sceau du Châtelet d'Orléans n'était pas attributif de jurisdiction et que, pour l'exécution d'un contrat passé sous le sceau d'Orléans, les contractants, s'ils étaient domiciliés ailleurs, pouvaient décliner la jurisdiction d'Orléans. Dans l'espèce, il s'agissait du paiement d'une créance : un sieur Étienne de Tascher, domicilié dans le ressort du bailliage de Dunois, s'était engagé, tant en son nom qu'au nom de sa femme, par une transaction passée devant notaire à Orléans, le 2 novembre 1726, de payer 2.000 livres à une veuve Béchart, habitant Orléans ; les époux de Tascher ne payèrent pas et le mari mourut sur ces entrefaites ; la créancière décéda à son tour et ses héritiers firent assigner la veuve et le fils de Tascher au bailliage d'Orléans le 22 juin 1746 ; ceux-ci ne s'étant pas exécutés, une saisie fut pratiquée entre les mains du fermier de la veuve de Tascher. C'est dans ces condiions que la veuve de Tascher, son fils et son fermier déclinèrent la jurisdiction d'Orléans, demandèrent à être renvoyés au bailliage de Dunois à Châteaudun et que le procureur fiscal de ce bailliage revendiqua la cause. La question s'était élargie : les notaires d'Orléans n'étaient pas parties dans l'affaire, bien que le duc de Chevreuse le prétendit ; les officiers du bailliage d'Orléans n'étaient pas non plus en cause ; c'était au duc d'Orléans seul à soutenir les droits de son apanage et il le fit sans hésiter.

Une première sentence du bailliage d'Orléans avait ordonné le 26 août 1746 que l'on procéderait en son tribunal et l'appel n'avait pas été relevé. Une deuxième sentence, du 9 décembre 1749, avait ordonné l'exécution de la première et une troisième sentence du bailliage d'Orléans avait, le 19 décembre de la même année, prononcé sur le fond de la contestation. C'est alors qu'on avait interjeté appel et que le duc de Chevreuse, par requête du 5 mars 1751, était intervenu contre les sentences d'Orléans sur le fondement de l'incompétence. Le duc d'Orléans était intervenu à son tour par une requête en date du 12 juillet 1751 qui se basait sur l'article 21 de l'Edit du mois de mars 1749 portant suppression de la Prévôté royale d'Orléans et union de cette Prévôté au Bailliage ; cet article était ainsi conçu : « Le scel du Châtelet d'Orléans continuera d'être attributif de jurisdiction, ainsi qu'il l'a été pour le passé. » Le duc de Chevreuse avait formé opposition à l'arrêt d'enregistrement de l'édit de 1749 et, en réponse, le duc d'Orléans, puis son fils, avaient demandé que le duc de Chevreuse fut déclaré non-recevable dans son opposition ou qu'il en fut débouté.

Le duc d'Orléans fit produire devant la Cour les copies, délivrées par le doyen et le syndic, des lettres patentes originales possédées par la Communauté des notaires d'Orléans ; il rapporta l'avis de nombreux auteurs et invoqua la possession immémoriale de la Prévôté d'Orléans, montrant que tous les sceaux royaux avaient été autrefois attributifs de jurisdiction, qu'il était hors de doute qu'Orléans avait été longtemps habitée par nos rois et que le Châtelet de cette ville n'avait pas besoin d'autre titre s'il s'était maintenu dans la possession ce qui était prouvé par de nombreux jugements et arrêts.

A cette argumentation très forte, les avocats du duc de Chevreuse ne trouvèrent à opposer qu'un arrêt obtenu en 1698. Un marchand d'Orléans, Nicolas Jahan, avait traduit au bailliage d'Orléans un sieur Jacques Papault, domicilié dans le comté de Beaumont, dont était alors seigneur M. le premier Président de Harlay. Jacques Papault avait demandé son renvoi devant le bailli du comté de Beaumont et une sentence du 26 février 1697 le lui avait refusé. M. de Harlay avait interjeté appel comme de juge incompétent et le marchand d'Orléans n'osant lutter contre une si grande puissance n'avait pas comparu. Aussi la Cour avait-elle rendu, par défaut, le 14 juillet 1698, un arrêt renvoyant la cause par devant le bailli de Beaumont et faisant défenses aux officiers des Sièges d'Orléans de plus à l'avenir prendre connaissance des causes des justiciables du Comté. Les officiers d'Orléans auxquels s'adressaient ces défenses ne furent point appelés ; le Prince apanagiste n'était pas intervenu non plus et l'arrêt lui-même fut donné sans conclusions du Ministère public. Le duc d'Orléans était d'autant mieux fondé à considérer cet arrêt comme nul dans sa forme qu'il n'avait jamais eu d'exécution et que, de 1698 à 1715, on pouvait rapporter vingt sentences de la prévosté déboutant de leurs demandes en renvoi les parties qui voulaient décliner la jurisdiction d'Orléans pour des actes passés sous le sceau de la prévosté de cette ville.

La Cour donna raison au duc d'Orléans contre le duc de Chevreuse et ainsi furent confirmés une fois de plus le droit des notaires d'instrumenter dans tout le royaume et le privilège du sceau du Châtelet d'Orléans attributif de jurisdiction.

Procès avec les notaires voisins. — Pendant que se jugeaient ces grosses affaires, la Communauté des Notaires s'était occupée de choses ayant, pour elle, un intérêt plus immédiat. Elle entreprit toute une campagne de poursuites contre les notaires des villes et des bourgs voisins qui lui faisaient une concurrence très active. Successivement, en 1738 et 1739, elle poursuivit Mᵉ Gonelle, notaire à Charsonville, Mᵉ Leroy, notaire à Vennecy, Mᵉ Humelin, notaire à Marcilly-en-Villette, Mᵉ Ramet, notaire à Cléry, qui avaient passé des actes hors de leur collocation ou entre parties non domiciliées. Gonelle, Humelin et Ramet ne s'exécutèrent que lorsqu'ils furent condamnés. En revanche Leroy, pour éviter un procès dont l'issue n'était pas douteuse, s'empressa de payer les frais et de déposer entre les mains du syndic de la Communauté les minutes contestées. Le nombre était loin d'être négligeable : Leroy rapporta cent trente-sept minutes, Humelin trois et Gonelle cent trente-huit ; elles furent déposées au Bureau de la Communauté au profit de laquelle les expéditions furent délivrées par le greffier. Par la suite, d'autres notaires furent l'objet de poursuites de la part de la Communauté : en 1748, Mᵉ Filate, notaire à Meung, fut assigné pour avoir reçu un inventaire en dehors de son ressort ; de même, en 1757, une sentence fut obtenue contre Mᵉ Etienne Chassinat, notaire à Jargeau, et, le 9 mai, la Compagnie décidait de lever ce jugement, de le signifier, de l'imprimer et de l'afficher, afin qu'il servît d'exemple.

Procès avec l'Evêque et le Clergé. — Nous avons eu déjà l'occasion de parler d'un procès qu'intenta aux notaires l'évêque d'Orléans au sujet du notariat apostolique. Nous nous bornerons, par suite, à en rappeler l'origine et la fin. Les notaires au Châtelet avaient été obligés de réunir huit offices de notaires royaux apostoliques créés en 1691 pour le diocèse d'Orléans ; l'exercice de ces charges ayant occasionné quelques difficultés, l'évêque demanda et obtint, par un arrêt du 16 mai 1744, que ces offices fussent disjoints de la Communauté et réunis au Clergé. La Compagnie s'opposa à cet arrêt et l'instance se poursuivit pendant quatre années. Finalement une entente eut lieu entre les deux parties et un arrêt du Conseil d'Etat du Roi, en date du 30 avril 1748, maintint les notaires dans l'union faite à leurs offices des charges de notaires apostoliques.

Procès avec l'Intendant. — Une contestation au sujet du contrôle des actes amena, vers la même époque, les notaires à plaider contre l'Intendant de la Généralité. Ce dernier avait voulu les obliger à faire contrôler tous leurs actes indistinctement au bureau d'Orléans. Par contre, les notaires, qui instrumentaient dans tout le royaume, prétendaient avoir le droit de faire contrôler leurs actes dans le bureau du lieu où ils les avaient passés ou au bureau d'Orléans à leur choix. Le Conseil donna raison aux notaires et rendit un arrêt en leur faveur le 12 janvier 1745 ; mais comme le coût de l'arrêt avait été laissé à leur charge, la Communauté décida qu'il serait payé sur la Bourse Commune.

L'issue heureuse de la plupart des instances que nous venons de rapporter incita les notaires d'Orléans à s'attaquer à un corps très puissant dont ils dépendaient à de certains égards et à réclamer la solution d'une question qui leur tenait à cœur, celle des inventaires. Nous allons exposer cette affaire avec tous les détails qu'elle comporte.

Procès avec les Officiers du Bailliage et intervention du Corps de Ville. — En 1755 s'éleva entre les Notaires au

Châtelet et les officiers du Bailliage une contestation qui devait avoir un retentissement d'autant plus grand que, pendant les débats, le Corps de Ville crut de son devoir d'intervenir pour défendre ses administrés.

Au début de cette année 1755 les enfants et héritiers d'un sieur Jean Lubin et de sa femme Marguerite Denis voulurent procéder à la liquidation et au partage des successions de leurs père et mère, et, dans ce but, l'un des héritiers forma devant le Lieutenant-général une demande en partage. Deux notaires, Mes Saradin et Deschamps, avaient été choisis par les parties. Lorsque la demande vint à l'audience, le 14 janvier, le Lieutenant-général, en sa qualité de Commissaire Enquêteur et Examinateur, s'attribua d'office le soin de faire le partage, exclut les deux notaires malgré les réclamations des parties intéressées, et donna assignation en son hôtel pour procéder à la liquidation. La Communauté des Notaires ayant députée deux de ses membres vers le Lieutenant-général pour lui faire ses représentations, celui-ci promit d'y avoir égard et les deux notaires se mirent au travail. Au cours des opérations, une difficulté s'éleva entre les parties et l'incident fut porté à l'audience : le 18 février une sentence était rendue ordonnant que les deux notaires choisis continueraient leur travail mais que, *suivant les offres faites par eux*, ils ne percevraient qu'un seul salaire. Or ces offres étaient, paraît-il, imaginaires, et les notaires, qui d'ailleurs n'étaient pas parties et n'avaient pas à paraître dans cette cause spéciale, ne les avaient jamais faites, ni par écrit, ni de vive voix. En conséquence lorsque, assignés par un héritier aux fins de continuer le travail commencé, ils se présentèrent à l'audience, ils désavouèrent les prétendues offres que la sentence du 18 février leur avait prêtées et se déclarèrent prêts à reprendre leur travail à la condition de recevoir, chacun, ce qui leur serait dû. Une sentence du 18 avril, tout en leur donnant acte de leur déclaration, remit l'affaire à huitaine pour permettre aux parties de se concerter et de choisir un notaire unique, faute de quoi le juge leur en nommerait un d'office. La Communauté des

Notaires forma une tierce opposition à cette sentence et à celle du 14 janvier ; de leur côté, les parties donnèrent des requêtes pour déclarer qu'elles consentaient à payer les salaires des deux notaires choisis par elles. Pour appuyer ses prétentions, le Lieutenant-général fit intervenir le Procureur du Roi et le 8 août 1755 les juges du Bailliage ordonnèrent que conformément aux édits de 1583 et 1596 les partages ordonnés en justice continueraient d'être faits par M. Curault, en sa qualité de Commissaire-Examinateur, et, à son défaut, par un autre officier du Siège et qu'ils seraient rédigés par écrit par le notaire de la succession, quand il y en aurait un, ou « par autre personne telle qu'il le jugera à propos ». Le lendemain, la Communauté décidait de consulter des avocats au Parlement sur la conduite à tenir en cette affaire qui portait préjudice au droit des notaires ; le 24 août elle prenait le parti de s'opposer à l'exécution de la sentence du 8, elle interjettait appel et assignait le Lieutenant-général et les autres officiers du Bailliage à l'effet d'être maintenue et gardée dans le droit et possession de faire les inventaires et partages à l'exclusion du Lieutenant-général et de tous autres officiers du Siège.

Messieurs du Bailliage constituèrent procureur sur cette demande mais tardèrent à signifier leurs écritures. Ce ne fut qu'en avril 1758 que la Communauté put répondre aux premières écritures des officiers du Bailliage. Les répliques se firent attendre plus de deux ans, soit par négligence de l'avocat, soit par une tactique voulue et, pour en activer le dépôt, la Communauté fit sommation de produire à M° Caillart, procureur des officiers et établit garnison chez lui.

Dans l'intervalle, les choses s'étaient envenimées. Des plaintes portées contre certains notaires qui percevaient des droits trop élevés avaient déterminé une demande de taxe de leurs honoraires. Les juges du Bailliage avaient profité de l'occasion pour restreindre les droits des notaires et, comme ils avaient dépassé la mesure, la Communauté s'était pourvue en la Cour en la suppliant d'établir un nouveau tarif des droits. En conséquence le Procureur général avait fait rendre, le 4 septembre 1756, un arrêt en forme de règlement fixant les droits et salaires des notaires d'Orléans et il avait été stipulé par la Cour que cet arrêt serait enregistré au Bailliage d'Orléans. Le procureur de la Communauté le présenta à l'audience du 24 septembre et en requit l'enregistrement. Mais les juges, loin de se borner à enregistrer, prétendirent examiner l'arrêt et renvoyèrent après la Saint-Martin (11 novembre) pour qu'il fût communiqué au substitut du Procureur général. La Communauté accepta et attendit ; le 7 janvier 1757 elle se présentait de nouveau à l'audience pour requérir l'enregistrement et, de nouveau, les juges remirent leur verdict et ordonnèrent « que les pièces seraient mises sur le Bureau. »

Les notaires avaient lieu de se plaindre de ces lenteurs voulues qu'ils considéraient comme un déni de justice. D'autre part, ayant eu à plaider, en 1757 et 1758, pour des causes personnelles devant les magistrats du Bailliage, ils éprouvèrent de grandes difficultés et la Communauté dut prendre fait et cause pour certains de ses membres. C'est ainsi qu'elle intervint dans une instance sur appel interjeté par Mes Lesourd et Chollet, et qu'elle promit de les indemniser au cas où ils succomberaient. De même, lorsqu'en février 1758, Me Guillon, nommé par une partie pour parvenir à une licitation, fut débouté par le Bailliage, la Communauté décida non-seulement de se pourvoir au Parlement mais encore de demander « en raison des mauvais procédés des officiers du Bailliage envers les notaires d'Orléans », le renvoi de toutes les causes de ses membres au Bailliage de Chartres.

Les faits d'hostilité n'étaient que trop patents. Aussi la Cour accorda-t-elle, séance tenante, le jour même de la présentation de la requête de la Communauté, un arrêt, daté du 19 avril (1) 1758, renvoyant, pendant deux ans, les causes des notaires au Châtelet d'Orléans, « tant communes

---

(1) Il y a incertitude sur la date : la plupart des documents manuscrits donnent comme date de cet arrêt le 7 mars ; l'arrêt imprimé donne celle du 19 avril.

que personnelles, civiles et criminelles, en demandant et défendant », au Bailliage de Chartres, sauf l'appel.

Cet arrêt n'était pas fait pour améliorer les relations entre Juges et Notaires, et l'on s'en aperçut à brève échéance. Le 22 juin, M° Odigier, qui avait formé au greffe du Bailliage une opposition à une saisie réelle poursuivie audit Bailliage et avait pris dans cet acte, conformément à une délibération de la Communauté du 9 mai dernier, la qualité de *Conseiller du roy notaire garde-scel au Châtelet d'Orléans*, s'aperçut que, sur le registre, on avait biffé « Conseiller du roy »..

D'un autre côté, les officiers du Bailliage cherchaient à susciter de nouvelles querelles aux notaires. Ils réussirent à soulever contre eux le Corps de Ville qui, sous prétexte de l'incommodité pour les habitants d'Orléans d'aller plaider à Chartres, attaqua l'arrêt rendu par la Cour le 19 avril 1758 en faveur des notaires. La Communauté soutint que cette opposition n'était ni recevable ni fondée et que le Corps de Ville était plutôt poussé par le Bailliage que par « une douzaine d'habitants qui sont dans le cas d'avoir des causes contre les notaires ». A cet argument les Maire et Echevins répondirent que c'était « pour se faire payer des droits exorbitants » que les notaires avaient demandé l'évocation de leurs causes à Chartres et que, suivant qu'ils y avaient intérêt, ils traduisaient leurs adversaires à Chartres ou à Orléans. Pourquoi, disaient-ils, avoir demandé le renvoi de leurs causes à Chartres, qui est éloigné de vingt lieues et avec lequel Orléans n'a presque pas de communication puisque les lettres passent par Paris et qu'il n'y a ni chevaux de postes, ni voitures publiques. Les parties reculent devant les frais quand on les menace d'un procès à Chartres et les notaires en profitent pour se faire payer « à leurs mots ». Si ces derniers avaient eu quelque souci de l'intérêt du public ils auraient demandé le renvoi de leurs causes à Blois, qui est d'un tiers plus près d'Orléans, ou même à Beaugency où l'on peut se rendre avec facilité. En portant ces accusations, le Corps de Ville omettait de citer les noms de ceux des notaires qui abusaient ainsi de l'évocation à Chartres pour percevoir des droits trop élevés. La Communauté députa deux de ses membres pour réclamer une explication et demander, dans le but de les punir, les noms des notaires qui, par ce moyen, s'étaient fait payer des honoraires abusifs. Le Corps de Ville refusa de s'expliquer.

Le procès continua donc et, le 25 juin 1760, M° Lestoré, procureur en la Cour, adressait à la Communauté, sa cliente, deux pièces concernant le procès avec le Bailliage et l'intervention de la Ville. Grâce à ses soins et à ceux de M° Viel, avocat, la Communauté obtint, le 21 août 1760, un arrêt de la Cour contre les Maire et Echevins ; le 23 décembre de la même année, M° Jullien le jeune, en rendant ses comptes de député, rapportait à Orléans la grosse de cet arrêt. Mais nous verrons bientôt que l'arrêt du 21 août ne devait pas terminer la contestation entre les notaires et le Corps de Ville et que, toujours poussé par les officiers du Bailliage, ce dernier entama presque aussitôt une nouvelle instance.

Il nous faut revenir quelque peu en arrière pour exposer l'origine d'un nouveau conflit. Non contents d'avoir suscité à la Communauté l'opposition du Corps de Ville, les officiers du Bailliage avaient réussi à jeter la division entre les notaires. Quelques-uns de ces derniers, effrayés de la tournure prise par le procès, étaient déterminés à se prêter aux désirs des officiers du Bailliage ; parmi eux se trouvaient M° Aignan, syndic, M° Defaucamberge, conseiller de la Ville, et M° Johanneton, greffier en chef criminel du Bailliage. Ils convoquèrent une assemblée pour le 25 juin 1760, sans en prévenir le doyen et en faisant porter les billets une heure seulement avant la réunion, où ne vinrent que dix-huit membres ; on y mit en délibération l'opposition formée par les Maire et Echevins et, par 10 voix contre 8, on décida de se désister de l'arrêt d'attribution. Ce vote n'avait pu être acquis que par surprise ; dès qu'il le connut, le doyen convoqua régulièrement, pour le 28 juin, une nouvelle assemblée où furent nommés des commissaires chargés de présenter un rapport à une autre réunion fixée au mercredi suivant. Dans cette assemblée on déclara nulle et non avenue la délibération du 25 juin et on décida de défendre à l'opposition du Corps de Ville : onze membres votèrent contre ces décisions et, sans vouloir se rallier à la majorité de leurs confrères, demandèrent à être reçus parties intervenantes dans la contestation, déclarant qu'ils entendaient voir leurs causes renvoyées devant leurs juges naturels et non ailleurs. Le conflit était passé à l'état aigu à tel point que le 20 août 1760, lorsque Mes Aignan, Johanneton et Defaucamberge se présentèrent à la Salle de la Communauté pour délibérer, ils furent priés de se retirer. Les dissensions continuèrent même après l'arrêt du 21 août 1760 et, le 8 janvier 1761, huit des opposants faisaient signifier à la Communauté qu'ils déclaraient ne vouloir faire aucun des inventaires et procès-verbaux de prisée auxquels ils seraient appelés.

Malgré toutes ces attaques, la procédure suivait son cours, et, pour en payer les frais, la Communauté dut contracter un emprunt de 4.000 livres le 16 mars 1761 et un autre de 1.200 livres le 11 juin suivant.

Le 7 juillet 1761, la Cour rendait enfin son arrêt et ordonnait que les liquidation et partage de la succession des époux Jean Lubin, commencés devant Mes Saradin et Deschamps, requis par les parties, seraient continués par ces deux notaires, qui recevraient chacun leurs salaires et vacations. Elle maintenait et gardait les notaires dans le droit de faire seuls, à l'exclusion des officiers du Bailliage, les inventaires, même quand il y avait des absents, sauf dans les cas d'aubaine, déshérence ou autres cas royaux réservés au Lieutenant-général ; elle défendait aux officiers du Bailliage de donner, par leurs sentences, des notaires aux parties ; elle faisait défenses aux procureurs de requérir les officiers du Siège de procéder aux inventaires sauf dans les cas royaux. La Cour condamnait enfin les officiers du Bailliage aux trois quarts des dépens, l'autre quart étant compensé.

Le gain du procès contre Messieurs du Bailliage fut annoncé à la Communauté le 9 juillet par une lettre de

Mes Deschamps et Chau, députés, au doyen. Un nouvel emprunt de 2.500 livres fut voté à cette séance pour frayer aux déboursés du procès ; puis, pour rembourser aux deux députés les avances qu'ils avaient dû faire, on emprunta encore 1.000 livres le 2 janvier 1762.

L'affaire avec les officiers du Bailliage se trouvait ainsi heureusement terminée ; en revanche le procès avec le Corps de Ville avait repris sur de nouveaux faits.

Procès avec le Corps de Ville. — Au cours de l'instance contre le Bailliage, la Communauté des notaires au Châtelet avait jugé nécessaire de demander la confirmation de ses privilèges et notamment de ceux qui étaient attachés aux charges de Notaires-Syndics et de Commissaires aux prisées et ventes de meubles réunies par elle en 1708 et 1713 et qui comportaient la qualité de Conseillers du Roi que les juges du Bailliage refusaient de reconnaître aux notaires. Pour y parvenir, on décidait, le 4 février 1759, d'adresser un mémoire au Conseil du duc d'Orléans et on allouait 300 livres pour frais de voyage à Me Dumont, délégué à Paris, avec mission de diriger la demande. Le 8 mars, la commission nommée faisait connaître à l'assemblée qu'elle avait fait l'extrait des titres et rédigé le mémoire destiné à être présenté au duc d'Orléans « à l'effet d'obtenir de Sa Majesté la confirmation des privilèges, exemptions et qualités accordés aux offices de la Communauté, notamment l'exemption du logement des gens de guerre et de toutes personnes de quelque qualité et condition qu'elles soient, de tutelle, curatelle, guet et garde, et d'assujettissement de leurs enfants et premiers clercs au tirement de la milice et de supplier Sa Majesté de vouloir bien reconnaître en eux et leur donner la qualité de Conseiller du Roi ».

Moyennant une nouvelle finance de 4.500 livres, les notaires obtinrent assez facilement un arrêt du Conseil suivi de lettres patentes datées du 20 juillet 1760 leur reconnaissant la qualité de Conseillers du Roi, réunissant à perpétuité à leur Communauté les offices de Notaires-

Syndics et de Commissaires aux prisées et ventes et les confirmant dans les droits et privilèges attachés à ces offices.
La question du logement des gens de guerre était renvoyée,
pour avis, devant l'Intendant. Nous ne reviendrons pas
sur les conditions dans lesquelles cet arrêt de confirmation
fut obtenu : nous avons eu l'occasion d'en parler déjà à
diverses reprises.

L'exemption du logement des gens de guerre, qui entraînait celle de l'ustensile, était l'un des privilèges auxquels
les notaires tenaient le plus et ils en réclamaient la jouissance avec d'autant plus d'ardeur qu'ils y avaient réellement droit en vertu de certaines réunions d'offices. Mais le
Corps de Ville refusait de leur reconnaître cette exemption
et depuis plusieurs années il les assujettissait au logement.
D'autre part, les officiers du Bailliage, « quoique les premiers officiers de la province », ne jouissaient pas de ce
privilège, malgré plusieurs réunions d'offices qui avaient
coûté à leur Compagnie près de 60.000 livres ; et ils étaient
jaloux de ce que des officiers d'un rang inférieur au leur
avaient réussi à obtenir cette exemption moyennant une
somme modique de 5.500 livres payée en 1715 pour la
réunion des offices de Commissaires aux prisées. Ils pous-
saient le Corps de Ville à refuser aux notaires l'exemption
du logement ; Jousse lui-même, conseiller au Bailliage,
s'occupait activement, soit à Orléans, soit à Paris, des intérêts des Maire et Echevins et, par ses conseils et ses démarches, confirmait ces derniers dans leurs prétentions.
Toutefois son clair bon sens et son habitude des affaires
lui montraient les difficultés d'une telle opposition. « Je
ferai tout mon possible, écrivait-il aux Echevins le 20 juillet 1760, pour faire valoir la justice de votre opposition et
j'attends votre mémoire. Mais j'ai peur de ne pas réussir.
Puisse ma crainte être sans aucun fondement. » Quatre jours
plus tard il leur mandait, de Paris, qu'il avait rendez-vous
avec M⁰ Basly, leur procureur, pour aller chez M. de Cypierre
et chez M. de Breteuil et qu'il avait déjà vu l'avocat général, Joli de Fleury.

Toutes ces manifestations d'hostilité exaspéraient les

notaires et les rendaient irritables. Ils eurent le grand tort
d'envoyer, le 5 août 1760, une lettre un peu vive à M. de
Cypierre qui s'était chargé d'accommoder, de concert avec
M. de Breteuil, leurs différends avec le Corps de Ville et le
Bailliage. L'intendant s'en offensa avec raison et M. de
Breteuil les en avertit par une lettre datée du 15 août :
« Vous regardez comme des préventions tout ce qui n'est
pas conforme à vos idées et à vos désirs... Quand on veut,
Messieurs, que des personnes en places supérieures se
meslent d'accommoder une affaire, il faut y apporter plus
de confiance et moins de prétentions et se soumettre
d'avance à leurs décisions ou ne pas leur donner la peine
et l'ennuy d'une discution inutile. »

Neuf notaires, qui s'étaient, comme nous l'avons vu,
séparés de la Communauté et mis du parti du Bailliage,
s'excusèrent le 21 août auprès de M. de Breteuil en déclarant qu'exclus des assemblées ils n'avaient eu aucune part
à la lettre du 5 août : « Ce qui met le comble à notre cha-
grin, c'est d'apprendre qu'on a manqué à votre Grandeur
et à M. de Cypierre... Jamais la lettre du 5 août n'a été
projetée ni même connue de nous. Nous en demandons
excuse à votre Grandeur. Nous le supplions de ne nous
point retirer sa protection et ses bontés. Nous en avons
d'autant plus besoin que nous nous sommes attiré la haine
de nos confrères par la modération de notre conduite et la
crainte de leur nuire. »

En même temps les officiers du Bailliage suppliaient
M. de Breteuil de rendre compte au duc d'Orléans de l'im-
politesse des notaires et de l'engager « à prendre des
mesures pour contenir les notaires et réprimer l'indécence
de leur conduite ».

M. de Cypierre ne laissa à personne le soin de témoigner
son mécontentement et, lorsqu'à l'occasion du 1er janvier
1762 deux députés allèrent lui rendre visite, comme c'était
l'usage, l'Intendant leur dit qu'il n'avait pas lieu d'être
content de la Communauté, qu'elle aurait dû venir en
corps et qu'il l'exigeait, puis il leur fit signe de se retirer.

A la suite de l'arrêt de confirmation du 20 juillet 1760

la Communauté avait fait imprimer et distribuer les édits
et déclarations concernant les offices de Conseillers Notaires-
Syndics et de Conseillers Commissaires aux prisées. Le
15 décembre 1760, le syndic, accompagné de Mes Bordier
et Lesourd, se rendit chez le Lieutenant-général, chez le
Procureur du roi et à l'assemblée des Maire et Echevins
pour leur présenter ces imprimés avec l'arrêt du Conseil
et les lettres patentes de confirmation. Seul, le Lieutenant-
général reçut l'exemplaire qu'on lui présentait ; les autres
refusèrent de recevoir ceux qu'on leur destinait.

Les juges du Bailliage prétendaient que l'arrêt du
20 juillet 1760 avait été obtenu subrepticement et ils n'en
tenaient aucun compte. Le 5 janvier 1761 ils rendaient une
ordonnance faisant défenses à la Communauté des notaires
au Châtelet d'exercer les fonctions de Commissaires aux
prisées et ventes en vertu de lettres patentes et de percevoir
en conséquence aucun des droits qui y sont attachés jusqu'à ce que ces lettres patentes aient été publiées et régis-
trées au Siège, à peine de poursuite extraordinaire contre
les contrevenants ; ils ordonnaient, en outre, qu'à la
requête du Procureur du roi, il serait informé contre les
notaires qui auraient exercé et fait les fonctions de Commissaires et en auraient perçu les droits.

Malgré tout, il semblait difficile de condamner les notaires qui, si maladroits qu'ils eussent pu se montrer,
avaient présenté des demandes fondées sur des titres. Le
Corps de Ville avait bien formé une requête pour faire rapporter les lettres patentes aussitôt qu'il avait eu connaissance de leur délivrance ; mais son procureur, Me Basly,
avait cru devoir l'avertir que si Me Moreau, avocat au Conseil, espérait réussir dans cette requête, en revanche il ne
croyait pas possible de priver les notaires de la qualité de
Conseillers du Roi et de l'exemption du logement des gens
de guerre sans leur offrir le remboursement de la double
finances payée par eux.

Ce fut pour obéir à ce très sage avis qu'au début de l'année 1761 le Corps de Ville prit une délibération constatant :
1° qu'en demandant la suppression des offices réunis il n'a-

vait pas offert le remboursement des finances payées par la Communauté et que cette omission pourrait faire rejeter la demande de suppression ; 2° que les droits perçus comme notaires-syndics étaient si insignifiants et si peu onéreux au public qu'ils n'indemniseraient pas la Ville du prix qu'elle devrait débourser pour racheter ces offices ; 3° qu'il serait plus avantageux de restreindre la demande en suppression aux seuls offices de Commissaires aux prisées dont les droits étaient considérables. En conséquence les Maire et Echevins décidèrent d'offrir, au nom de la Ville, le remboursement des seuls offices de Commissaires suivant la liquidation qui en serait faite par Sa Majesté. En même temps ils demandèrent au duc d'Orléans son consentement à la suppression des six charges de Commissaires dépendant de ses parties casuelles et offrirent de payer au trésor de Son Altesse Sérénissime telle somme qu'il lui plairait de fixer pour lui tenir lieu du prêt annuel et du droit de mutation de ces offices.

En réponse, les notaires signifièrent un mémoire le 11 juillet 1761 et en adressèrent des exemplaires au Conseil du duc. Leur mémoire, qui se divisait en quatre propositions, avait pour but de prouver que la demande du Corps de Ville était irrecevable et inadmissible, que les privilèges et exemptions étaient attachés aux offices de notaires et non pas seulement aux charges accessoires réunies, et que l'exemption de trente-trois notaires était sans grande importance dans une ville qui comportait 60.000 habitants ; en terminant, les notaires offraient à M. de Breteuil, s'il était nécessaire, d'abandonner l'exercice des fonctions de leurs offices de Commissaires aux prisées. « Avec de telles dispositions ils osent se flatter de se conserver la protection de Monseigneur et de convaincre les officiers municipaux eux-mêmes de la droiture de leurs intentions et de la pureté de leurs sentiments ».

Le 24 février 1762 les notaires sollicitèrent la protection du duc d'Orléans dans le procès pendant au Conseil entre leur Communauté et le Corps de Ville. Le 11 mars, l'abbé de Breteuil leur faisait connaître qu'il acceptait la médiation qu'on avait sollicitée de lui et qu'à son avis l'affaire pourrait s'arranger aux conditions suivantes : 1° la qualité de Conseillers du Roi serait dorénavant reconnue aux notaires ; 2° il se faisait fort d'engager l'Intendant à accorder l'exemption du logement des gens de guerre à huit anciens notaires et à ménager le reste de la Communauté ; 3° une somme de 3.000 livres serait remboursée à la Compagnie par le Corps de Ville.

Les offres de M. de Breteuil ne furent pas acceptées et les marchandages continuèrent entre les deux parties pendant plusieurs années. Ce ne fut qu'au mois de mars 1769 qu'une transaction intervint dans cette affaire qui était toujours pendante au Conseil du Roi. Le 9 mars la Communauté autorisait les syndics « à donner, par écrit s'il était nécessaire, désistement pur, simple et irrévocable soit des fonctions et droits utiles attribués aux offices de Commissaires aux prisées et ventes, soit du titre même desdits offices, à condition que tous les autres titres et privilèges de la Communauté seraient conservés d'une manière irrévocable. »

Ainsi se termina le très long et très important procès intenté à la Compagnie des notaires par les Maire et Echevins, à la suggestion des Officiers du Bailliage. Les notaires gardèrent le titre de Conseillers du Roi et, jusqu'à la Révolution, furent, d'une façon effective, exemptés du logement des gens de guerre. Lorsqu'à la fin d'août 1789, les Officiers municipaux adressèrent à tous les citoyens privilégiés une invitation de fournir des lits aux troupes cantonnées à Orléans pour décharger les personnes assujetties au logement, la Communauté décida de payer, entre les mains du receveur de l'Hôtel de Ville, 100 livres le 1er de chacun des mois de septembre, octobre, novembre et décembre, sous la réserve que cette générosité volontaire ne pourrait jamais tirer à conséquence au sujet des privilèges de la Compagnie.

Procès avec le Bureau des finances. — La question de la confection des inventaires fut encore une fois agitée en 1776. Mes Deschamps et Chau, notaires au Châtelet, avaient été appelés pour faire l'inventaire des biens de la succession de M. Phelippe, commis à la Recette générale des finances et à la Recette générale des fermes. Les officiers du Bureau des finances d'Orléans prétendirent exclure les deux notaires et procéder eux-mêmes à l'inventaire de leur collègue décédé. Les notaires attaqués en informèrent leur Communauté qui, le 20 août 1776, décida de soutenir l'affaire en justice. Un arrêt provisoire intervint dès le 27 août : il maintenait les deux notaires dans le droit de faire l'inventaire de la succession de M. Phelippe et faisait défenses au Bureau des finances de les troubler. Malheureusement pour la Communauté ce premier arrêt fut cassé et un autre arrêt, statuant sur le fond, fut rendu le 26 novembre 1776 au profit des officiers du Bureau des finances d'Orléans. La même année les notaires de Paris, qui disposaient cependant d'une influence bien plus grande que les notaires d'Orléans, avaient, eux aussi, perdu au Conseil un procès identique, qui avait pour objet les inventaires des employés comptables des fermes.

Procès avec les Notaires de Paris. — A la veille de la Révolution les notaires au Châtelet d'Orléans eurent à soutenir un procès extrêmement important qui, non seulement, mettait en cause l'existence même de leur privilège séculaire d'instrumenter dans tout le Royaume, mais qui menaçait, en outre, de les empêcher d'acter à Orléans toutes les fois qu'un notaire de Paris s'y présenterait.

Les notaires au Châtelet de Paris, qui venaient de gagner toute une série de procès et de faire juger, contre le Chapitre de Paris (1770), puis contre les notaires de Versailles et ceux de la Prévôté de l'Hôtel (1782), qu'ils avaient le droit d'instrumenter partout où ils seraient requis par une seule des parties en cause, supportaient avec peine que d'autres Compagnies eussent les mêmes privilèges que la leur. Ils profitèrent de la première occasion qui se présenta pour s'attaquer aux notaires d'Orléans.

Auguste-Valentin Cousin, trésorier de France au Bureau des finances de la Généralité d'Orléans, étant mort, les scellés avaient été apposés, le 17 juillet 1783, sur les effets de sa succession. Le 26 août suivant, M⁰ Cabart, notaire au Châtelet d'Orléans, appellé par l'exécuteur testamentaire, Bouvet de Bronville, inspecteur des domaines de l'Apanage du duc, se rendait au domicile du défunt pour reconnaître les scellés en présence du Lieutenant-général et procéder à l'inventaire. Mais, entre temps, l'héritière présomptive, Marguerite Chardon, femme d'un sieur Bouillerot, bourgeois de Paris, avait donné procuration à un sieur Benoit Daurier à l'effet de requérir la reconnaissance des scellés et la confection de l'inventaire et avait obtenu un arrêt sur requête ordonnant, par provision, qu'après la reconnaissance des scellés l'inventaire serait rédigé par un notaire de Paris, M⁰ Le Febvre, choisi par les époux Bouillerot et leur mandataire Daurier. Aussi, le 26 août, M⁰ Cabart se trouva-t-il en présence de M⁰ Le Febvre qui émit la prétention d'exclure son confrère orléanais et d'avoir seul le droit de procéder à l'inventaire ; et c'est en vain que M⁰ Cabart offrit de se conformer à l'usage en faisant l'inventaire conjointement avec M⁰ Le Febvre, sous la seule condition qu'étant le plus ancien en réception, la minute resterait en son étude. Dans ces conditions l'exécuteur testamentaire, soutenant M⁰ Cabart, forma opposition et les parties furent renvoyées en la Cour. Les Communautés respectives prirent fait et cause pour leurs membres et le procès s'engagea.

Les notaires d'Orléans, par requête en date du 6 septembre, demandèrent à être maintenus dans leur droit et possession d'instrumenter conjointement avec les notaires de Paris et invoquèrent, outre l'arrêt du 20 août 1746 rendu en leur faveur contre le duc de Chevreuse, un arrêt de règlement du 7 juillet 1761 ordonnant, pour éviter toutes difficultés, que dans les inventaires, partages et liquidations, les notaires de Paris et ceux d'Orléans ne pourraient s'exclure et que la minute resterait chez le plus ancien titulaire. Il semble que le Parlement avait son siège fait à l'avance : le même jour, 6 septembre 1783, sur rapport du conseiller Choart, il rendait un arrêt provisoire donnant gain de cause aux notaires parisiens. La Communauté des

Notaires d'Orléans accusa son procureur M° Langlois d'avoir mal défendu ses intérêts ; elle le cassa aux gages et chargea M° Dhuicque d'occuper pour elle en la Cour.

Le 4 novembre de la même année une affaire identique se présentait à Orléans. Mes Lesourd et Chartrain, notaires nommés par la veuve et l'exécuteur testamentaire d'un sieur Ruby, voulurent procéder à la reconnaissance des scellés de la succession ; mais l'un des héritiers avait choisi, pour le représenter, M° Le Febvre le jeune notaire à Paris qui émit les mêmes prétentions que dans la succession Cousin. La Communauté d'Orléans décida de joindre cette nouvelle affaire à la première et députa à Paris, pour suivre le procès, Mes Danglebermes et Porcher ; ce dernier, s'étant récusé pour cause de santé, fut remplacé par M° Jullien ; elle décida en même temps de demander l'intervention du duc d'Orléans dans cette affaire « où les droits de ses officiers sont attaqués dans une des parties les plus essentielles de leurs fonctions ».

Les deux députés quittèrent Orléans le 10 décembre, emportant avec eux les originaux des Arrêts et Lettres patentes de 1512, 1519, 1539, 1544, 1550 et 1584, et un imprimé de l'Arrêt du Conseil du 14 octobre 1597. Ils les communiquèrent à leur avocat, M° Lesparat, et à leur nouveau procureur, M° Dhuicque, qui s'en servirent pour la rédaction de mémoires et consultations. Tous ces titres furent rapportés à Orléans et remis aux Archives de la Communauté le 1er avril 1784.

L'affaire engagée était particulièrement grave et rien ne devait être omis pour la faire réussir. Le 25 mai 1784, « vu les circonstances et le grand nombre de procès de la Compagnie, le Bureau décida que, pour le syndicat, on ne porterait sur la liste que trois anciens syndics connus pour leur expérience et leur connaissance des droits de la Communauté » et ce fut l'un de ces trois candidats, M° Porcher, qui fut élu. En même temps on suspendit la distribution des jetons « trop onéreuse à la Compagnie en raison des affaires multiples dont elle est chargée et qui multiplieront nécessairement les assemblées pendant le cours de l'année ». Cette dernière mesure était insuffisante : il fallait payer d'urgence, outre le centième denier, les honoraires des avocats et procureurs et les divers frais du procès ; aussi décida-t-on, le 30 novembre 1784, que chacun des membres acquitterait en 1785 le centième denier de son office et paierait 100 livres pour l'acquittement des dettes urgentes. Cette décision souleva quelques protestations et, à la réunion du 13 décembre, l'un des syndics, Mᵉ Jullien, fit une sortie violente et quitta la Salle en laissant sur le Bureau le portefeuille, le registre des délibérations et les clefs des armoires. Au bout de peu de temps, grâce à l'intervention de Mᵉ Moutié, avocat, choisi comme arbitre, les esprits s'apaisèrent, une conciliation eut lieu et des mesures furent prises d'un commun accord pour parer aux circonstances.

Le duc d'Orléans, dont l'intervention avait été sollicitée, avait, dès le 2 janvier 1784, avisé la Compagnie de son consentement. Le 26 novembre 1784 il adressait une requête pour la conservation des droits de son apanage et le 18 décembre un arrêt de la Cour le recevait partie intervenante. Cette intervention causa aux notaires de Paris quelques craintes pour le succès de leur demande. Aussi, pour ne pas mécontenter outre mesure un aussi grand personnage, s'empressèrent-ils de déclarer qu'ils n'entendaient nullement contester le privilège des notaires au Châtelet d'Orléans d'instrumenter dans tout le royaume, si ce n'était à Paris et lorsqu'ils seraient en concurrence avec un notaire de Paris. Et le 2 août 1785 ils demandèrent à la Cour de leur donner acte de cette déclaration.

La procédure suivait son cours. Le 28 janvier 1785 Mᵉ Jullien, syndic, communiquait au Bureau, qui les approuvait, les premières écritures contre les notaires de Paris rédigées par Mᵉ Lesparat, avocat en la Cour. Lui-même s'occupait à réunir les éléments d'un mémoire prouvant que, contrairement à leur assertion, les notaires de Paris n'étaient pas d'une création antérieure à celle des notaires d'Orléans ; ce mémoire fut lu à l'assemblée du 24 novembre 1785 et une copie en fut envoyée à Mᵉ Dhuicque pour en conférer avec Mᵉ Lesparat. Après en avoir pris connaissance, ce dernier écrivit aux notaires d'Orléans pour les engager à rechercher dans leurs minutes, depuis l'année 1600, les actes qu'eux ou leurs prédécesseurs avaient pu passer à Paris. L'année suivante la Communauté décida d'écrire aux notaires de Montpellier pour avoir des renseignements sur l'ancienneté de leur établissement et sur les titres qu'ils possédaient dans leurs archives. Dans l'intervalle, le duc d'Orléans était mort ; le 9 décembre 1785, la Compagnie en présentant ses condoléances au nouveau duc lui demandait sa protection et le 15 janvier suivant cette protection était accordée. Mais elle ne se manifestait peut-être pas d'une manière assez efficace suivant leur désir car au début de l'année 1787 on crut devoir écrire à M. Duvert, chancelier du duc, et à M. Monnot, l'intendant de ses finances, en les priant « de se ressouvenir du procès de la Compagnie avec les notaires de Paris ».

Ceux-ci, de leur côté, ne restaient pas inactifs et, en 1786, ils avaient réussi à obtenir, en leur faveur, l'intervention du Châtelet de Paris. D'autre part, comme ils paraissaient chercher à retarder le jugement, Mes Jullien et Danglebermes, députés des notaires d'Orléans, avaient fait signifier au Procureur du Roi du Châtelet de Paris de prendre communication des pièces de l'instance dans les délais prescrits par la loi.

Au début de l'année 1787 l'affaire était sur le point d'aboutir. Le 22 mai, le jour même où le Parlement rendait son arrêt à Paris, une assemblée générale se tenait à Orléans et les syndics donnaient lecture de différents mémoires imprimés par les soins des deux parties adverses : 1° un résumé et seconde consultation pour les notaires d'Orléans ; 2° un résumé des notaires de Paris contre ceux d'Orléans ; 3° une seconde consultation pour les notaires de Paris ; 4° une consultation pour les Officiers du Châtelet de Paris intervenants dans l'instance appointée entre les notaires de Paris et les notaires d'Orléans. (1) Il est intéres-

---

(1) Les mémoires imprimés à l'occasion de ce procès ne se bornent pas à ces quatre pièces. Il en existe un bien plus grand nombre qu'on retrouve parfois reliés ensemble et formant un assez gros volume. Tel est l'exemplaire de la Bibliothèque d'Orléans, coté H. 4333.

sant d'indiquer très sommairement, d'après les pièces imprimées, les arguments fournis par chaque partie.

La thèse des notaires de Paris était basée sur l'antériorité
de leur création et sur la possession. Ils soutenaient, sans
preuve certaine à l'appui, qu'ils avaient été créés bien
avant les notaires d'Orléans qui ne faisaient remonter leur
établissement qu'à l'année 1303. Leurs offices avaient été
érigés en titres en 1254 par Saint Louis et, pour prouver
cette assertion, les notaires invoquaient les historiens et,
tout spécialement, dom Mabillon auquel, par un raisonnement spécieux, ils faisaient dire ce qu'il n'avait jamais
écrit : Mabillon déclare qu'il n'a pas trouvé d'actes passés
par les notaires, comme officiers publics, avant 1270, ce qui
prouve qu'il en a trouvé portant la date de 1270 et que ce
fait établit la création de leurs offices par Saint Louis. A
cette époque tous les autres notaires du royaume, même
ceux d'Orléans, n'étaient encore que les commis des Baillis
et des Prévôts. Quant à la prévôté de Paris c'était la plus
ancienne de toutes puisque l'origine en remontait à l'avènement au trône de Hugues Capet qui prenait volontiers
le titre de Comte de Paris. Enfin, disaient-ils, notre création est certainement antérieure à celle des notaires d'Orléans puisque, dans sa déclaration du 6 août 1544, François Ier reconnaît qu'ils ont été créés à *l'instar* des notaires
de Paris ; et nous sommes redevables de notre privilège à
cette circonstance que pendant longtemps nous avons été
les seuls notaires royaux du royaume.

La possession ne saurait être contestée aux notaires de
Paris. Déjà, le 18 août 1621, ils ont obtenu une sentence
du lieutenant civil au Châtelet de Paris faisant défense à
deux notaires d'Orléans, Mes Lasne et Demeulles, de continuer à Paris l'inventaire du feu sieur d'Escures qu'ils avaient
commencé à Orléans et ordonnant, par manière de provision, que l'inventaire serait fait par deux notaires de Paris, Mes Viard et Lemercier, nommés d'office à cet effet. Il
est vrai qu'un jugement définitif n'a pas été rendu mais la
faute en incombe aux notaires d'Orléans qui ont négligé de
poursuivre. Les trois actes reçus à Paris en 1650 et 1688 par

des notaires d'Orléans sont sans importance puisqu'aucun d'eux n'est de la nature de ceux que les ordonnances veulent qu'on passe devant notaires sous peine de nullité ; ils auraient pu être passés sous signatures privées et, par suite, les parties pouvaient en confier la rédaction à un notaire étranger sans courir aucun risque ; ce sont « autant d'actes de complaisance » de la part de ceux qui les ont souscrits. Quant aux 10 à 12 procurations, ratifications et actes analogues reçus à Paris depuis 1743 par les sieurs Jullien et Danglebermes, notaires d'Orléans et députés de leur Communauté, ils sont suspects et l'on doit penser qu'ils n'ont été reçus par eux qu'en vue d'un procès possible avec les notaires de Paris. Enfin le 9 mai 1736 les notaires de Paris ont obtenu un arrêt de règlement les maintenant dans le droit et possession d'instrumenter partout dans l'étendue du Royaume lorsqu'ils en seraient requis par une seule des parties.

Les mémoires et consultations où cette argumentation était longuement développée étaient l'œuvre de Treilhard, Boucher d'Argis, Laget-Bardelin, Tronchet, Collet, Breton, Martineau, Patenôtre, etc...

A ces allégations les notaires d'Orléans répondirent point par point, par la voix de Mes Lesparat, Dhuicque, Jullien, Ferey, etc... Ils prouvèrent sans peine que les soixante notaires de Paris n'avaient pas été créés en 1254, mais que leur établissement ne remontait, comme celui des notaires d'Orléans et de Montpellier, qu'à l'ordonnance de janvier 1303. Eux aussi pouvaient citer des actes reçus par leurs prédécesseurs du xiiie siècle et notamment en 1275, mais cela ne prouvait nullement qu'ils étaient alors en titres d'offices. Quant à la Prévôté d'Orléans, son origine était contemporaine de celle de Paris puisqu'elle datait de Hugues Capet qui, en 987, avait réuni à la couronne les comtés de Paris et d'Orléans hérités par lui de son père Hugues-le-Grand. Les termes employés dans la déclaration de 1544 ne prouvaient rien et il suffisait, pour s'en convaincre, de comparer les lettres patentes accordées en 1510 aux notaires de Paris et en 1512 à ceux d'Orléans ; la rédaction des deux pièces est parfaitement identique et n'implique aucune prééminence d'une Compagnie sur l'autre. Les deux lettres furent publiées, par les notaires d'Orléans, en regard l'une de l'autre, à la fin d'un mémoire à consulter daté du 7 mai 1787.

En ce qui concerne la possession, la sentence provisoire du 18 août 1621 est absolument sans valeur puisque les notaires de Paris n'ont pas osé faire statuer, même par leur propre juge, sur les demandes qu'ils avaient formées ; cette sentence n'a pas statué sur le fond pour empêcher les notaires d'Orléans d'instrumenter à Paris. En revanche, il était patent que des notaires d'Orléans avaient reçu des actes à Paris : un port de foi avait été rendu, à Paris, le 29 juin 1650, devant Coulombeau, notaire orléanais, par Euverte Angran, seigneur de Fonspertuis et de Lailli, au seigneur de Cornay et Concire et, le 22 juillet suivant, copie de cet acte avait été délivré par deux notaires parisiens ; une ratification de partage et liquidation, arrêtés à Orléans le 31 décembre 1742 dans les successions d'Antoine Masson et de sa femme, avait été reçue à Paris le 22 janvier 1743 par Me Jullien, d'Orléans, et l'expédition en avait été déposée en l'étude de Me Dulion, notaire de Paris, le 23 mars 1743 ; d'autres actes avaient été énumérés. D'ailleurs, ajoutaient les notaires d'Orléans, si les notaires de Paris pouvaient nous exclure, ils auraient, en plus du privilège commun aux uns et aux autres de pouvoir instrumenter dans tout le royaume, le privilège particulier d'exclure leurs *co-privilégiés* en cas de concurrence, et cela est inadmissible.

Malgré qu'ils parussent avoir raison, les notaires d'Orléans perdirent leur procès. Le 22 mai 1787, le Parlement rendait son arrêt : les notaires de Paris étaient maintenus dans le droit et possession *exclusifs* de pouvoir instrumenter *seuls* à Paris, ainsi que dans le droit et possession de *se transporter* partout, notamment à Orléans, pour y passer, *à l'exclusion* des notaires du lieu, tous actes dépendants de leurs offices même s'ils n'en étaient requis que par une seule des parties intéressées, conformément à l'ar-

rêt de règlement du 9 mai 1736 ; il était ordonné aux notaires
d'Orléans de se retirer devant ceux de Paris ; l'arrêt provisoire du 6 septembre 1783 était déclaré définitif ; il était
permis aux notaires de Paris de faire imprimer le présent
arrêt tant à Paris qu'à Orléans et ailleurs ; enfin les notaires
d'Orléans étaient condamnés à tous les dépens.

Le jour même, les deux députés de la Compagnie,
M⁀ˢ Jullien et Danglebermes, écrivirent à Orléans pour aviser leurs confrères de l'issue désastreuse de l'affaire. On
leur répondit de voir le parti à prendre pour la révision
du procès dans une autre Cour ou par la voie de cassation. En même-temps la Communauté votait un emprunt
de 15.000 livres.

L'arrêt du 22 mai fut signifié le 22 juin, par le ministère de l'huissier Buraux, aux procureurs de la Compagnie
M⁀ˢ Dhuicque et Formé. Trois semaines plus tard, il était
imprimé et affiché non seulement à Paris, mais même à
Orléans, où l'on avait envoyé tout exprès un huissier-com-
missaire priseur au Châtelet de Paris, Lefebvre Desvallières.
Ce dernier, logé chez un sieur Aubry, au Lion d'Argent,
rue d'Illiers, s'était mis en rapport avec François Chasot,
juré afficheur de la ville, et, en sa compagnie, avait, le
16 juillet, apposé trente-six exemplaires de l'arrêt à divers
endroits : à la porte de M⁀ᵉ Lesourd, doyen, et à celle de
M⁀ᵉ Vallée-Dunant, syndic de la Communauté ; à la porte
principale des paroisses respectives de ces deux officiers ;
au Châtelet, où l'on avait posé trois exemplaires ; à la
porte de M. Curault, lieutenant-général, et à celle de
M. Tassin de Villepion, procureur du roi ; à l'Hôtel de Ville ;
au Martroy ; au Marché Porte-Renard et au Grand Marché ;
au Coin Maugars ; à la place du Vieux Marché ; aux portes
Saint-Vincent, Bannier, Saint-Jean, Madelaine, Bourgogne ;
à la porte du Pont ; etc., etc...

Suivant les instructions reçues d'Orléans, les deux députés de la Compagnie avaient chargé M⁀ᵉ Benoit, avocat au
Conseil du Roi, d'étudier les moyens de cassation de l'arrêt du 22 mai. Le 23 août, celui-ci les avisait qu'il s'occupait de la requête à présenter au Conseil, mais qu'il ne

pourrait la déposer qu'au mois de novembre après les vacances. La procédure était lente : ce ne fut que le 16 juillet 1788 qu'une lettre de M⁰ Benoit fit connaître aux notaires d'Orléans que le travail de secrétaire dans l'affaire avec les notaires de Paris était achevé et que les pièces venaient d'être remises entre les mains du rapporteur. Le 23 juillet la Compagnie députait à Paris, pour activer l'affaire, deux de ses membres, M⁰ˢ Gallard et Cabart ; M⁰ Jullien père, d'abord choisi, avait dû refuser ce mandat, étant alors souffrant. Nous ne savons ce qu'il advint, par la suite, de cette députation et de la requête des notaires d'Orléans. Les registres des délibérations de la Communauté ne font plus mention de l'affaire contre les notaires de Paris qui ne fut probablement jamais jugée et que firent oublier les préoccupations soulevées par la prochaine convocation des Etats-Généraux de 1789. L'heure n'était plus aux privilèges puisqu'on prétendit les abolir à jamais dans la fameuse séance de la nuit de 4 août.

CHAPITRE VII

Liste des Notaires au Châtelet d'Orléans

Utilité des listes de Notaires. — De tout temps, on s'est préoccupé, à Orléans comme partout ailleurs, de connaître la succession des titulaires dans les diverses études de notaires. Cette préoccupation est éminemment utilitaire ; on espère généralement trouver toutes les minutes d'un ancien notaire dans l'étude de son successeur en exercice. En réalité, cet espoir est déçu dans bien des cas, soit que les minutes aient été détruites volontairement ou accidentellement, soit qu'à une époque ancienne elles aient été données ou vendues à une personne autre que le possesseur de la charge : nous avons vu, en effet, que les notaires étaient autrefois propriétaires de leurs minutes, qui n'étaient pas, comme aujourd'hui, attachées à la charge et dont ils étaient libres de disposer à leur gré. Dans la majorité des cas cependant, les minutes étaient transmises au successeur de l'office et les listes chronologiques des titulaires de chaque étude ont une utilité incontestable.

Les notaires qui, pour établir des origines de propriété, ont fréquemment besoin de recourir à des actes antérieurs, furent les premiers à reconnaître la nécessité de ces listes, et c'est pourquoi l'on trouve assez souvent des listes dressées par études et comprenant les noms de tous les prédécesseurs du titulaire en exercice. Celles qui nous ont été conservées sont, dans leur ensemble, exactes ; elles ont dû être dressées avec les documents contenus dans les registres de délibérations de la Communauté. Malheureusement ces registres ne commencent qu'au début du xvie siècle et, par suite, les listes ne remontent pas au-delà. Si, au contraire, elles avaient été faites d'après les documents déposés dans chaque étude et notamment d'après les minutes, la succession chronologique des notaires, pour chaque étude, serait peut-être moins rigoureuse mais en revanche nous saurions de quels notaires chaque étude possède les minutes et les listes remonteraient bien au-delà du début du xvie siècle, puisque beaucoup d'études orléanaises possèdent des minutes antérieures à cette époque.

Quoiqu'il en soit, les listes ainsi dressées sont utiles et, dans l'impossibilité, où l'on se trouve actuellement, de donner un inventaire précis, pour chaque étude, de toutes les minutes qui y sont déposées, je me contenterai de reproduire, après les avoir contrôlées, les listes des titulaires des trente-trois charges de notaires au Châtelet d'Orléans, de 1512 à 1791.

Projet de matricule général. — A la fin du xviiie siècle on avait si bien compris la nécessité de ces catalogues qu'un projet présenté par un sieur Thoumin fut agréé par le roi. Un arrêt du Conseil d'Etat du 21 juin 1782 autorisa Thoumin à établir un *matricule général* (1) de tous les notaires du royaume pour faciliter la recherche des actes anciens. Thoumin se proposait de former des tables alphabétiques des noms de tous les notaires actuels du royaume, des noms de leurs prédécesseurs et des années de leur exercice, à l'exception des Notaires au Châtelet de Paris « attendu l'ordre qui règne dans leurs minutes et la facilité d'en faire la recherche ». Ce matricule général, concédé à titre de privilège pour une durée de trente ans, devait avoir son dépôt à Paris, et des Bureaux de correspondance dans chaque province. Thoumin était autorisé à percevoir, pour son droit de recherche, une somme de 3 livres toutes les fois qu'il aurait indiqué le détenteur d'un acte demandé.

Listes anciennes, manuscrites, des Notaires orléanais. — J'ignore jusqu'à quel point ce projet de matricule général fut exécuté. Mais à Orléans il y avait longtemps que de telles listes avaient été dressées.

1° La première connue est celle que fit, avec beaucoup

(1) Les *matricules* étaient les registres tenus pour les réceptions d'officiers ou de titulaires d'un office de magistrature ou de finance.

de soin, en 1671, pendant son syndicat, Claude Gommet, qui exerça de 1660 à 1684. « Cette liste dudit maistre Claude Gommet est la plus fidelle et correcte de toutes les listes que iay veues, plusieurs des notaires m'en aiant communiqué qui n'approchent pas de l'exactitude d'icelle liste qui est necessaire à tous habitans de la ville d'orleans parce que lors qu'on cherche des minutes de notaires dont on a besoing on les trouve aussy tost, ce que Aymon Proust de Chambourg professeur à Orléans a recopié en 1738 comme très nécessaire pour son utilité ». Cette liste qui est déposée à la Bibliothèque municipale d'Orléans sous la cote S. 33, est précédée d'une analyse du « papier mémorial ou livre de la communauté des notaires » du 9 mai 1516 à l'année 1669. On trouve également, dans ce manuscrit, la copie de plusieurs lettres patentes ou édits concernant les notaires. Tous ces détails accessoires, très précieux par eux-mêmes, donnent aux listes une présomption d'exactitude très grande et justifient les éloges de Proust de Chambourg.

2° Une seconde liste également déposée à la Bibliothèque d'Orléans sous la cote H. 2817 est une copie faite « par N... le lundi 26 aoust 1737 » d'une liste dressée par Pierre Ducloux, alors âgé de 84 ans et qui avait été notaire pendant 56 années, de 1680 à 1736. Cette liste a beaucoup d'analogie avec celle de Claude Gommet et, à de certains égards, elle semble un peu plus complète ; malheureusement il lui manque un certain nombre de feuillets ; chaque tableau de cette liste s'arrêtait primitivement à 1729 mais les tableaux ont été complétés et certains feuillets vont jusqu'à l'année 1813. Il semble qu'il y ait eu deux additions, l'une s'arrêtant à 1788 et l'autre à 1813.

3° La Bibliothèque d'Orléans possède, sous la cote ms. 983, une troisième liste qui fait partie des papiers de Perdoux de la Périère. Elle n'offre que peu de variantes avec la seconde (H. 2817) et s'arrête à l'année 1710.

4° M. l'abbé Pelletier, vicaire général d'Orléans, a offert à la Société archéologique, le 11 novembre 1853, une autre liste manuscrite des notaires qui ont exercé de 1512 à 1722. C'est également une copie de la seconde (H. 2817) qui a été faite par Louis Boucher, notaire au Châtelet de 1686 à 1744 ou, tout au moins, pour lui, car elle porte, sur la couverture, le nom de ce notaire et la date de 1723.

5° Les Archives départementales du Loiret possèdent depuis peu, sous la cote G. 2942, une liste qui faisait partie des papiers de M. Henri Herluison et qui, d'après une note de ce dernier, aurait été dressée par M. Genty, ancien préfet de la Nièvre et fils d'un notaire d'Orléans, Genty-Locnon. C'est une copie moderne, complétée jusqu'à 1880 environ, d'une liste qui a disparu et qui vraisemblablement avait appartenu à Gabriel-Marcou Vée, qui fut notaire de 1773 à 1786. Elle ne diffère qu'en peu de points des quatre listes précédentes et ne présenterait, par suite, que peu d'intérêt si elle ne contenait un feuillet consacré à l'inventaire des minutes de son étude fait le 3 octobre 1778 par Vée. Cet inventaire très détaillé est assez rare pour mériter qu'on le signale. La liste se termine par une table alphabétique des noms de notaires ; Vée l'avait dressée jusqu'à la date du 1ᵉʳ août 1777 ; M. Genty l'a complétée jusqu'à 1876 et donne l'indication des noms et prénoms de chaque notaire avec le numéro de la liste par études où ce notaire figure.

6° M. Charles de Beaucorps possède un document manuscrit très intéressant qu'il a bien voulu nous communiquer. C'est un inventaire des titres de la Communauté des Notaires d'Orléans fait par Mᵉ Leddet, notaire, en exécution d'une délibération du 7 janvier 1737. A la fin de cet inventaire est une liste par études « de tous les notaires qui ont exercé depuis l'année 1512 seulement, la Communauté n'ayant aucuns mémoires certains de ceux qui les ont précédés ». Cette liste, qui a été continuée jusqu'en 1779, ressemble beaucoup à la liste de Pierre Ducloux (n° 2), ce qui s'explique aisément par ce fait que Mᵉ Leddet succéda à Mᵉ Ducloux. Elle présente des différences dans le numérotage des listes avec celle de Gommel.

D'autres listes semblables existent, paraît-il, dans des collections particulières ou chez des notaires, mais ne seraient que des répliques de celles que je viens d'indiquer.

La plupart de ces listes manuscrites se terminent par l'ordre du Syndicat qui avait lieu anciennement non par élection mais, à tour de rôle, par office. Dans la quatrième liste, l'ordre du Syndicat commence au 9 mai 1685, c'est-à-dire au premier syndic qu'ait connu Me L. Boucher ; dans la seconde, il ne part que de 1722.

7° Une septième liste manuscrite, déposée aux Archives départementales du Loiret, datée de 1784 et également dressée par études, est tout à fait différente des six premières. Au premier aspect, la succession des titulaires dans chaque étude semble inexacte car, très fréquemment, les mêmes noms réapparaissent dans plusieurs études. En revanche, cette liste comprend une seconde partie où les notaires orléanais sont groupés par ordre alphabétique de noms, avec indication de leurs années d'exercice et des officiers qui, en 1784, détiennent leurs minutes. Je suppose que ce double catalogue a dû être dressé, un peu à contrecœur, par les notaires eux-mêmes, à une époque où, nous l'avons vu plus haut, les avocats du Roi réclamaient de telles listes avec insistance à la Communauté ; mais pour une cause ignorée les gens du Roi ne persévérèrent pas dans leurs réclamations et ces listes, qu'on avait mis longtemps à établir, ne leur furent vraisemblablement jamais remises.

Dans ce document on a considéré comme prédécesseurs du titulaire en exercice tous ceux dont ce dernier possédait des minutes et c'est ce qui explique, — les minutes anciennes ayant été souvent vendues ou partagées, — que les listes par études soient inexactes et qu'un même nom puisse se retrouver dans plusieurs études. En tous cas, la seconde partie de ce catalogue, si elle a été faite avec soin, est d'autant plus précieuse pour retrouver des minutes anciennes qu'elle ne s'arrête pas comme les autres à 1512 et qu'elle comprend, malheureusement sans indiquer les dates, quelques noms de notaires du xv⁰ siècle.

Listes imprimées. — A côté de ces listes manuscrites il en existe d'autres qui ont été imprimées, notamment en

1735 et en 1742, mais qui ne comprennent que les noms des titulaires en exercice.

Dans le « *Détail historique de la Ville d'Orléans* » publié en 1752, chez Jacob, on trouve, à la page 51, les « noms des trente-trois notaires roiaux au Châtelet d'Orléans et de ceux ausquels ils ont succedé depuis soixante ans ».

A partir de 1756 jusqu'à 1760, les « *Etrennes Orléanaises* » donnent les noms et adresses des notaires en exercice, mais sans indication des prédécesseurs. Le « *Calendrier historique de l'Orléanais* » pour 1770 indique, pour la première fois, les noms et adresses des « Notaires au Châtelet d'Orléans, conseillers du Roi et Apostoliques » et ajoute, pour chacun d'eux, les noms des prédécesseurs ; mais aucune de ces listes ne mentionne les prénoms et les dates de réception des notaires. Il faut arriver aux annuaires modernes (*Annuaire général d'Orléans* et *Annuaire du département du Loiret*) pour trouver le nom du titulaire de chaque étude, l'année de sa réception, l'indication des minutes déposées dans l'étude et, quelquefois, les dates extrêmes de ces minutes. Nulle part les prénoms ne sont mentionnés, ce qui serait utile dans bien des cas, certains noms de famille revenant fréquemment dans les listes.

Nous croyons donc bien faire en publiant ici :

1° les listes des titulaires successifs de chacune des trente-trois études de notaires au Châtelet, d'après celles de Gommet et Ducloux qui nous paraissent à peu près exactes et qui ont été dressées au moyen des titres de la Communauté. Ces listes commencent à 1512 ; exceptionnellement, quand nous avons pu le faire, nous avons indiqué les titulaires antérieurs. Pour la facilité des recherches, les listes ont été continuées jusqu'à nos jours.

2° les listes de tous les notaires connus, par ordre alphabétique, reproduisant les indications données par le catalogue de 1784 des Archives du Loiret ; vis-à-vis le nom de chaque notaire, on trouvera les dates de son exercice, le nom du titulaire actuel de son étude et le nom ou les noms des notaires actuels qui possèdent tout ou partie de ses minutes. N'ayant pas fait moi-même l'inventaire des minutiers de chaque étude, je ne puis me porter garant de ces dernières indications, mais il sera facile de les contrôler et, au besoin, de les rectifier au fur et à mesure que des érudits classeront méthodiquement les minutiers orléanais. (1)

3° une liste des Syndics de la Communauté dont nous avons retrouvé la trace, avec indication des années où ils ont exercé le syndicat.

LISTES DES NOTAIRES PAR ÉTUDES

Nous avons exposé, en son temps, qu'au début du xIV^e siècle, le nombre des offices était de douze et qu'avant 1368 il fut élevé à quinze. En 1519, François Ier créa neuf nouvelles charges ; les titulaires, dont le premier fut nommé en 1522, ne furent admis dans la Confrérie qu'en 1533, ce qui porta à vingt-quatre le nombre des notaires. Pendant les guerres de religion, cinq nouveaux officiers furent installés et il y eut dès lors vingt-neuf notaires à Orléans. Enfin, pendant la Ligue, quatre derniers offices furent créés. Jusqu'à la Révolution le nombre de trente-trois études ne changea point.

Les rédacteurs des anciennes listes (Gommet, Ducloux, etc., etc...) ont numéroté de 1 à 33 les diverses charges, en indiquant d'abord les titulaires des quinze charges qui existaient en 1512; puis ceux des neuf charges créées par François Ier et enfin ceux qui furent installés au cours des guerres de religion ou de la Ligue. Ces numéros sont commodes pour les recherches et nous les avons adoptés sans modification, mais en faisant observer qu'on ne doit pas considérer l'ordre des numéros comme indiquant exactement l'ordre des créations ou des nominations qui, d'ailleurs, n'est pas toujours connu avec précision.

---

(1) M. Eug. Jarry qui a compulsé de nombreux minutiers orléanais a bien voulu revoir ces listes alphabétiques et y apporter quelques additions et corrections. Nous lui en exprimons toute notre vive reconnaissance.

LISTE N° 1

Courtin l'aîné (Jean) était, en 1512, l'un des quinze notaires au Châtelet d'Orléans. Il exerçait depuis les dernières années du xv° siècle.

Courtin l'aîné (Jean), notaire en.................................... 1512
Foucher (Denis), pourvu de l'office en............................. 1513
   (ou 1518 ?)
Jaupître (François) 1530
Jaupître (Antoine), fils du précédent (1)........................... 1576
Clousier (Louis) 1600
Gervaise (Pierre) 1626
Jumeau (Jacques) (2) 1651
Godeau (Gabriel) (3).. 21 août 1680
Godeau (Gabriel), neveu du précéd., 30 mars (ou 21 avril ?) 1714
Hubert (Florent-Charles) .... 3 avril 1737
Moutié (Jacques-Erasme) .... 14 août 1750
Pollier-Dumont (Silvain-Joseph) .... 28 décembre 1753
Johanet (Jean) .... 5 février 1772

L'étude de Jean Johanet a été supprimée et, en mars 1805, ses minutes ont été déposées dans l'étude de Lefebvre, dont le titulaire actuel est M° Berlencourt. Elle était peu importante.

LISTE N° 2

Sevin (Barthelemy) était, en 1512, l'un des quinze notaires au Châtelet d'Orléans. Il avait été pourvu, au mois de septembre 1481, de la charge dont son père, Louis Sevin, était antérieurement titulaire.

Sevin (Barthélemy), notaire en................................... 1512
Sevin (Nicolas) (4), fils du précédent, pourvu en.......... 1515
Mesnager (Gilles) 1540
Pasquier (Jean) .... juillet 1562
   (ou 1565 ?)
Sevin (Berthelemy) .... janvier 1585

(1) Antoine Jaupître n'aurait été reçu qu'en 1580 ?

(2) Jacques Jumeau dut prendre de nouvelles lettres de provisions le 13 juin 1664. Il mourut en charge.

(3) Gabriel Godeau fut inhumé à Saint-Paterne le 4 mars 1714.

(4) Nicolas Sevin fut notaire de la Ville.

Noyer (Bernard) .... septembre 1617
Hémon (Etienne) .... octobre 1623
Martin (Christophe) .... janvier 1636
Duncau (Pierre) .... 7 juillet 1664
Poing Gervaise (1)........-..... (janvier ?) ou 1er juillet 1666
Poullin (François) .... 8 mars 1670
Poullin (François de Sales), fils du précédent.... 1er avril 1704
Prevost (Joseph) (2), gendre du précédent........ 30 juin 1746
Mariette (François-Pierre) (3).................. 15 juin 1769
Destas (Jacques-Guillaume) .... 13 juillet 1782
Pothain (Antoine-François-Pierre), 14 ventôse an 11-5 mars 1803
Villiers .... 29 novembre 1819
Lemoine 1821
Lefebvre (Charles) .... 25 octobre 1832
Loiseleur (Jean-Auguste-Jules) .... 24 décembre 1844
Creuzet (Pierre-Fulgence-Anatole) .... 1er septembre 1856
Fauchon (Georges), décédé en 1908, gendre du précé-
    dent .... 3 septembre 1881
Fauchon (Emile), fils du précédent............. 3 mars 1909

LISTE N° 3

Jacques (Drouin) était, en 1512, l'un des quinze notaires au Châtelet d'Orléans. Il était déjà pourvu de l'office en 1499.

Jacquet (Drouin), notaire en................................ 1512
Jacquet (Guillaume), fils du précédent, pourvu en....... 1518
Herpin (Guillaume) 1538
Segoing (Jullien)...................................... 1540
Mignon (Constantin) .... mai 1571
Cahouet (Antoine) 1617
Le Febvre (Toussaint) (4)............................. 1652
Le Roy (Georges)............................... 18 mars 1671
Brimbeuf (Vincent) (5)......................... août 1675
Blandin (Gentien) (6)................. 18 novembre 1705

(1) Gervaise Poing, mort en charge.
(2) Joseph Prévost était né à La Martinique.
(3) F.-P. Mariette décéda subitement en 1782, à l'âge de 41 ans. Il avait épousé Marie-Anastasie Dubois.
(4) Toussaint Le Febvre dut prendre de nouvelles lettres de provisions le 16 mai 1664.
(5) Vincent Brimbeuf, mort en charge.
(6) G. Blandin épouse en 1706 Marie-Thérèse Charron.

Legrand (Joseph) (1)......................... 4 juillet 1731.
Trezin (Etienne) (2)......................... 21 janvier 1743
Trezin (Etienne), fils du précédent............... 1er août 1775
Asselin le jeune (Louis)................... 27 septembre 1776
Trezin (Etienne), le même que précédemment, a été reçu
   de nouveau le .... 10 septembre 1777
Pelletier père (François-Joseph), 12 vendémiaire an VI-
                                   4 octobre 1795
Pelletier fils (Louis-Gustave)............... 13 décembre 1836
Taillebois jeune (Pierre-Auguste)............ 21 septembre 1843
Bordier (Etienne-Emile) .... 29 mai 1854
Bordier (Charles), fils du précédent .... 26 février 1886
Tulpain (Julien-André) .... 5 novembre 1920

LISTE N° 4

Breton (Jean) était, en 1512, l'un des quinze notaires au Châtelet d'Orléans. Il avait été pourvu le 17 novembre 1496 et il exerça jusqu'au 25 octobre 1522.

Breton (Jean), notaire en 1512
Hurault (Guillaume), pourvu en 1523
Gasté (Claude) 1558
Ferri (ou Ferry ou Fary) (Jacques) 1581
Moynet (Paul) 1591
Monnoye (Pierre) .... décembre 1602
Faucheux (Maria) .... octobre (ou décembre) 1630
Plisson (Pierre) .... novembre 1652
Gommet (Claude) .... 20 mars 1660
Corrozet (Etienne-François) (3) .... mars 1684
Odigier (Claude) (4)..................... 9 avril 1698

(1) Joseph Legrand fut nommé, malgré l'opposition de la Communauté, à charge de tenir répertoire des minutes qu'il recevra « attendu qu'il n'a point les minutes du défunt Blandin ». C'est en effet Aignan qui avait eu « la pratique » de G. Blandin (actuellement étude Gaullier). Les minutes de Blandin avaient été vendues.

(2) Et. Trézin épousa Catherine-Dauphine Leroy, qui mourut en 1771, à l'âge de 52 ans.

(3) Etienne-François Corrozet, fils d'Etienne Corrozet, notaire à Paris, épousa en 1690 Marguerite Noyer.

(4) Claude Odigier décéda le 8 mai 1728 et ses minutes furent conservées par son fils Jacques-Michel Odigier, notaire.

Mallier (Jean-Baptiste) .... 7 mars 1731
Lesourd (Jean) (1).. 14 mai 1749
Bonneau (Toussaint) .... 7 juillet 1789
Maigreau .... 6 mai 1817
Marchand fils aîné (Pierre-Louis-Alexandre) 1824
Hébert (Louis-François) .... 24 décembre 1832
Miraux (Louis-Arsène) .... 31 mai 1841
Ponceau (Jean-François-Alexandre) .... 21 juin 1847
Dubec (Charles-Anatole) .... 12 mai 1859
Fougeu (Marie-Louis-Albert) .... 26 février 1886
Machereau (Louis-Michel-Jules-Joseph) .... 3 juillet 1912
Lépine (Eugène-Ludovic) .... 22 août 1919

LISTE N° 5

Charron (Pierre) était, en 1512, l'un des quinze notaires au Châtelet d'Orléans. Il avait eu comme prédécesseur, dans cet office, Recoing (Jean).

Charron (Pierre), notaire en........................... 1512
Rousseau (Nicolas), pourvu en 1516
Rousseau (Nicolas), fils du précédent 1556
Mithonneau (Jean) 1582
Mithonneau (Jean), fils du précédent 1621
Villeneufve (ou de Villeneufve) (Michel) (2)............. 1634
Mithonneau (Claude) .... 21 février 1668
Mithonneau (Claude), fils du précédent .... 1er août 1704
Baudouin (Charles-Alexandre) .... 10 mars 1729
Gaillard (Charles) .... 10 mars 1731
Sarradin (Louis) .... 28 novembre 1742
Daviau (Michel) .... 26 février 1765
Desbois (Jérôme-Pierre-François) (3) .... 9 mars 1776
Verdier (Jean-Baptiste-Louis) .... 20 février 1809
Dufour .... 31 janvier 1820
Ploix 1823

(1) Jean Lesourd avait les minutes de Florent Paris et des prédécesseurs de ce dernier (Voir liste 14) ; en revanche il n'avait pas les minutes de ses prédécesseurs Odigier, Corrozet, etc..., qui se trouvaient chez Piqueret (liste 14).

(2) Michel de Villeneufve dut prendre de nouvelles lettres de provisions le 23 mars 1665. Il avait épousé Magdeleine de La Selle.

(3) J.-P.-F. Desbois épouse en 1782 Marie-Geneviève Hautin.

Sansco (Benoist-Alexandre-Alphonse) .... 3 avril 1838
Regnault (Émile) .... 13 juin 1864
Baron (Adrien-François) .... 28 août 1901

LISTE N° 6

Rousseau (Étienne) était, en 1512, l'un des quinze notaires au Châtelet d'Orléans. Il exerçait déjà en 1502.

Rousseau (Étienne), notaire en 1512
Baudouin (Pierre), pourvu en 1523
Desmaraudes (ou De Maraudes) (Gentien) 1531
Gruin (Pierre) 1539
Gruin (Sébastien), fils du précédent 1573
Mesnager (Noël) 1583
Thué (Philippe) 1586
Basly (ou Bailly) (Alexandre) (1) .... 15 décembre 1621
Mauduison (Alexandre) (2), petit-fils d'Alex. Basly.... juin 1674
Mauduison (Jacques) (2) fils (ou frère ?) du précéd. 13 nov. 1694
Mainbourg (Guillaume) .... 24 décembre 1720
Pisseau (Joseph) (2)..................... 12 janvier 1742
Gaillard (Michel) .... 2 septembre 1767
Rabelleau (Étienne-Louis-Isidore-Victor), 26 fructidor an III-
                                    12 septembre 1795
Pellerin (Denis), écuyer .... 2 novembre 1813
Caperon (Pierre-Alexandre) .... 4 novembre 1841
Pigelet (Jean-Baptiste-Prudence) .... 12 juin 1854
Michée (Louis) .... 4 septembre 1886
Juy (René-Célestin) .... 6 janvier 1920

LISTE N° 7

Gallu (Gilles) était, en 1512, l'un des quinze notaires au Châtelet d'Orléans. Il exerçait déjà en 1499.

Gallu (Gilles) (3), notaire en....................... 1512
Jogues (Pierre) 1525

(1) Alexandre Basly prit de nouvelles lettres de provisions le 16 mai 1664.

(2) Alexandre et Jacques Mauduison et Joseph Pisseau moururent en charge.

(3) Claude Gommet avait une partie des registres de Gilles Gallu.

Blanchet (Pasquier) (1)............................... 1544
Bruneau (Daniel) 1586
Bruneau (Daniel), fils du précédent 1606
Vaillant (François) (2)...................... 13 février 1653
Charron (Jean) (3)............................ 17 août 1662
Lion (ou Lyon) (Martin), gendre du précédent.... 24 mars 1696
Lion (Martin), fils du précédent .... 7 mai 1742
Danglebermes (Jacques-Charles) .... 2 août 1757
Hamonière (Grégoire-Pierre) .... 6 février 1788
Levassor (Michel-Mathurin)..................... 6 mai 1811
Bailly 1821
Proust (Louis-Sébastien) .... décembre 1826
Bernier (Mesmin-Florent) .... 8 novembre 1837
Thauvin (Ernest-Armand) .... 23 mars 1868

Par décret du 22 avril 1882, l'office de M° Thauvin a été réuni
à celui de M° Gitton, prédécesseur de M° Pierson.

LISTE N° 8

Courtin le jeune (Jean) était, en 1512, l'un des quinze notaires
au Châtelet d'Orléans. Il exerçait déjà en 1502.

Courtin le jeune (Jean), notaire en 1512
Pegny (ou Peigny ou Péguy), pourvu en 1518
Marchand (Claude) 1533
Dargues (ou Darguer) (Michel) 1546
Chaussier (Guillaume) 1556
Chaussier (Guillaume), fils du précédent 1580
Chaussier (Etienne), frère (ou fils) du précédent 1588
Monnoye (Etienne) 1595
Chaussier (Etienne), le même que précédemment, pourvu
  de nouveau en 1597
Chaussier (Jacques), fils du précédent 1630

---

(1) Pasquier Blanchet décéda, âgé de 89 ans, le 22 septembre 1598.
Il avait été greffier de haut et puissant seigneur Charles duc d'Orléans. (Son épitaphe au Grand Cimetière, Bibliothèq. d'Orl. M. 461).

(2) F. Vaillant avait épousé Claude Paris.

(3) Jean Charron, qui était notaire de l'Hôtel commun de la Ville,
dut prendre de nouvelles lettres de provisions le 16 mai 1664. Son
gendre et successeur, Lion, fut également notaire de l'Hôtel commun. A l'état civil, Charron porte le prénom de Jean-Baptiste
en 1689.

LISTE N° 9

Capperon (Philippe) était, en 1512, l'un des quinze notaires au Châtelet d'Orléans. Il avait succédé à Naudet (Jacques) (ou Jean ?), qui exerçait en 1491 et en 1500.

(1) Et. Aignan épousa Marie Aubery.

(2) Etienne Privé, mort en charge.

(3) Guillaume-François Rou était fils de Guillaume Rou, notaire. (Voir liste 23.)

(4) Les deux Provenchère sont indiqués sur certaines listes avec le prénom erroné *Florent*. Leurs minutes indiquées, sur les listes du XVIII° siècle, comme étant chez Porcher (liste 12) et par M. E. Jarry (in *Maison de Jeanne d'Arc*) comme étant dans l'étude Gillet ne se trouvent pas actuellement dans cette étude.

(5) Bernard Privé, mort en charge.

(6) Pierre Guichard dut prendre de nouvelles lettres de provisions le 4 juin 1664. Il avait acquis son office par acte reçu Michel Gervaise. Il mourut en charge.

Martin (Gabriel-François) .... 21 mai 1698
Martin (Gabriel-François), fils du précédent .... 25 août 1728
Deschamps (Sébastien) .... 18 juillet 1749
Chartrain (Jean-Baptiste-Etienne) (1).......... 15 mai 1779
Chartrain, fils du précédent .... 7 novembre 1814
Postanque 1821
Deroisin 1823
Greugnard (Alexandre-Romain-Henry) 1830
Chabaribaire-Lacoste (Louis) .... 26 juillet 1859

Par décret impérial du 1860 (?) l'office de Me Chabaribaire-Lacoste a été réuni à celui de Me Dubec, prédécesseur de Me Lépine.

LISTE N° 10

Courtin (Nicolas) était, en 1512, l'un des quinze notaires au Châtelet d'Orléans. Il avait eu pour prédécesseur Chenu (Etienne).

Courtin (Nicolas), notaire en 1512
Baudry (Jean) (2), pourvu en..................... 1531
Houssard (ou Housset, ou Houssat) (Jean) 1558
Bazin (Michel) 1583
Daniel (Michel) 1618
Desfriches (Jacques) (ou Pierre ?) 1648
Jeuslin (Thomas) (3)......................... août 1649
Chenot le jeune (Pierre) .... 17 octobre 1669
Jogues (ou Jaquet ?) (Charles) (4)............... 1er juin 1675
Gaudeffroy (Louis) (5)..................... 14 mai 1697

(1) J.-B. Etienne Chartrain devint doyen de la Compagnie. Il aurait repris l'étude de son fils le 14 juillet 1818.

(2) Jean Baudry décéda le 20 mars 1560. Son épitaphe était au Grand Cimetière.

(3) Thomas Jeuslin fut condamné, par sentence du bailliage d'Orléans, à être pendu, ce qui fut fait par effigie. A la requête de sa femme, son office fut saisi et ce fut le père de la femme Thomas Jeuslin qui se rendit adjudicataire de l'office de son gendre. Pierre Chenot, l'adjudicataire, était vraisemblablement un ancien notaire qui avait exercé à Orléans de 1627 à 1643. (Voir liste 30.)

(4) Charles Jogues, mort en charge.

(5) Pour avoir fait un faux testament avec son confrère Jacques Guindel, Louis Gaudeffroy fut condamné à être pendu, ce qui s'exécuta par effigie. Les minutes de Gaudeffroy, — parmi lesquelles devaient se trouver les registres de Guillaume Jacquet, Etienne Coignet, Drouin Jacquet, Bernard Bureau, Geoffroy Bureau et Jean

Fascon (Louis-Fiacre) .... 24 décembre 1714
Pichet (François-Gabriel) (1)................. 1er décembre 1736
Guillon (Claude-Pierre) (2)....................... 24 mai 1741
Guillon (Claude-Pierre-Jean), fils du précédent.. 15 sept. 1773
Sonnet (Jacques-François-Hubert) .... 10 décembre 1790
Bioche (Armand-Evrard), gendre du précédent.. 24 février 1812
Taillebois aîné (Jean-Odard-Léandre) .... 26 février 1844

L'étude de Mᵉ Taillebois aîné a été supprimée par décret impérial du 7 novembre 1860 et réunie à celle de Mᵉ Francheterre père, qui elle-même a été réunie en 1879 à l'étude de Mᵉ Garapin dont le titulaire actuel est Mᵉ Gaullier.

LISTE Nº 11

Barbedor (Denis) était, en 1512, l'un des quinze notaires au Châtelet d'Orléans. Il avait succédé à Girard (Pierre), qui exerçait en 1488 et 1496 (3).

Barbedor (Denis), notaire en 1512
Gelin (ou Getlin ?) (Jean), pourvu en.................... 1531
Confant (ou Constans) (Pierre) 1551
Verneau (Michel) 1572
Saulger (Louis) 1582
Bidault (Jacques) (4).................................... 1591
Martin (ou Merlin ?) (Jean) 1598
Jacquet (Etienne) .... 5 décembre 1628
Chappet (Claude) (5)....................... 20 mars 1635
Jacquet (Etienne), le même que précédemment 1637

Besnard, indiqués dans une ancienne liste comme prédécesseurs de Nicolas Courtin, — ne furent pas transmises à Fascon, son successeur. Elles furent recueillies par Mᵉ Pierre-Thué le jeune, dont l'office est aujourd'hui possédé par Mᵉ Nouvellon.

(1) Mort en charge.

(2) Mort en charge.

(3) L'Hôtel-Dieu a des actes de Pierre Girard de 1489 à 1567.

(4) Le Roi avait nommé comme successeur de Louis Saulger Florent Peigné. Jacques Bidault avait été nommé par le duc de Mayenne et ne resta notaire que « par accommodement ». Voir F. Peigné, liste 33.)

(5) Claude Chappet épousa en 1635 Elisabeth Belot.

Germé (Jacques) (1)...
Hurault (Gabriel) (2)........................ 8 janvier 1647
Robillard (Pierre) (3)..................... 1ᵉʳ décembre 1699
Robillard (Pierre), fils du précédent .... 29 juillet 1740
Couzé (Gabriel-François) (4)................... 27 mai 1744
Vallée-Dunant (Louis-Jacques) (5)............ 4 janvier 1772

L'étude de Vallée-Dunant a été supprimée et ses minutes déposées, en 1801, dans l'étude de Mᵉ Lefebvre, dont le titulaire actuel est Mᵉ Berloncourt. C'était une étude de peu d'importance.

LISTE Nᵒ 12

Chappet (Pierre) était, en 1512, l'un des quinze notaires au Châtelet d'Orléans. Il avait succédé à Marchand (Jean), qui exerça de 1491 à 1505.

Chappet (Pierre), notaire en 1512
Aubry (Aignan), pourvu en 1516
Jacquet (Bertrand) 1518
Le Breton (Guillaume) (6)...................... 1524
Pothier (Mathieu), gendre du précédent 1567
Rousseau (Robert) 1569
Rousseau (Robert), fils du précédent 1606
Dupont (Christophe) 1619
Dumuys (ou Dumuids) (Claude) (7).............. 1636

(1) Certaines listes indiquent Jacques Germé l'aîné comme ayant exercé pendant deux ou trois ans à la suite du décès d'Étienne Jacquet ?

(2) Gabriel Hurault dut prendre de nouvelles lettres de provisions le 31 mars 1665. Il mourut en charge.

(3) Mort en charge.

(4) Mort en charge.

(5) Vallée-Dunant épousa une demoiselle Rousselet, sœur de l'abbé Rousselet, des Génovéfins de Saint-Euverte. D'après l'Annuaire ses minutes auraient été réunies à celles de Mᵉ Lefebvre en 1797 et non en 1801.

(6) Guillaume Le Breton, sieur de Gouffant, « homme riche et opulent », épousa Marion Foucaud dont il eut un fils, Jean Le Breton, qui fut notaire en 1527 (Hubert). Peut-être s'agit-il de Jean Breton porté sur la liste 4 ?

(7) Claude Dumuys prit de nouvelles lettres de provisions le 23 mai 1664. Mort en charge.

Riboult (ou Ribou) (Pierre) (1)..................... 3 juin 1672
Riboult (Etienne), fils du précédent .... 20 mars 1720
Duneau (Jacques) (2)............................ 5 mai 1722
Bourdellier (Claude-Jacques) (ou Joseph ?) ...... 2 mars 1729
Porcher (Jean-Gabriel), gendre du précédent .... 16 août 1759
Porcher (Gabriel-Pierre), fils du précédent ...... 28 juillet 1790
Porcher (Gabriel-Pierre), fils du précédent ...... 13 mai 1816
Petau-Grandcour (Marie-Gabriel) .... 11 octobre 1837
Linget (Jean-Gustave-Adolphe) .... 12 janvier 1852

L'étude de M⁰ Linget a été supprimée et réunie en 1886 à celle
de M⁰ Gillet dont le titulaire actuel est M⁰ Joblin.

LISTE N° 13

Crespin (Mathurin) était, en 1512, l'un des quinze notaires au
Châtelet d'Orléans. Il avait succédé à l'office de De Loynes (Jean)
qui exerçait en 1491.

Crespin (Mathurin), notaire en 1512
Coulombeau (Guillaume), pourvu en 1534
Bernard (Jean) 1549
Germé (Noël) 1556
Delion (ou De Lyon) (Aubin) 1563
Peigné (Henri) 1566
Demeulles, l'aîné (Edouard) .... décembre 1613
Bellegeois (Pierre) (3)........................... 1640
Demeulles le jeune (Edouard) (4)..................... 1642
Blandin (Liphard) (5)................... 8 octobre 1686
Blandin (Liphard-Daniel), fils du précédent .... 21 octobre 1729

(1) Pierre Riboult, mort en charge, était devenu doyen de la Communauté au décès de Pierre Thué l'aîné, mort le 25 octobre 1718.

(2) Jacques Duneau avait été maître clerc des deux Riboult père
et fils. Mort en charge.

(3) Pierre Bellegeois était procureur au Châtelet d'Orléans. Il n'a
exercé pendant deux ans l'office de Demeulles père qu'à cause de la
minorité de Demeulles fils.

(4) Demeulles fils fut obligé de prendre de nouvelles lettres de
provisions le 24 mars 1665 ; il mourut en charge. Il épousa : 1° Jeanne
Paris ; 2° Marie Legendre.

(5) L. Blandin épousa Marie Macé.

Simon (Etienne) (1)................................ 28 février 1758
Simon (Etienne-Daniel), fils du précédent .... 22 août 1782

L'étude de M° Simon fils a été supprimée et ses minutes déposées dans l'étude de M° Johanet, dont le titulaire actuel est M° Berlencourt..

LISTE N° 14 :

Deschamps (Michel) était, en 1512, l'un des quinze notaires au Châtelet d'Orléans. Il avait succédé à l'office de Martin (Benoît) qui exerçait en 1497.

Deschamps (Michel), notaire en 1512
Gasté (Guillaume), pourvu en 1570
   (ou 1520 ?)
Vivien (François) (2)............................. 1582
   (ou 1532 ?)
Pougien (ou Pougier) (Denis) 1587
Legrand (Jean) (3)................................ 1594
Noël (Jean) 1610
Piot (ou Piau) (Charles) .... octobre 1631
Cabart (Claude) 1636
Lasne le jeune (Michel) 1638
Delabarre (Jacques) (4)................... février 1677
Le Normant (Nicolas) (5)............... 29 juillet 1688
Guindel (Jacques) (6)................... 6 octobre 1694
Paris (Florent) .... 30 janvier 1720
Mallier (Jean-Baptiste) (7)............... 28 mai 1723
Odigier le jeune (Jacques-Michel) .... 18 avril 1726

(1) Etienne Simon, décédé subitement en 1782, était encore en charge.

(2) Il règne une certaine incertitude sur les noms et les années d'exercice des premiers titulaires de cette charge.

(3) Ses registres sont chez M° Florent Peigné dont le successeur actuel est M° Bourgeois.

(4) J. Delabarre mourut en charge.

(5) Nicolas Le Normant avait épousé Marie Colas des Francs. Il mourut en charge le 17 août 1694 et fut inhumé au Grand Cimetière, où était son épitaphe.

(6) J. Guindel épousa Anne Leroy.

(7) Florent Paris avait vendu sa charge en 1722 à Joseph Legrand qui, n'ayant pu se faire recevoir, la revendit à J.-B. Mallier.

Chollet (Joseph) (1)...................... 24 février 1750
Picqueret (ou Piqueret) (Pierre) .... 5 janvier 1770
Proust (Pierre) .... 27 mars 1782
Héau (François) .... 26 juin 1788
Genty (Louis-François-Victor) .... 5 décembre 1814
Fougeu (Armand) .... 10 décembre 1840
Thuillier (Théodore-Charles) .... 1er mars 1846

En 1864 Me Thuillier a cédé son étude à Me Regnault et un décret impérial du 15 octobre 1864 l'a réunie à cette dernière, dont le titulaire actuel est Me Baron.

LISTE N° 15

Blanchard (Viâtre) était, en 1512, l'un des quinze notaires au Châtelet d'Orléans. Il tenait l'office de Noblet (Pierre), qui exerçait en 1487 et 1491 et avait eu lui-même pour prédécesseur Penost (Jean), notaire antérieurement à 1482.

Blanchard (Viâtre), notaire en 1512
Blanchard (Sébastien), fils du précédent, pourvu en...... 1552
    (ou 1554 ?)
Le Normant (Jean) 1589
Gentil (ou Genty) (Jean) (ou Denis ?) 1613
Roberday (Etienne) 1620
Blanchet (ou Blanchard ?) (Jacques).................... 1623
Dediran (Mamert) (2)........................ juillet 1650
Hubert (Guillaume) .... 15 février 1672
Chicoisneau (Paul) (3)................... 25 août 1683
Jullien (Philippe-Etienne) .... 29 décembre 1718
Jullien (Pierre-Nicolas), neveu du précédent ...... 10 mai 1756

P.-N. Jullien, doyen de la communauté, a démissionné en novembre 1791 et, son étude n'ayant pas été vendue, ses minutes ont été déposées dans l'étude de Jullien fils, dont le titulaire actuel est Me Gaullier.

(1) J. Chollet mourut en charge. Entre Chollet et Odigier se place J.-B. Mallier qui aurait repris l'étude en 1730.

(2) Mamert de Dinan, décédé en charge, avait pris de nouvelles lettres de provisions le 10 mai 1663. Il avait été notaire de l'Hôtel commun de la Ville avec Florent Peigné, son confrère.

(3) P. Chicoisneau épousa Madeleine Audigier, qui mourut en 1706.

LISTE N° 16

Stuart (Pierre) fut pourvu, vers 1523, de l'un des neuf nouveaux offices de notaires au Châtelet créés par François Ier en 1519.

Stuart (Pierre), pourvu vers............................ 1523
Stuart (François), fils du précédent, reçu en............. 1554
Vaslin (Jacques) (1)................................... 1573
Baguenault (Ambroise) (2)............................. 1599
Couët (Claude) (3).................................... 1636
Couët (Louis) (4), fils du précédent.......... 14 mai 1670
Couët (Benoît) (5), fils du précédent......... 22 juin 1711
Chaboiceau (ou Chaboisseau) (François) (6)...... 16 avril 1721
Robillard le jeune (Pierre)................... 7 avril 1732
Houry (Guillaume) .... 28 avril 1735
Petit (Marcou-Simon) .... 28 novembre 1740
Assellineau-Desmazures (Sébastien) (7).......... 19 mai 1745
Dugué (Simon) .... 10 mai 1770
Vée (Gabriel-Marcou) (8)................... 9 décembre 1773
Jullien fils (Jean-Baptiste-Pierre) (9)............. 5 avril 1786

Cette étude fut supprimée et les minutes furent déposées dans l'étude Bottet, dont le titulaire actuel est Me Gaullier.

(1) J. Vaslin épousa Anne Patas.

(2) A. Baguenault épousa Marie Daniel.

(3) Claude Couët prit de nouvelles lettres de provisions le 4 juin 1664.

(4) Louis Couët a été notaire de l'Hôtel commun de la ville d'Orléans.

(5) Mort en charge.

(6) François Chaboiceau a exercé jusqu'à son décès, survenu le 14 décembre 1731.

(7) Mort en charge.

(8) Vée vendit sa charge, vers 1784, à Légier-Grandmaison, mais la Communauté s'opposa à la réception de ce dernier et l'office fut revendu à Jullien fils. G.-M. Vée avait épousé Madeleine-Agnès Bigot en 1774.

(9) Dans la notice de l'Annuaire général d'Orléans et du Loiret, on semble confondre Jullien (Jean-Baptiste-Pierre), successeur de Vée, avec Jullien (Pierre-Nicolas), successeur de son oncle Jullien (Philippe-Étienne) et père de Jullien fils. En 1791, Jullien recueillit les minutes de son père.

LISTE N° 17

Gallu (Jean) fut pourvu de l'un des neuf nouveaux offices de notaires au Châtelet créés par François Ier, en 1519.

LISTE N° 18

Herpin (Gilles) fut pourvu de l'un des neuf nouveaux offices de notaires au Châtelet créés par François Ier, en 1519.

(1) Abraham Lasne obtint du roi, en mars 1630, des lettres de mutation de nom et prit le nom de Laisné. Dans un acte, « s'estant mespris de signature et aiant signé Lasne au lieu de Laisné, il luy en a cousté la somme de 1.000 livres ». A. Lasne mourut en charge.

(2) Nicolas Faucheux se rendit adjudicataire de l'office d'A. Laisné moyennant 110 escus sols devant Mes Fieffé et Noyau, notaires. Il mourut également en charge.

(3) Nicolas Debcausse est mort en charge le lundi 18 avril 1707 et les scellés furent apposés sur ses minutes.

(4) Florent Hubert, neveu de Nicolas Debcausse, acquit le 20 avril 1707, devant Lion, notaire, l'office de son oncle défunt, fit lever les scellés des minutes le 21 avril et se fit recevoir le 18 juin. Il mourut en charge.

(5) Joseph Pompon, devenu doyen en 1772, est mort en 1784.

(6) J. Pompon épousa Françoise-Elisabeth Ragu du Coudray.

(7) Jean-Baptiste Lepage devint doyen de la Compagnie.

Herpin (Gilles), pourvu en.......................... (?) 152.
Forcher (Mathurin) 1559
Bruère (Claude) 1565
Lescot (ou L'Escot) (Barthélemy)...................... 1603
Couriou (Michel) 1610
Turtin (Claude) 1618
Dumoutier (Guillaume) 1627
Sallé (Pierre) (1)............................... 1631
    (ou 1634 ?)
Thué (Philippe) (2).............................. 1640
    (ou 1638 ?)
Crespet (Girard) (3)..................... 1er septembre 1662
Thué l'aîné (Pierre) (4).................. 17 octobre 1665
Thué de Beauvais (Etienne) (5), fils du précéd. 7 décembre 1718
Defaucamberge (Jean) .... 3 février 1758
Lefebvre (Joseph-Amable), gendre du précéd. 3 septembre 1790
Bordas (Charles), gendre du précédent........... 28 juin 1813
Fontaine (Médéric-Louis) .... 7 mars 1842
Bordas (Jean-Edmond) .... 18 août 1847
Paillat (Ferdinand-Louis-Horace-Eugène) .... 30 juin 1874
Berlencourt (Charles-Ernest) .... 14 janvier 1898

LISTE N° 19

Dubois (Michel) fut pourvu, le 21 novembre 1522, de l'un des neuf nouveaux offices de notaires au Châtelet créés par François Ier, en 1519.

Dubois (Michel), pourvu le .... 21 novembre 1522

(1) P. Sallé épousa, en 1632, Andrée Faucheulx.

(2) Philippe Thué avait épousé Anne Chanfrin. Il mourut en charge le 25 août 1662 et fut inhumé à Saint-Hilaire, où était son épitaphe.

(3) Girard Crespet était procureur au Châtelet. Par acte reçu Me Fieffé, la famille Thué le chargea d'exercer l'office de Philippe Thué à cause de la minorité du fils Pierre Thué.

(4) Pierre Thué l'aîné devint doyen en 1699 après la mort de Gabriel Hurault. Il décéda en charge, le 25 octobre 1718, après cinquante-trois ans d'exercice.

(5) Etienne Thué mourut également en charge.

Dubois (Girard), fils du précédent (1)............. 21 mai 1548
Dubois (Pascal, ou Pasquaye ?), fils du précédent. 4 janvier 1585
Dubois (Girard), fils du précédent.............. 1er mars 1633
Le Coq (Altin) .... 23 septembre 1637
Hamart (Jacques) .... 16 mai 1650
Buisson (Charles (2)................... 3 octobre 1657
Héau (Marin) .... 16 mai 1685
Changeux (Pierre) (3)................. 17 janvier 1702
Changeux (Pierre), fils du précédent........... 9 février 1728
Chau (Etienne) .... 28 novembre 1752
Brochot (Jullien-Joseph-Alexis) .... 25 avril 1788
Lorin (Jacques-Christophe-Pierre-François) .... 28 janvier 1811
Laurent (François-Aquilan) 1823
Prester 1826
Assier (Noël-Antoine-Remy) 1831
Mallet (Valentin-Clément) .... 14 janvier 1861

L'étude de M° Mallet a été supprimée et ses minutes ont été
déposées, le 28 mars 1884, dans l'étude de M° Fauchon père, dont
le titulaire actuel est M° Fauchon fils.

LISTE N° 20

Moinet (ou Maynnel ou Moynnel) (Salomon), fut pourvu de
l'un des neuf nouveaux offices de notaires au Châtelet d'Orléans
créés par François Ier en 1519.

Moinet l'aîné (Salomon), pourvu en .... (?) 152.
Moinet le jeune (Salomon), fils (ou neveu ?) du précédent 1550
   (ou 1554 ?).
Adeneau (Aignan) 1562
Lecoq (Altin) .... juin 1585
Lecoq (Nicolas), fils du précédent .... mai 1631
Assellineau de la Bretonnière (Antoine)..... 12 novembre 1671
Jacquet (Etienne) .... 20 janvier 1687
Bonichon Duchallard (Claude) 1719

(1) G. Dubois était, en 1579, notaire et greffier ordinaire de l'Hostel
commun.

(2) Charles Buisson dut prendre de nouvelles lettres de provisions
le 19 mars 1665. D'après une liste ancienne, il aurait commencé à
exercer en 1648 ?

(3) Pierre Changeux l'aîné mourut en charge.

Bouichon Duchalkard (Constantin), fils du précéd. 3 janvier 1725
Garnier (Pierre) (1) .... 10 mai 1748
Gentil (ou Genty) (Michel) .... 13 mars 1773
Courtois (Jacques-René) .... 9 août 1777
Fougeu (Pierre-Charles) .... 8 février 1808
Bernard (Jean-François) .... 12 décembre 1814
Rapeau (Etienne-Germain) 1826
Paul jeune (Henry-Emile) .... 3 septembre 1835
Davoust (Pierre-Etienne) .... 16 août 1843
Baron (Emile-François) .... 8 janvier 1872
Gillet (Joseph) .... 29 juin 1880
Joblin (Alphonse-Ferdinand) .... 19 décembre 1911

LISTE N° 21

Pasquier (Antoine) fut pourvu, vers 1524, de l'un des neuf nouveaux offices de notaires au Châtelet d'Orléans créés par François Ier en 1519.

Pasquier (Antoine), pourvu vers 1524
Langlumé (Claude) 1554
Rebuffé (Claude ou Louis ?) 1567
Couët (Claude) 1573
Poivrier (Aignan) 1579
Lorry (Simon) 1611
Gervaise (Guillaume) 1626
Servin (Antoine) 1644
Servin (Antoine), fils du précédent (2) ...... 6 septembre 1672
Recullé (Charles) .... 22 décembre 1707
Boudeau (Michel) (3).................... 10 février 1710
Johanneton (René) (4).................. 3 septembre 1721
Johanneton (François), fils du précédent (5).. 5 septembre 1761
Bottet (Jean-René) .... 9 janvier 1782

(1) Pierre Garnier est mort en charge.

(2) Antoine Servin fils est mort en charge.

(3) Michel Boudeau mourut en charge. Il avait été, en même temps que notaire, Greffier en chef de la Prévôté criminelle d'Orléans. De son mariage avec Marie-Thérèse Jacques, il eut une fille, Marie-Thérèse, qui, en 1728, épousa Charles Gombault.

(4) René Johanneton mourut en charge.

(5) F. Johanneton épousa, en 1771, Marie-Philippe Hardouineau.

Courmont (Claude) .... 12 février 1810
Bigot (Charles-Hippolyte) .... 21 juin 1836
Nouvellon (Jean-Pierre) .... 17 octobre 1855
Garapin (Paul-Henri) .... 16 septembre 1876
Gaullier (Emile-Eugène-Alphonse) .... 16 février 1897

LISTE N° 22

Morize (Jean) fut pourvu, vers 1524, de l'un des neuf nouveaux offices de notaires au Châtelet d'Orléans créés par François Ier en 1519.

Morize (Jean), pourvu vers 1524
Deminyé (Joachim) 1561
Deminyé (Charles) 1582
Colas (Roland) 1594
Colas (Florent), fils du précédent.............. 1616
Le Cocq (Denis) (1).................... 6 mai 1650
Ducloux (Pierre) (2)................... 8 janvier 1680
Leddet (Jean-Claude) .... 31 janvier 1736
Binecher (ou Binechère) (Jean-Jacques) .... 16 juin 1742
Houry (Guillaume) (3).................. 23 août 1758
Boutet (Jacques-Louis) (4)................ 6 mars 1782
Chevreuil de Villebelle (Louis-Auguste) .... 13 mai 1786

L'étude de Chevreuil de Villebelle a été supprimée et ses minutes ont été déposées dans l'étude dont Me Gaullier est le titulaire actuel.

(1) Denis Lecoq prit de nouvelles lettres de provisions le 16 mai 1664 et mourut en 1679. Il avait épousé Espérance de Lescluse.

(2) Pierre Du Cloux « a exercé ledit office l'espace de 56 ans 23 jours et est aagé de 84 ans courans ce jour d'huy que j'écris cette liste des notaires lundy 26 aoust 1737. C'est luy qui ma communiqué ladite liste comme la plus correcte et exacte de toutes celles que jay veu ». (Bibliothèq. d'Orl. S. 33.) Il avait épousé Catherine Egron, qui mourut en 1686 à l'âge de 30 ans.

(3) Guillaume Houry mourut en charge.

(4) J.-L. Boutet mourut en charge. Il avait épousé Catherine-Victoire Guinebaud, dont il eut un fils le 10 décembre 1784.

LISTE N° 23

De l'E-tang (Antoine) fut pourvu de l'un des neuf nouveaux offices de notaires au Châtelet d'Orléans, créés par François 1er en 1519.

De l'Estang (Antoine) (1), pourvu vers .... 152.
Soullerre (ou Soullieure ?) (Victor) 1562
Blanche (ou Blanché) (Jean) 1567
Rousseau (Jean) 1573
Lefebvre (Robert) (2)................................ 1588
Barjonville (ou Barsonville ?) (Claude) 1620
Coulombeau (Claude) (3)..................... 22 juin 1629
Gervaise (Michel) (4)..................... 24 décembre 1654
Rou (François) .... 6 décembre 1679
Rou (Guillaume), fils du précédent (5)...... 17 septembre 1728
Chaubert (Jean-Mathurin) (6)............. 23 septembre 1747
Odigier de la Couronnerie (Jacques-Michel-Nicolas (7)
                                            30 janvier 1756
Bruère (Louis) .... 25 janvier 1787
Courtois (Michel-Edouard) .... 20 mars 1820
Desbois père (Onésime) .... 19 février 1839
Desbois fils (Vincent) .... 3 janvier 1870
Jouanneau (Marie-Eugène-Abel-Maurice) .... 11 mars 1898

LISTE N° 24

Patisson (ou Pastisson) (Philippe) fut pourvu de l'un des neuf nouveaux offices de notaires au Châtelet d'Orléans, créés par François 1er en 1519.

Pâtisson (Philippe), pourvu vers....................... 152.

(1) La liste des Archives départementales indique deux Antoine de l'Estang, l'aîné et le jeune, sans indication de dates.
(2) R. Lefebvre épousa Anne Daniel.
(3) Claude Coulombeau mourut en 1672, âgé de 69 ans.
(4) Michel Gervaise qui avait acquis la charge par acte devant Servin en 1654, dut prendre de nouvelles lettres de provisions le 19 mars 1665. Il mourut en charge.
(5) Guillaume Rou mourut en charge.
(6) Jean-Mathurin Chaubert décéda le 13 octobre 1755.
(7) Odigier de la Couronnerie, mort en charge. Il avait épousé Adélaïde-Julie Chomel.

Sevin (Guillaume) (1)...................... 9 septembre 1550.
Joisneau (ou Goyneau ou Griveau ?) (Pierre) (2).......... 1576.
  (ou 1585 ?).
Boillève (Jacques) .... 1588.
Coutard (ou Coullard ?) (Nicolas) .... 22 novembre 1632
Stample (André) .... juillet 1642
Boucher (Hervé) (3)........................ 7 août 1656.
Boucher (Louis), fils du précédent ....20 mai 1686
Capitant (Claude-Maximilien), gendre du précédent 13 mai 1744
Petit (Jean-Pierre) .... 14 février 1778
Giret (Christophe-René-Théodore-Marie)........ 29 janvier 1810.
Jacquelier .... 29 novembre 1819
Meigret-Collet (Louis) 1830
Belouet (Jacques-Antoine) .... 9 juillet 1838

Par décret impérial du 186., l'office de Mᵉ Belouet a été supprimé et réuni à celui de Mᵉ Moreau jeune, l'un des prédécesseurs de Mᵉ Nouvellon.

LISTE N° 25

En 1568 Contant (Pierre) fut mis en demeure de se démettre de sa charge parce qu'il était de la religion réformée et Herpin (Sébastien) fut nommé à sa place. Mais, à la suite de l'édit de pacification d'août 1570, Contant rentra en possession de son office, et il fut permis à Herpin de continuer à exercer les fonctions de notaire pour lesquelles il avait payé une finance au roi. Il fut ainsi le premier titulaire d'une charge nouvelle.

Herpin (Sébastien), pourvu en 1568
Rousse (ou Rousseau ?) (Claude) 1580
Rousse (Claude), fils du précédent (4)................ 1617

(1) « Guillaume Sevin a exercé son office environ dix-sept ans et a esté icelle charge vacante pendant dix-huit ans (il doit y avoir là une erreur et j'estime qu'on doit lire huit et non dix-huit) à cause qu'il estoit de la religion prétendue reformée et que par déclaration du roy il estoit deffendu d'exercer aucuns offices à ceux qui estoient de la ditte religion. » (Bibliothèq. d'Orl., ms. 983.)

(2) Les listes de Gommet et Ducloux écrivent Pierre Griveau avec la date de réception 1576. La liste S. 33 dit Pierre Joisneau à la date de 1585 ; la liste des Archives du Loiret dit également Joisneau.

(3) Hervé Boucher acheta l'office par acte devant Thué.

(4) Claude Rousse le jeune décéda en charge.

Philippes (Florent) (1)...................... 18 mai 1657
Landron (Claude) .... 19 mai 1676
Thué le jeune (Pierre) (2).................. 26 mars 1712
Chappé (Jacques-Philippe), neveu du précédent (3) 3 février 1735
Brûlé (ou Bruslé) (Martin), gendre du précédent.. 15 déc. 1779
Mestier (Louis)............. 17 messidor an V-5 juillet 1797
Mestier (Théodat), fils du précédent.................. 1827
Lottin 1829
Moreau jeune (Benjamin) .... 17 octobre 1838
Robert de la Marche (Paul) .... 14 janvier 1867
Grivet (Théophile-Auguste) .... 16 septembre 1876
Nouvellon (Pierre-Louis-Modeste) .... 20 octobre 1885

LISTE N° 26

En 1568, de Gyvès (Louis) fut pourvu de l'office de Pasquier (Jean) interdit parce qu'il était de la religion réformée. Lorsqu'en 1570 Pasquier fut rétabli en son office, De Gyvès continua à exercer comme premier titulaire d'une charge nouvelle.

De Gyvès (ou Degives ou Desgives) (Louis), pourvu en 1568
Meusnier (ou Musnier) (Jacques) (4)................... 1596
Meusnier (François), fils du précédent .... 20 mai 1633
Gaillard (Michel) (5)............................... août 1641
Gaillard (Michel), fils du précédent .... 2 octobre 1673
Aignan (Etienne), gendre du précédent .... 21 mai 1695
Aignan (Etienne), fils du précédent .... 8 juillet 1728
Gaillard (Martin) .... 10 mars 1773

(1) Florent Philippes cy-devant huissier au Grand Conseil du Roy acheta l'office par acte reçu Hurault. Il prit de nouvelles lettres de provisions le 16 mai 1664.

(2) Pierre Thué est dit « le jeune » parce qu'il exerça pendant six ans en même temps que son père, mais, à la mort de ce dernier, il devint « l'aîné », parce que son frère puîné, Etienne, était lui aussi notaire.

(3) Ph. Chappé était neveu, par sa mère, de P. Thué. Après avoir exercé quarante-quatre ans il obtint du Roi, le 17 février 1780, des Lettres d'honneur de Conseiller du roy notaire au Châtelet d'Orléans.

(4) Jacques Musnier épousa en 1599 Renée Du Boys.

(5) Michel Gaillard, qui avait épousé Marie Jousse, mourut en charge le 10 septembre 1673. Il avait dû prendre de nouvelles lettres de provisions le 31 mai 1664.

Gauthier (Louis-Athanase)...... 22 ventôse an X-13 mars 1802
Caillaux (ou Cailliaux) (Pierre-Joseph) 1822
Michault 1826
Poignard (André-Nicolas) .... 19 mars 1833
Francheterre père (Auguste) .... 8 mai 1839
Francheterre fils (Gustave) .... 26 octobre 1868

En 1879, Mᵉ Garapin a réuni à ses minutes celles de Mᵉ Francheterre fils dont l'étude avait été supprimée. Ces minutes sont chez le successeur de Mᵉ Garapin, Mᵉ Gaullier.

LISTE N° 27

En 1568, Mazué (Etienne) fut pourvu de l'office de Vivien (François) interdit à cause de la religion. En 1570, Vivien fut rétabli en son office et Mazué, autorisé à continuer ses fonctions de notaire, devint le premier titulaire d'une charge nouvelle.

Mazué (Etienne), pourvu en 1568
Mazué (Nicolas), fils du précédent 1596
Le Roy (Pierre) (1) .... septembre 1629
Le Roy (Pierre) (2), fils du précédent .... 25 novembre 1670
Faucheux le jeune (Michel) (3) .... janvier 1678
Cabart (François) (4), gendre du précédent.... 16 février 1711
Faucheux (François) (5), beau-frère du précédent 23 juillet 1721
Bordier (Michel) .... 16 février 1740
Jullien Des Bordes (Denis-Michel-Marceu) (6) 26 novembre 1762
Baudouin (Noël-Antoine) .... 10 avril 1781
Morigny (Armand-Marie) .... 18 août 1807
Lucas père (Jean-Marie-Gabriel) 1824
Lucas fils (Marie-Jules-Henri-Gabriel) .... 3 juin 1851

En 1871 Mᵉ Pelletier, prédécesseur de Mᵉ Millard, a réuni à ses minutes celles de Lucas fils dont l'étude avait été supprimée.

(1) Pierre Le Roy père a pris de nouvelles lettres de provisions le 31 mai 1664.

(2) Pierre Le Roy fils étant mineur au décès de son père, les actes furent signés, pendant quelque temps, jusqu'à sa majorité, par son beau-frère Jacques Jumeau, notaire à Orléans et gendre de P. Le Roy père.

(3) Michel Faucheux le jeune décéda le 3 juillet 1712.

(4) François Cabart, mort en charge.

(5) François Faucheux, mort en charge.

(6) Julien Desbordes, mort en charge.

LISTE N° 28

Seguin (Jean) fut pourvu, le 19 avril 1569, de l'office de Houssard (Jean) interdit à cause de la religion. En 1570, Houssard fut rétabli en son office et Seguin, autorisé à continuer l'exercice du notariat, devint le premier titulaire d'une charge nouvelle.

Seguin (Jean), pourvu le .... 19 avril 1569
Foucher (Symphorien) 1577
Dumont (ou Demont ?) (Jean) (1)................... 1591
Delescluze le jeune (Pierre) .... juin 1622
Jacquet (Clément) 1643
Canel (ou Cavel ?) (Jacques) (2)............. décembre 1677
Delaruüe (Claude) .... 27 mai 1721
Percheron (Jean) .... 28 août 1741
Ytasse (Florent-Sébastien) .... 12 décembre 1763
Dardonville (Pierre-Etienne) (3).............. 12 février 1774
Fougeron le jeune (Charles-François) ...... 30 décembre 1788
Caillaux (Pierre-Joseph) ....21 octobre 1807
Fougeron (Stanislas) .... 20 octobre 1819
Moreau-Amy (Jean) .... 3 février 1834
Deschamps (Louis) .... 19 janvier 1859
Degors (Jean-Joseph-Martial) 1866
Assire (Georges-Armand) .... 6 janvier 1873
Bourgeois (Maurice-Marie-Georges-Malo) ... 21 novembre 1902

LISTE N° 29

Thibault (Denis) (ou Louis ?) fut pourvu, le 13 mai 1569, de l'office de Stuart (François), interdit à cause de la religion. En 1570, Stuart fut rétabli en son office et Thibault, autorisé à continuer l'exercice des fonctions de notaire, devint le premier titulaire d'une charge nouvelle.

Thibault (Denis) (ou Louis ?) pourvu le .... 13 mai 1569

(1) Jean Dumont, nommé par le duc de Mayenne, n'avait pas de provisions régulières et ne « demeura notaire que par accommodement et pour le bien de la paix ». Le successeur régulier de S. Foucher fut Christophe Riou, pourvu par le roi en 1594. (Voir liste 32.)

(2) Jacques Canel, mort en charge.

(3) Dardonville, mort en charge.

L'étude de Me Fortin a été supprimée et ses minutes ont été déposées, en 1806, dans l'étude de Me Brochot, prédécesseur de Me Mallet, dont l'étude a été, à son tour, réunie, le 28 mars 1884, à celle de Me Fauchon, possédée actuellement par Me Fauchon fils.

LISTE N° 30

Pendant les troubles de la Ligue, le duc de Mayenne, « de son autorité, érigea » deux nouveaux offices de notaires à Orléans. Il pourvut de l'un de ces offices Saintonge (Jacques).

Saintonge (Jacques) (9), pourvu par le duc de Mayenne

vers 1589

(1) Pierre Perrolet, d'après les listes de Gommet et Ducloux ; Etienne Perrelle, d'après la liste des Archives départementales.

(2) Charles Coutault décéda le 11 septembre 1631 après avoir épousé en premières noces Claude Hubert, morte en 1611, et en deuxièmes noces Françoise Polluche, morte en 1629. Ils furent enterrés au Grand Cimetière, où leur épitaphe se trouvait dans la galerie Sainte-Anne.

(3) Desfournieux, mort en charge.

(4) Jean Debeausse acheta l'office de Desfournieux par acte reçu Mes Lefebvre et Dumuys.

(5) Etienne Pasquier, mort en charge.

(6) Louis Regnault a détruit une partie des anciennes minutes de ses prédécesseurs ainsi qu'il est justifié par un procès-verbal fait au Bailliage d'Orléans (Calendrier historiq. de l'Orléanais).

(7) Sonnier devint doyen en 1781.

(8) Jacques Fortin devint doyen de la Compagnie.

(9) Les listes de Gommet et Ducloux indiquent la date de 1587 comme étant celle où le duc de Mayenne accorda des lettres de provisions à Saintonge. Cette date nous semble un peu prématurée et, jusqu'à découverte de documents certains, nous préférons ne faire remonter la création de cet office qu'au début de 1589, époque à laquelle le duc de Mayenne joua un rôle prépondérant à Orléans, à la suite de l'assassinat de son frère, le duc de Guise.

Boillève (Claude) 1619
Chenot (Pierre) 1627
Noyau (Arnoult) 1643
De l'Ecluze (Pierre) (1).................... 13 avril 1666
Maugas (Charles) .... 29 août 1679
Noyau (Clément) .... 10 août 1711
Jullien l'aîné (Gilles) (2)................ 12 décembre 1714
Ragu (Léonard-Pierre-Edmond) .... 26 février 1770
Drufin (François) .... 4 mai 1776
Néron (Pierre-Auguste-Louis), 12 pluviôse an VI-31 janvier 1798
Simon...................................... 12 décembre 1815
Achet (Jean-Jacques) 1822
Ronceray jeune (Marie-Ernest)............... 4 août 1834
Mirleau d'Illiers (Henry-Artus)................. 16 juin 1845

M⁰ Edmond Bordas, prédécesseur de M⁰ Berlencourt, a réuni à son étude celle de M⁰ Mirleau d'Illiers en 1857 (?)

LISTE N° 31

Bertrand (François) fut pourvu de l'un des deux offices créés pendant la Ligue, par le duc de Mayenne. Les listes de Gommet et Ducloux indiquent la date de 1583 comme étant celle de l'érection de l'office de Bertrand. Pour les raisons exposées ci-dessus à propos de Saintonge, nous préférons ne faire remonter, provisoirement, la création de l'office de Bertrand qu'à 1589.

Bertrand (François), pourvu par le duc de Mayenne vers.. 1589
Salas (Michel) 1605
    ou 1603.
Bordes (Laurent) (3).............................. 1629
Legent (Louis) (4)....................... 8 juillet 1662
Saulger (Etienne) (5)................... 18 février 1691

(1) Pierre de l'Ecluze acheta l'office de Noyau par acte reçu le 2 mars 1666 devant Clément Jacquet et Hervé Boucher.

(2) Jullien l'aîné devint doyen en 1748. Il mourut en 1772.

(3) Laurent Bordes, mort en charge.

(4) Louis Legent, mort en charge le 7 avril 1691.

(5) Etienne Saulger, mort en charge.

Foucher (André) (1)...................... 16 avril 1710
Chassinat (Etienne) (2)...................... 9 mars 1721
Ragu du Coudray (Léonard) (3)............... 11 août 1749
Peigné (Jean-Gaspard) .... 8 mars 1760
Percheron (Sébastien) (4)...................... 2 août 1781
Zanole (Antoine-François) .... 19 mars 1784
Damond (Jules) .... 2 novembre 1813
Rogier (Etienne-Georges) 1826
Cornu (François-Marie-Louis) .... 8 avril 1839
Pelletier (Aimé) .... 27 juin 1855
Beigneux (Ferdinand-Henry-Charles) .... 10 août 1886
Millard (René-Marie-Henri) .... 7 juillet 1911

LISTE N° 32

A la suite d'un procès intervenu entre la Communauté des notaires et Fougeu d'Escures, un arrêt du Conseil du 5 septembre 1594 créa deux offices nouveaux en faveur de C. Riou et F. Peigné.

Christophe Riou avait acquis l'office de Symphorien Foucher (liste n° 28) et avait obtenu des lettres de provisions du roi, mais il ne put jouir de l'office dont le duc de Mayenne avait pourvu Jean Dumont en 1591. Pour l'indemniser, l'arrêt de 1594 créa à son profit un nouvel office.

Riou (Christophe), pourvu par arrêt du Conseil du
5 septembre 1594
Guynant (ou Guignant) (Nicolas)...................... 1602
Gerbault (ou Herbaut ?) (Henri) .... janvier 1624
Lefebvre (François) (ou Paul ?) .... 28 novembre 1633
Fieffé (Antoine) (5)...................... 1652
Fieffé (Jacques), fils du précédent (6)........ 16 septembre 1682
Destas (Bazile) .... 8 février 1718
Destas (François-Bazile), fils du précédent (7)...... 9 mai 1740

(1) André Foucher, mort en charge.

(2) Etienne Chassinat, mort le 18 juillet 1749.

(3) Léonard Ragu avait été d'abord notaire à Vitry-aux-Loges. Il mourut en charge.

(4) Sébastien Percheron, mort en charge.

(5) Antoine Fieffé mourut en charge.

(6) Jacques Fieffé, décédé en 1717.

(7) F.-B. Destas décéda en 1782 âgé de 74 ans.

Asselin l'aîné (Jean-Baptiste) .... 27 juin 1766
Panchet (Georges-Etienne) 1799
Amy (Jean-Paul-Victor-Nicolas) .... décembre 1807
Guérin aîné (Charles)........................... 1829
Guérin (Ephrem) .... 26 janvier 1847
Thillier (François-Joseph) .... 7 mars 1870
Lestang (Paul-Louis-Alfred) .... 10 avril 1894

LISTE N° 33

Peigné (Florent) avait acquis l'office de Louis Saulger, mais il ne put en jouir parce que le duc de Mayenne avait pourvu de cet office Jacques Bidault (liste n° 11), en 1591. Aussi l'arrêt du Conseil du 5 septembre 1594 créa-t-il au profit de Florent Peigné un office nouveau.

Peigné (Florent), pourvu par arrêt du Conseil du 5 sept. 1594
Peigné (Florent), fils du précédent (1)...... 29 décembre 1632
Colas (Jacques) (2)..................... 28 août 1674
Reullon (Pierre) (3)...................... 8 février 1698
Reullon (Pierre), fils du précédent (4).......... 31 juillet 1722
Charpentier (Michel-Florent) (5)............... 27 juin 1737
Jumeau (Nicolas) (6)..................... 5 mai 1747
Fougeron l'aîné (Armand-François)........... 5 janvier 1784

L'étude de Fougeron l'aîné a été supprimée et ses minutes sont actuellement déposées dans l'étude de Mᵉ Bourgeois.

Sur les trente-trois charges de notaires qui existaient autrefois à Orléans et dont nous venons de donner les listes des titulaires, dix-huit ont été supprimées depuis la Révolution et il ne reste plus aujourd'hui que quinze études : six sont antérieures à 1512, sur les quinze qui existaient

(1) F. Peigné épousa Anne Geoffronneau.

(2) Jacques Colas, mort en charge.

(3) Pierre Reullon père, mort en charge.

(4) Pierre Reullon, fils, mort en charge le 28 août 1736.

(5) Charpentier, mort en charge.

(6) Nicolas Jumeau, avocat en Parlement.

alors ; ce sont les études Fauchon, Tulpain, Lépine, Baron, Juy et Couturier ;

des neuf offices créés par François Ier, cinq subsistent, ceux de Pierson, Berlencourt, Joblin, Gaullier et Jouanneau ;

deux offices restent, des cinq qui furent créés en 1570 au profit de notaires catholiques, ceux de Nouvellon et Bourgeois ;

des deux charges créées par le duc de Mayenne, il ne reste que celle de Millard ;

enfin des deux charges créées par l'arrêt de 1594, seule celle de Lestang survit.

L'étude Gaullier (n° 21) a réuni cinq charges anciennes (n°s 10, 15, 16, 22 et 26).

L'étude Berlencourt (n° 18) en a réuni quatre (n°s 1, 11, 13 et 30).

L'étude Fauchon (n° 2) a réuni les charges 19 et 29.

Chacune des études Lépine (n° 4), Baron (n° 5), Pierson (n° 17), Joblin (n° 20), Nouvellon (n° 25), Bourgeois (n° 28) et Millard (n° 31) a réuni une autre charge ; ce sont, dans l'ordre, les n°s 9, 14, 7, 12, 24, 33 et 27.

Enfin les études Tulpain (n° 3), Juy (n° 6), Couturier (n° 8), Jouanneau (n° 23) et Lestang (n° 32) n'ont réuni aucune autre charge ancienne d'Orléans.

LISTE DES NOTAIRES D'ORLÉANS
PAR ORDRE ALPHABÉTIQUE

Les listes alphabétiques des notaires d'Orléans que nous donnons ici n'ont pu, comme il aurait été désirable, être constituées avec les inventaires des minutiers de chaque étude ; sauf peut-être pour l'étude Fauchon, ces inventaires n'ont pas été dressés méthodiquement et les titulaires se contentent, la plupart du temps, d'avoir une liste plus ou moins exacte de leurs prédécesseurs, sans rechercher s'ils ont toutes les minutes de ces derniers. Dans ces conditions, nous nous sommes bornés à inscrire dans nos listes les noms de tous les notaires orléanais dont nous avons retrouvé la trace, aussi bien ceux des XVIᵉ, XVIIᵉ et XVIIIᵉ siècles dont nous avons plus spécialement étudié l'histoire, que ceux du XIXᵉ et du XXᵉ siècles qui leur ont succédé et ceux des siècles antérieurs dont on a signalé des minutes soit dans les études actuelles, soit dans des archives publiques ou privées.

Pour les officiers qui ont succédé aux notaires du Châtelet, nous avons recherché les prénoms et les dates précises d'exercice dans les archives de la Chambre des Notaires d'Orléans. Pour les notaires des XVIᵉ XVIIᵉ et XVIIIᵉ siècles, nous nous sommes efforcés d'atteindre à la plus grande précision au moyen des documents divers que nous avons eus en mains. Sauf quand nous avions des renseignements certains, l'indication des études où sont actuellement déposées les minutes anciennes a été établie en majeure partie avec la liste de 1784 des Archives départementales qui, dans son ensemble, paraît bonne. Nous avons également donné, d'après cette liste, certains noms de notaires qui ne figurent pas sur les autres listes et qui pourraient ne pas avoir été notaires au Châtelet. Pour ceux-là, ainsi que pour les notaires des XIVᵉ et XVᵉ siècles, nous ne mettrons pas, en regard, dans la première colonne, le numéro des listes par études que nous avons établies : nous ne savons pas, en effet, à quelle étude chacun d'eux appartenait. Enfin, vis-à-vis du nom d'un notaire ancien, peuvent se trouver plusieurs noms de dépositaires de ses minutes, soit que les minutes aient été partagées, soit qu'il y ait indécision sur le nom du dépositaire actuel.

INDICATION de la liste par études où figure le notaire.	NOM DU NOTAIRE	PRÉNOMS	ANNÉES où le notaire a exercé	INDICATION des études actuelles où l'on a chance de retrouver les minutes du notaire
		A		
30	Acbet.	Jean-Jacques	1822-1834	Berlencourt.
20	Adoneau.	Aignan.	1562-1585	Joblin.
8	Aignan l'aîné.	Étienne.	1654-1696	Couturier.
26	Aignan le jeune.	Étienne.	1695-1728	Gaullier.
26	Aignan.	Étienne.	1728-1773	Gaullier.
	Amboise (d')	Huguenin	1306	
32	Amy.	Jean-Paul-Victor-Nicolas	1807-1829	Lestang.
	Asselin	Guillaume	1385-1403	Fauchon.
32	Asselin l'aîné.	Jean-Baptiste	1766-1799	Lestang.
3	Asselin le jeune.	Louis.	1776-1777	Tulpain.
20	Asselineau de la Bretonnière	Antoine	1671-1687	Joblin.
16	Asselineau Desmazures	Sébastien.	1745-1770	Gaullier.
19	Assier.	Noël-Antoine-Remy	1831-1861	Fauchon.
28	Assire.	Georges-Armand	1873-1902	Bourgeois.
12	Aubry.	Aignan	1516-1518	Joblin.
		B		
16	Baguenault.	Ambroise (1)	1599-1636	Gaullier, Berlencourt.
7	Bailly.		1821-1826	Pierson.
	Barbau			Gaullier.
11	Barbedor.	Denis.	1512-1531	Berlencourt.

INDICATION de la liste par études où figure le notaire.	NOM DU NOTAIRE	PRÉNOMS	ANNÉES où le notaire a exercé	INDICATION des études actuelles où l'on a chance de retrouver les minutes du notaire
	Barbier	Jean.	1392	
23	Barjonville (ou Barsonville).	Claude.	1620-1629	Jouanneau.
20	Baron.	Émile-François.	1872-1880	Joblin.
5	Baron.	Adrien-François	1901-	Baron.
6	Basly (ou Bailly).	Alexandre.	1621-1674	Juy.
5	Baudouin	Charles-Alexandre.	1729-1731	Baron.
27	Baudouin	Noël-Antoine	1781-1807	Millard.
6	Baudouin	Pierre.	1523-1531	Juy.
10	Baudry	Jean	1531-1558	Gaullier.
10	Bazin.	Michel	1583-1618	Gaullier, Nouvellon.
31	Boigneux.	Ferdinand-Henri-Charles	1886-1911	Millard.
13	Bellegeois	Pierre.	1640-1662	Berlencourt.
24	Belouet	Jacques-Antoine	1838-186.	Nouvellon.
	Berault	Guillaume.	1478-1482	Fauchon.
18	Berlencourt.	Charles-Ernest.	1898-	Berlencourt.
13	Bernard.	Jean	1549-1556	Berlencourt.
7	Bernier.	Florent	1837-1868	Pierson.
	Berry.	Jacques		Lépine, Baron.
	Bertelin.	Étienne	1469	
	Berthelin.	Tassin.	1458-1480	Berlencourt.
31	Bertrand.	François.	1589 ?-1605 ?	Millard.
20	Besnard.	Jean-François.	1814-1826	Joblin.
	Besnard.	Jean		Nouvellon.
11	Bidault	Jacques	1591-1598	Berlencourt.
21	Bigot.	Charles-Hippolyte.	1836-1850	Gaullier.
22	Binocher (ou Binechère)	Jean-Jacques.	1742-1758	Gaullier.
10	Bioche.	Armand-Evrard	1812-1844	Gaullier.
15	Blanchard	Sébastien.	1552-1589	Joblin.
15	Blanchard	Viâtre.	1512 ?-1552	Joblin.
23	Blanche (ou Blanché).	Jean.	1567-1573	Jouanneau.

(1) En 1728, Vée, prédécesseur de Gaullier, possédait toutes les minutes de Baguenault, du 26 octobre 1599 au 2 août 1636.

No.	Nom	Prénom	Dates	Notaires
15	Blanchet (ou Blanchard)	Jacques (1)	1623-1650	Gaullier.
7	Blanchet	Pasquier	1544-1586	Pierson.
3	Blandin	Gentien	1705-1731	Tulpain, Gaullier.
13	Blandin	Liphard	1686-1729	Berlencourt.
13	Blandin	Liphard-Daniel	1729-1758	Berlencourt.
30	Boillève	Claude	1619-1627	Berlencourt.
	Boillève	Guy	1540	
24	Boillève	Jacques	1588-1632	Nouvellon.
20	Bonichon-Duchaffard	Claude	1719-1725	Joblin.
20	Bonichon-Duchaffard	Constantin (ou Constant)	1725-1748	Joblin.
4	Bonneau	Toussaint	1789-1817	Lépine.
18	Bordas	Charles	1813-1842	Berlencourt.
18	Bordas	Jean-Edmond	1847-1874	Berlencourt.
31	Bordes	Laurent	1629-1662	Millard.
3	Bordier	Étienne-Émile	1854-1886	Tulpain.
3	Bordier	Charles	1886-1920	Tulpain.
27	Bordier	Michel	1740-1762	Millard.
21	Bottet	Jean-René	1782-1810	Gaullier.
24	Boucher	Hervé	1656-1686	Nouvellon.
24	Boucher	Louis	1686-1744	Nouvellon.
21	Boudeau	Michel	1710-1721	Gaullier.
12	Bourdellier	Claude-Jacques (ou Joseph ?)	1729-1759	Joblin.
28	Bourgeois	Maurice	1902-	Bourgeois.
22	Boutet	Jacques-Louis	1782-1786	Gaullier.
	Brachet	Jean	1504	
4	Breton	Jean	1496-1523	Lépine, Baron, Gaullier. (minutes perdues 1784 ?)
3	Brimbeuf	Vincent	1675-1705	Tulpain, Gaullier.
	Brissonnet	Pierre	1492	
19	Brochot	Jullien-Joseph-Alexis	1788-1811	Fauchon.
18	Bruère	Claude	1565-1603	Berlencourt.

No.	Nom	Prénom	Dates	Notaires
8	Bruère	Jacques-Nicolas	1700-1718	Couturier.
23	Bruère	Louis	1787-1816 (ou 1819 ?)	Jouanneau.
25	Brûlé (ou Bruslé)	Martin	1779-1797	Nouvellon.
7	Bruneau	Daniel	1586-1606	Pierson.
7	Bruneau	Daniel	1606-1653	Pierson.
	Brunet			Gaullier.
19	Buisson	Charles	1657-1685	Fauchon.
	Bureau	Bernard	1436	
	Bureau	Bernard	1456-1486	Baron, Nouvellon.
	Bureau	Jean l'aîné	1450-1479	Berlencourt.
	Bureau	Jean le jeune	1450-1479	Berlencourt.
	Bureau	Geoffroy		
	Burelles		1413	

C

No.	Nom	Prénom	Dates	Notaires
14	Cabart	Claude		
27	Cabart	François	1636-1638	Baron, Lépine.
8	Cabart	François-Louis	1711-1721	Millard.
8	Cabart	Louis	1782-1810	Couturier.
	Cahouet	Antoine	1810-1822	Couturier.
3	Cahouet	Antoine	1578	Tulpain.
28	Caillaux	Pierre-Joseph	1617-1652	Tulpain, Gaullier.
26	Caillaux (ou Calliaux)	Pierre-Joseph	1807-1819	Bourgeois.
	Cailly (2)	Jean	1822-1826	Gaullier.
	Cailly	Étienne	1404-1433	Joblin.
28	Canel (ou Cavel)	Jacques	1404-1412	Fauchon, Baron.
6	Caperon	Pierre-Alexandre	1677-1721	Bourgeois.
			1841-1854	Juy.

(1) Jacques Blanchet était syndic en 1641 ou 1642.
(2) Jean Cailly avait épousé Marion qui vivait encore et était veuve en 1481.

24	Capitant	Claude-Maximilien	1744-1778	Nouvellon.
9	Capperon	Philippe	1512-1523	Lépine, Berlencourt.
	Casseau	Jean	1429	
9	Chabaribaire-Lacoste	Louis	1859-186.	Lépine.
16	Chaboiçeau (ou Chaboisseau)	François	1721-1732	Gaullier, Berlencourt.
	Chaillo		1349	
19	Changeux	Pierre	1702-1728	Fauchon.
19	Changeux fils	Pierre	1728-1752	Fauchon.
25	Chappé	Jacques-Philippe	1735-1779	Nouvellon.
11	Chappet	Claude	1635-1637	Berlencourt.
12	Chappet	Pierre	1505-1516	Pierson, Joblin.
33	Charpentier	Michel-Florent	1737-1747	Bourgeois.
7	Charron	Jean	1662-1696	Pierson.
5	Charron	Pierre	1512-1516	Baron, Joblin.
	Charruau ?			Gaullier.
9	Chartrain	Jean-Baptiste-Etienne	1779-1814	Lépine.
9	Chartrain fils		1814-1821	Lépine.
31	Chassinat	Etienne	1721-1749	Millard.
19	Chau	Etienne	1752-1788	Fauchon.
23	Chaubert	Jean-Mathurin	1747-1755	Jouanneau.
8	Chaussier	Etienne	1588-1595	Couturier.
8	Chaussier	Etienne	1597-1630	Couturier.
8	Chaussier	Guillaume	1556-1580	Couturier.
8	Chaussier fils	Guillaume	1580-1588	Couturier.
8	Chaussier	Jacques	1630-1648	Couturier.
	Chauvreux	Pierre	1433-1481	Joblin.
30	Chenot	Pierre	1627-1643	Gaullier, Nouvellon, Berlencourt.
10	Chenot le jeune	Pierre	1669-1675	Gaullier, Nouvellon.
10	Chenu	Etienne	avant 1512	Berlencourt.
	Chenu	Guillaume	1433-1439	Gaullier.

22	Chevreuil de Villebelle	Louis-Auguste	1786-	Gaullier.
15	Chricoisneau	Paul	1683-1718	Gaullier.
14	Chollet	Joseph	1750-1769	Baron.
	Christophe	Pierre	1422-1451	Fauchon.
8	Clément	Pierre	1648-1654	Couturier.
1	Clousier	Louis	1600-1626	Berlencourt.
22	Colas	Florent	1616-1650	Gaullier.
33	Colas	Jacques	1674-1698	Bourgeois.
22	Colas	Roland	1594-1616	Gaullier.
	Colin	Etienne	1476 et 1495	Pierson.
11	Contant (ou Constant)	Pierre	1531-1572	Berlencourt, Joblin.
	Cormier	Louis	1379 et 1437	Berlencourt.
31	Cornu	François	1839-1855	Millard.
4	Corrozet	Etienne-François	1684-1698	Baron, Lépine.
8	Cotelle	Jean	1822-1837	Couturier.
16	Couët	Benoît	1711-1721	Gaullier, Berlencourt.
21	Couët	Claude	1573-1579	Gaullier, Berlencourt.
16	Couët	Claude (1)	1636-1670	Gaullier, Berlencourt.
16	Couët	Louis	1670-1711	Gaullier, Berlencourt.
	Cougnet	Etienne		Gaullier.
23	Coulombeau	Claude	1629-1654	Jouanneau.
13	Coulombeau	Guillaume	1534-1549	Pierson.
18	Couriou	Michel	1610-1618	Berlencourt.
21	Courmont	Claude	1810-1836	Gaullier.
1	Courtin l'aîné	Jean	1500-1513 ou 1518 ?	Berlencourt.
8	Courtin le jeune	Jean	1502-1518	Bourgeois.
10	Courtin	Nicolas	1512-1531	Berlencourt.
20	Courtois	Jacques-René	1777-1808	Joblin.
23	Courtois	Michel-Edouard	1820-1839	Jouanneau.
24	Coutard (ou Couillard)	Nicolas	1632-1642	Nouvellon.

(1) Les minutes de Claude Couet 1636-1670 n'existaient pas en 1778 chez Vée, prédécesseur de Gaullier.

29	Coutault	Charles.	1595-1631	Fauchon.
8	Couturier	Emile-Gustave.	1897-	Couturier.
11	Couzé	Gabriel-François.	1744-1771	Berlencourt.
18	Crespet	Girard	1662-1665	Berlencourt.
13	Crespin	Mathurin	1512?-1534	Bourgeois.
2	Creuzet	Pierre-Fulgence-Anatole.	1856-1881	Fauchon.

D

31	Damond	Jules	1813-1826	Millard.
	Damont	Jean	1491	
10	Daniel	Michel	1618-1648	Gaullier, Nouvellon.
7	Danglebernes	Jacques-Charles	1757-1788	Pierson.
28	Dardonville	Pierre-Etienne	1774-1788	Bourgeois.
8	Dargues (ou Darguer)	Michel (1)	1546-1556	Couturier, Gaullier.
5	Daviau	Michel	1765-1776	Baron.
20	Davoust	Pierre-Etienne	1843-1872	Joblin.
29	Debeausse	Jean	1662-1686	Fauchon.
17	Debeausse	Nicolas	1691-1707	Pierson.
15	Dedinan	Manert	1650-1672	Gaullier.
18	Defaucamberge	Jean	1758-1790	Berlencourt.
28	Degors	Jean-Joseph-Martial	1866-1873	Bourgeois.
26	De Gyvès (ou Degives)	Louis	1568-1596	Gaullier.
14	Delabarre	Jacques	1677-1688	Lépine.
	Delamenay (ou Dechamenay)	Jean	1436	Gaullier.
28	Delaroüe	Claude	1721-1741	Bourgeois.
	De la Salle	Denis	1413-1444	Joblin.
30	De l'Ecluze	Pierre	1666-1679	Berlencourt.
9	Delescluze (ou de l'Ecluze) l'aîné	Pierre	1604-1639	Lépine.
28	Delescluze le jeune	Pierre	1622-1643	Bourgeois.

23	De l'Estang	Antoine	153.?-1562	Jouanneau.
13	Delion (ou de Lyon)	Aubin	1563-1566	Berlencourt.
13	De Loynes	Jean	1491	Berlencourt, Joblin.
13	Demeulles (ou de Meulles) l'aîné	Edouard.	1613-1640	Berlencourt.
13	Demeulles le jeune	Edouard.	1642-1686	Berlencourt.
22	Deminyé	Joachim (2)	1561-1582	Gaullier.
22	Deminyé	Jacques (ou Charles) (3)	1584-1594	Gaullier.
9	Deroisin	Jérôme-Pierre-François	1823-1830	Lépine.
5	Desbois (ou des Bois)	Onésime	1776-1809	Baron.
23	Desbois père	Vincent	1839-1870	Jouanneau.
23	Desbois fils	Michel	1870-1898	Jouanneau.
14	Deschamps	Sébastien	1512-1570?	Fauchon (1512-1522).
9	Deschamps	Louis	1749-1779	Lépine.
28	Deschamps	Jean	1859-1866	Bourgeois.
	Desez		1308	
29	Desfournieux (ou Desfourniaux)	Jacques	1631-1662	Fauchon.
10	Desfriches	Jacques (ou Pierre)	1648-1649	Nouvellon.
6	Desmaraudes (ou de Maraudes)	Gentien	1531-1539	Juy. Fauchon.
32	Destas	Bazile	1718-1740	Lestang.
33	Destas	François-Bazile.	1740-1766	Lestang.
7	Destas	Jacques-Guillaume	1782-1803	Fauchon.
	Detroies (ou de Troyes)	Jean	1389-1414	
8	Devade	Pierre-Edouard.	1837-1859	Couturier.
30	Drufin	François.	1776-1798	Berlencourt.
4	Dubec	Charles-Anatole	1859-1886	Lépine.
19	Dubois	Girard	1548-1585	Fauchon.
19	Dubois	Girard	1634?-1636?	Fauchon.

(1) En 1773, Vée, prédécesseur de Gaullier, ne possédait, des minutes de Michel Dargues, que l'année 1549.

(2 et 3) En 1791, Leddet déclarait n'avoir aucunes minutes de Joachim et Charles Deminyé.

19	Dubois	Michel	1522-1548	Fauchon.
19	Dubois	Pascal	1585-1633	Fauchon.
	Dubois			Gaullier.
22	Du Cloux.	Pierre.	1680-1736	Gaullier.
5	Dufour		1820-1823	Baron.
16	Dugué.	Simon	1770-1773	Gaullier.
28	Dumont (ou Demont).	Jean	1591-1622	Bourgeois.
18	Dumoutier	Guillaume	1627-1631 ?	Berlencourt.
12	Dumuys (ou Dumuids)	Claude	1636-1672	Joblin.
12	Duneau	Jacques	1722-1729	Joblin.
2	Duncau	Pierre.	1664-1666	Fauchon.
12	Dupont (ou du Pont)	Christophe	1619-1636	Joblin.
	Dupont.	Simon	1482	

F

10	Fascon	Louis-Fiacre	1714-1736	Gaullier.
27	Faucheux	François.	1721-1740	Millard.
4	Faucheux	Maria.	1630-1652	Baron.
27	Faucheux le jeune	Michel	1678-1711	Millard.
17	Faucheux	Nicolas	1661-1691	Pierson.
2	Fauchon.	Émile.	1909-	Fauchon.
2	Fauchon.	Marie-Georges.	1881-1908	Fauchon.
4	Ferri.	Jacques	1581-1591	Baron.
	Fèvre.	Arnoulx.		Fauchon.
32	Fieffé.	Antoine.	1652-1682	Lestang.
32	Fieffé.	Jacques	1682-1718	Lestang.
	Filleul	Michel	1449-1453	Fauchon.
9	Fleureau.	Jacques	1573-1604	Lépine.
18	Fontaine.	Médéric-Louis.	1842-1847	Berlencourt.
29	Fortin	Jacques	1787-1806	Fauchon.

31	Foucher.	André.	1710-1721	Millard.
1	Foucher.	Denis.	1513 ?-1530	Berlencourt.
28	Foucher.	Symphorien.	1577-1591	Bourgeois.
33	Fougeron l'aîné	Armand-François.	1784-	Bourgeois.
28	Fougeron le jeune	Charles-François.	1788-1807	Bourgeois.
28	Fougeron	Stanislas.	1819-1834	Bourgeois.
20	Fougeu	Pierre-Charles.	1808-	Joblin.
14	Fougeu	Armand.	1840-1847	Baron.
4	Fougeu	Marie-Louis-Albert	1886-1913	Lépine.
26	Francheterre père.	Auguste	1839-1860	Gaullier.
26	Francheterre fils.	Gustave.	1868-1879.	Gaullier.

G

5	Gaillard.	Charles	1731-1742	Baron.
6	Gaillard.	Michel	1767-1795	Juy.
26	Gaillard.	Michel	1641-1673	Gaullier.
26	Gaillard fils.	Michel	1673-1695	Gaullier.
26	Gallard	Martin	1773-1802	Gaullier.
	Gallu.	Denis.		Baron.
7	Gallu.	Gilles.	1512?-1525	Pierson, quelques minutes chez Baron.
17	Gallu.	Jean.	152.?-1540	La plupart des minutes chez Bourgeois — les autres chez Baron, Pierson, Berlencourt.
21	Garapin.	Paul-Henri.	1876-1897	Gaullier.
20	Garnier.	Pierre.	1748-1773	Joblin.
	Garsonnet	Guillaume.	1452-1479	Fauchon.
4	Gasté.	Claude	1558-1581	Lépine, Baron.
14	Gasté l'aîné.	Guillaume.	1570 ?-1582	Baron.
10	Gaudeffroy.	Louis.	1697-1714	Gaullier, Nouvellon.

21	Gaullier	Emilé-Eugène-Alphonse	1897-	Gaullier.
26	Gaullier	Louis-Athanase	1802-1822	Gaullier.
11	Gelin	Jean (1)	1531-1551	Gaullier.
15	Gentil (ou Genty)	Jean (ou Denis ?)	1613-1620	Gaullier.
20	Gentil (ou Genty)	Michel	1773-1777	Joblin.
14	Genty	Louis-François-Victor	1814-1840	Lépine.
	Geolet	Jean	1323-1327	
32	Gerbault (ou Herbaut ?)	Henri	1624-1633	Lestang.
31	Germé l'aîné	Jacques	1643?-1647?	Berlencourt.
13	Germé	Noël (2)	1556-1563	Gaullier, Berlencourt.
21	Gervaise	Guillaume	1626-1644	Gaullier.
23	Gervaise	Michel	1654-1679	Jouanneau.
1	Gervaise	Pierre	1626-1651	Berlencourt.
	Gidoin	Jean	1455-1491	Fauchon.
	Gilbert	Pierre	1493-1497	Joblin.
20	Gillet	Joseph	1880-1911	Joblin.
11	Girard	Pierre	1488-1507	Baron, Gaullier, Lépine.
	Girault	Guillaume	1407-1439	Fauchon.
24	Giret	Christophe-René	1810-1820	Nouvellon.
17	Gitton	Martin-François-Emile	1866-1883	Pierson.
1	Godeau	Gabriel	1680-1714	Berlencourt.
1	Godeau neveu	Gabriel	1714-1737	Berlencourt.
8	Godeau	Michel	1718-1760	Couturier.
8	Godeau fils	Michel-Charles-Pierre	1760-1761	Couturier.
24	Goisneau (ou Griveau ?)	Pierre	1576-1588	Gaullier, Nouvellon ?
4	Gemmet	Claude	1660-1684	Baron, Lépine.
25	Grivot	Théophile-Auguste	1876-1885	Nouvellon.
9	Grougnard	Alexandre-Romain-Henry	1830-1859	Lépine.
6	Gruin	Pierre	1539-1573	Juy, Joblin.
6	Gruin	Sébastien	1573-1583	Juy, Joblin ?
32	Guérin aîné	Charles	1829-1847	Lestang.

32	Guérin	Ephrem	1847-1870	Lestang.
9	Guichard	Pierre	1663-1698	Lépine.
10	Guillon	Claude-Pierre	1741-1773	Gaullier.
10	Guillon fils	Claude-Pierre-Jean	1773-1790	Gaullier.
14	Guindel	Jacques	1694-1719?	Lépine.
	Guiot		1468	Fauchon.
	Guynant		1496	
32	Guynant (ou Guignant)	Nicolas	1602-1624	Lestang.

H

19	Hanart	Jacques	1650-1657	Fauchon.
7	Hamonière	Grégoire-Pierre	1788-1811	Pierson.
14	Héau	François	1788-1814	Baron.
19	Héau	Marin (ou Martin ?)	1685-1702	Fauchon.
4	Hébert	Louis-François	1832-1840	Lépine.
2	Hémon	Etienne	1625-1636	Fauchon.
32	Herbaut, voir Gerbault			
18	Herpin	Gilles	152.-1559	Berlencourt.
3	Herpin	Guillaume	1538?-1540	Gaullier ? perdues pendant les guerres ?
25	Herpin	Sébastien	1568-1580	Joblin, Nouvellon.
16	Houry	Guillaume	1735-1740	Gaullier.
22	Houry	Guillaume	1758-1782	Gaullier.
10	Houssard (ou Houssal, ou Housset)	Jean	1558-1583	Gaullier, Nouvellon.
	Huau	Jean	1392	
17	Hubert	Florent	1707-1729	Pierson.
1	Hubert	Florent-Charles	1737-1750	Berlencourt.
15	Hubert	Guillaume	1672-1683	Gaullier.

(1) En 1773, Vée, prédécesseur de Gaullier, possédait les minutes de Jean Gélin pour les seules-années 1535, 1538, 1542 et 1543.

(2) En 1773 le même Vée ne possédait que les minutes des années 1537 et 1538, de Germé.

	Nom	Prénom		Paroisse
11	Hurault	Gabriel	1647-1699	Berlencourt.
4	Hurault	Guillaume	1523-1558	Baron.
	Hurtebise	Pierre		Baron.
	Huyot	Guillaume		Joblin.
	J			
24	Jacquelier		1820-1830	Nouvellon.
12	Jacquot	Bertrand	1518-1524	Joblin.
28	Jacquet (ou Jacques)	Clément	1643-1677	Bourgeois.
3	Jacquet	Drouin	1499-1518	Joblin.
20	Jacquet	Etienne	1687-1719	Joblin.
11	Jacquet	Etienne	1628-1635	Berlencourt.
11	Jacquet	Etienne	1637-1645?	Berlencourt.
3	Jacquet	Guillaume	1518-1538	Gaullier ? Nouvellon ? Perdues pendant les guerres ?
	Jaquet, voir Jogues			
1	Jaupitre	Antoine	1576-1600	Berlencourt.
1	Jaupitre	François	1530-1576	Berlencourt.
	Jaupitre	Jean	1489	
10	Jeuslin	Thomas	1649-1669	Nouvellon.
20	Joblin	Alphonse-Ferdinand	1911-	Joblin.
10	Jogues (ou Jaquet ?)	Charles	1675-1697	Nouvellon.
7	Jogues	Pierre	1525-1544	Pierson.
1	Johanet	Jean	1772-1805?	Berlencourt.
21	Johanneton	François	1761-1782	Gaullier.
21	Johanneton	René	1721-1761	Gaullier.
24	Joisneau (ou Goyneau, ou Griveau ?)	Pierre (porté déjà au nom de Goisneau)	1576-1588	Nouvellon.
23	Jouanneau	Marie-Eugène-Abel-Maurice	1898-	Jouanneau.
30	Jullien l'aîné	Gilles	1714-1770	Berlencourt.

	Nom	Prénom		Paroisse
16	Jullien	Jean-Baptiste-Pierre	1786-	Gaullier.
15	Jullien	Philippe-Etienne	1718-1756	Gaullier.
15	Jullien	Pierre-Nicolas	1756-1791	Gaullier.
27	Jullien-Desbordes	Denis-Michel-Marcou	1762-1781	Millard.
1	Jumeau	Jacques	1651-1680	Berlencourt.
33	Jumeau	Nicolas	1747-1784	Bourgeois.
6	Juy	René-Célestin	1920-	Juy.
	L			
25	Landron	Claude	1676-1712	Nouvellon.
	Langlois	Claude		Gaullier.
17	Langlois	Liphard	1548-1591	Pierson.
21	Langlumé	Claude	1554-1567	Gaullier.
17	Lasne ou Laisné	Abraham	1607-1661	Pierson.
14	Lasne le jeune	Michel	1638-1677	Lépine.
19	Laurent	François-Aquilan	1823-1826	Fauchon.
12	Le Breton	Guillaume	1524-1567	Joblin.
20	Lecoq	Aldin	1585-1631	Joblin.
19	Le Coq	Aldin	1637?-1644?	Fauchon.
22	Le Coq (ou Le Cocq)	Denis	1650-1680	Gaullier.
20	Lé Coq	Nicolas	1631-1671	Joblin.
22	Leddet	Jean-Claude	1736-1742	Gaullier.
2	Lefebvre	Charles	1832-1844	Fauchon.
32	Lefebvre	François (ou Paul ?)	1633-1652	Lestang.
18	Lefebvre	Joseph-Amable	1790-1813	Berlencourt.
23	Lefebvre	Robert	1588-1620	Jouanneau.
3	Le Febvre	Toussaint	1652?-1671	Gaullier.
31	Legent	Louis	1662-1691	Millard.
14	Legrand	Jean	1594-1610	Baron, Bourgeois.
3	Legrand	Joseph	1731-1743	Tulpain.
14	Legrand	Joseph (n'a pas été reçu)	1722-1723	Lépine.
	Leloup	Pierre	1530	Gaullier.

2	Lemoine		1821-1832	Fauchon.
15	Le Normant	Jean	1589-1613	Gaullier.
14	Le Normant	Nicolas	1688-1694	Lépine.
17	Le Page	Jean-Baptiste	1784-1819	Pierson.
17	Le Page fils		1819-1849	Pierson.
4	Lépine	Eugène-Ludovic	1919-	Lépine.
3	Le Roy	Georges	1671-1675	Gaullier.
27	Le Roy	Pierre	1629-1670	Millard.
27	Le Roy fils	Pierre	1670-1678	Millard.
18	Lescot (ou L'Escot)	Barthélemy	1603-1610	Berlencourt.
4	Lesourd	Jean	1749-1789	Lépine.
32	Lestang	Paul-Louis-Alfred	1894-	Lestang.
7	Levasseur	Michel-Mathurin	1811-1821	Pierson.
	Lindim	Jernol	1319-1320	
12	Linget	Gustave	1852-1886	Joblin.
7	Lion (ou Lyon)	Martin	1696-1742	Pierson.
7	Lion fils	Martin	1742-1757	Pierson.
2	Loiseleur	Jules	1844-1856	Fauchon.
19	Lorin	Jacques-Christophe	1811-1823	Fauchon.
21	Lorry	Simon	1611-1626	Gaullier.
25	Lottin		1829-1838	Nouvellon.
17	Lottin	Eugène-Oswald	1900-1907	Pierson.
27	Lucas père	Jean-Marie-Gabriel	1824-1851	Millard.
27	Lucas fils	Jules	1851-1871	Millard.
	Lucas	Pierre	1528	Gaullier.

M

4	Machereau	Louis-Michel-Joseph	1912-191.	Lépine.
	Mahy	Colin	1431-1433	
	Mahy	Guillaume	1457	

	Mahy	Jean	1396-1437	
	Mahy	Pierre	1503	
4	Maigreau		1817-1824	Lépine.
6	Mainbourg	Guillaume	1720-1742	Juy.
17	Maisferme	Guillaume	1540-1548	Pierson.
19	Mallet	Valentin-Clément	1861-1884	Fauchon.
14	Mallier	Jean-Baptiste	1723-1726	Baron, Lépine.
4	Mallier	Jean-Baptiste	1731-1749	Lépine.
8	Marchand	Claude	1533-1546	Couturier.
	Marchand	Etienne	1547-1580	Couturier.
12	Marchand	Jean	1491-1505	Fauchon.
4	Marchand fils aîné	Pierre-Clovis-Alexandre	1824-	Lépine.
	Marchand			Gaullier.
2	Mariette	François-Pierre	1769-1782	Fauchon.
14	Martin	Benoît	1497-1503	Berlencourt.
2	Martin	Christophe	1636-1664	Fauchon.
9	Martin	Gabriel-François	1698?-1728	Lépine.
9	Martin fils	Gabriel-François	1728-1749	Lépine.
11	Martin (ou Merlin)	Jean	1598-1628	Berlencourt.
17	Massicard	François-Félix	1883-1900	Pierson.
	Maubodet (de)		xvᵉ siècle	
6	Mauduison	Alexandre	1674-1694	Juy.
6	Mauduison	Jacques	1694-1720	Juy.
30	Maugas	Charles	1679-1711	Berlencourt.
27	Mazué	Etienne	1568-1596	Millard.
27	Mazué	Nicolas	1596-1629	Millard.
24	Meigret-Collet	Louis	1830-1838	Nouvellon.
	Méran	Nicolas	1482	
11	Merlin (ou Martin)	Jean (porté déjà au nom de Martin)	1598-1628	Berlencourt.
2	Mesnager	Gilles	1540-1562?	Joblin.
6	Mesnager	Noël	1583-1586	Juy, Joblin.
25	Meslier	Louis	1797-1827	Nouvellon.

25	Mestier fils	Théodat	1827-1829	Nouvellon.
26	Meusnier	François	1633-1641	Gaullier.
26	Meusnier (ou Musnier)	Jacques	1596-1633	Gaullier.
26	Michault		1846-1853	Gaullier.
6	Michée	Louis	1886-1919	Juy.
3	Mignon	Constantin	1571?-1617	Gaullier, Garapin.
3c	Millard	René-Henri	1911-	Millard.
4	Miraux	Louis-Arsène	1841-1847	Lépine.
30	Mirleau d'Illiers	Henry-Artus	1845-1857?	Berlencourt.
5	Mithonneau	Claude	1668-1704	Baron.
5	Mithonneau fils	Claude	1704-1729	Baron.
5	Mithonneau	Jean (1)	1582-1621	Baron.
5	Mithonneau fils	Jean	1621-1634	Baron.
	Moinet	Pierre		Joblin.
20	Moinet (ou Moynnel ou Maynnet) l'aîné	Salomon	152.?-1550?	Joblin.
20	Moinet le jeune	Salomon	1550-1562	Joblin.
8	Monnoye	Etienne	1595-1597	Couturier.
4	Monnoye (ou Monnet)	Pierre	1602-1630	Baron.
	Montdidier (de)	Etienne	1389-1390	
28	Moreau-Amy	Jean	1834-1850	Bourgeois.
25	Moreau jeune	Benjamin	1838-1867	Nouvellon.
27	Morigny	Armand-Marie	1807-1824	Millard.
22	Morize	Jean (2)	1524?-1561	Gaullier.
1	Moutié	Jacques-Erasme	1750-1753	Berlencourt.
4	Moynet (ou Monnet)	Paul	1591-1602	Baron.
	Musnier (voir Meusnier)			

N

9	Naudet	Jacques (ou Jean?)	1491-1500	Joblin.
30	Néron	Pierre-Auguste-Louis	1798-1815	Berlencourt.

15	Noblet	Pierre	1475-1510	Fauchon.
	Noblet			Gaullier.
14	Noël (ou Nouel)	Jean	1610-1631	Baron.
21	Nouvellon	Jean-Pierre	1850-1876	Gaullier.
25	Nouvellon	Pierre-Louis-Modeste	1885-	Nouvellon.
30	Noyau	Arnoult	1642?-1666	Berlencourt.
30	Noyau	Clément	1711-1714	Berlencourt.
2	Noyer	Bernard	1617-1623	Fauchon.

O

4	Odigier	Claude	1698-1731	Baron.
14	Odigier le jeune	Jacques-Michel	1726-1730	Baron, Lépine.
23	Odigier de la Couronnerie	Jacques-Michel-Nicolas	1756-1787	Jouanneau.

P

18	Paillat	Ferdinand-Louis-Horace	1874-1897	Berlencourt.
	Pallu		1416	
32	Panchet	Georges-Etienne	1799-1807	Lestang.
14	Paris	Floreat	1720-1723	Lépine.
29	Paris	Simon	1722-1725	Fauchon.
21	Pasquier	Antoine	1524?-1554	Gaullier.
29	Pasquier	Etienne	1686-1722	Fauchon.
2	Pasquier	Jean	1562?-1585	Fauchon, Gaullier.
	Patisson	François	1550-1558	Berlencourt.
24	Patisson (ou Pastisson)	Philippe	152.?-1550	Nouvellon, Berlencourt.
30	Paul jeune	Henry-Emile	1835-1843	Joblin.
8	Paulmier	Léon-François	1859-1884	Couturier.
8	Pegny (ou Peigny ou Peguy)	Etienne	1518-1533	Couturier, Baron?

(1) M° Jarry n'a retrouvé chez M° Baron que les minutes des années 1555, 1556, 1557 et 1569.

(2) En 1758, Marcou Vée avait les minutes de Jean Morize, depuis le 15 octobre 1553 jusqu'à l'année 1558 comprise.

No.	Nom	Prénom	Dates	Notaire
33	Peigné	Florent	1594-1632	Bourgeois.
33	Peigné	Florent	1632-1674	Bourgeois.
13	Peigné	Henri	1566-1613	Berloncourt.
31	Peigné	Jean-Gaspard	1760-1781	Millard.
6	Pellerin	Denis	1813-1841	Juy.
3	Pelletier père	François-Joseph	1795-1836	Tulpain.
3	Pelletier fils	Louis-Gustave	1836-1843	Tulpain.
31	Pelletier	Aimé	1855-1886	Millard.
	Penost (1)	Jean (voir Prevost Jean)	avant 1482	
28	Perchoron	Jean	1741-1763	Bourgeois.
31	Perchoron	Sébastien	1781-1784	Millard.
	Perrine			Gaullier.
29	Perrolet (ou Perrelle)	Pierre (ou Etienne)	1577-1580	Fauchon.
12	Pétau-Grandour	Gabriel	1837-1852	Joblin.
	Petit	Jean	1464-1468	Baron, Fauchon (1467 et 1468).
24	Petit	Jean-Pierre	1778-1810	Nouvellon.
16	Petit	Marcou-Simon	1740-1745	Gaullier.
25	Philippes	Florent	1657-1676	Nouvellon.
17	Picard	Savinien	1849-1866	Pierson.
10	Pichet	François-Gabriel	1736-1742	Gaullier.
17	Pierson	Charles	1907-	Pierson.
6	Pigolet	Prudence	1854-1886	Juy.
14	Piot (ou Pinu)	Charles	1631-1636	Lépine.
14	Piqueret (ou Picqueret)	Pierre	1770-1782	Baron.
6	Pisseau	Joseph	1742-1767	Juy.
4	Plisson	Pierre	1652-1660	Baron.
5	Ploix		1823-1838	Baron.
	Polert		1440-1441	Fauchon.
26	Poignard	André-Nicolas	1833-1839	Gaullier.
2	Poing	Gervaise	1666-1690	Fauchon.

No.	Nom	Prénom	Dates	Notaire
21	Pévrier	Aignan	1579-1611	Gaullier.
1	Poilier-Dumont	Silvain-Joseph	1753-1771	Berloncourt.
17	Pompon	Joseph	1729-1782	Pierson.
17	Pompon fils	Joseph	1782-1784	Pierson.
4	Porceau	Jean-François-Alexandre	1847-1858	Lépine.
12	Porcher	Gabriel-Pierre	1790-1816	Joblin.
12	Porcher fils	Gabriel-Pierre	1816-1837	Joblin.
12	Porcher	Jean-Gabriel	1759-1790	Joblin.
18	Porcher	Mathurin	1559-1565	Berloncourt.
9	Postanque		1821-1823	Lépine.
2	Pothain	Antoine-François-Pierre	1803-1819	Fauchon.
12	Pothier	Mathieu	1567-1569	Jouanneau.
14	Pougien (ou Pougier)	Denis	1587-1594	Lépine.
2	Poullin	François	1670-1704	Fauchon.
2	Poullin fils	François de Sales	1704-1746	Fauchon.
	Pouret	Jean	1469	
	Preau		1432	
19	Prester		1826-1831	Fauchon.
	Prevost		1449-1499	Fauchon.
	Prevost	Jean	1490-1492	
2	Prevost	Joseph	1746-1769	Fauchon.
9	Privé	Bernard	1639-1663	Lépine.
8	Privé	Etienne	1696-1700	Couturier.
9	Provenchère	Nicolas	1523-1556	Joblin.
9	Provenchère fils	Nicolas	1556-1573	Lépine.
14	Proust	Pierre	1782-1788	Baron.
7	Proust	Louis-Sébastien	1826-1837	Pierson.

R

No.	Nom	Prénom	Dates	Notaire
6	Rabelleau	Etienne-Louis-Isidore-Victor	1795-1813	Juy.
31	Ragu du Coudray	Léonard	1749-1760	Millard.

(1) **Penost** doit être une mauvaise lecture pour **Prevost**.

30	Ragu	Léonard-Pierre-Édouard	1770-1776	Berlencourt.
20	Bapeau	Étienne-Germain	1816-1834	Joblin.
21	Rebuffé	Louis (ou Claude ?)	1567-1573	Gaullier.
5	Becoing	Jean	1433-1438	Fauchon.
21	Reculé	Charles	1707-1710	Gaullier.
5	Regnault	Émile	1864-1901	Baron.
29	Regnault	Louis	1725-1733	Fauchon (une partie des minutes est détruite).
33	Reullon	Pierre	1698-1722	Bourgeois.
33	Reullon fils	Pierre	1722-1737	Bourgeois.
12	Riboult	Étienne	1720-1722	Joblin.
12	Riboult(ou Ribou)	Pierre	1672-1720	Joblin.
32	Riou	Christophe	1594-1602	Lestang.
15	Roberday	Étienne	1620-1623	Gaullier (les minutes manquent ?)
25	Robert de la Marche	Paul	1867-1876	Nouvellon.
11	Robillard	Pierre	1699-1740	Berlencourt.
11	Robillard fils	Pierre	1740-1744	Berlencourt.
16	Robillard le jeune	Pierre	1732-1735	Gaullier.
31	Rogier	Étienne-Georges	1826-1839	Millard.
30	Ronceray jeune	Ernest	1834-1845	Berlencourt.
23	Rou	François	1679-1728	Jouanneau.
23	Rou	Guillaume	1728-1747	Jouanneau.
8	Rou	Guillaume-François	1761-1782	Couturier.
25	Rousse (ou Rousseau ?)	Claude	1580-1617	Nouvellon.
25	Rousse	Claude	1617-1657	Nouvellon.
6	Rousseau	Étienne	1502-1523	Juy, Joblin.
23	Rousseau	Jean	1573-1588	Jouanneau.
5	Rousseau	Nicolas (1)	1516-1556	Baron.
5	Rousseau	Nicolas	1556-1582	Baron.

12	Rousseau	Robert	1569-1606	Joblin.
12	Rousseau	Robert	1606-1619	Joblin.

S

30	Saintorge	Jacques	1589?-1619	Berlencourt.
31	Salas	Michel	1605?-1629	Millard.
18	Sallé	Pierre	1631-1640?	Berlencourt.
5	Sansco	Benoist-Alexandre-Alphonse	1838-1864	Baron.
	Sarce (2) (voy. Sarre)	Arnault	1439-1458	Fauchon.
5	Sarradin	Louis	1742-1765	Baron.
	Sarre	Arnoul	1439-1458	Fauchon.
31	Saulger	Étienne	1691-1710	Millard.
11	Saulger	Louis	1582-1591	Berlencourt.
	Segoin	Guillaume		Gaullier ? perdues pendant les guerres ?
3	Segoing	Jullien	1540-1571	Joblin ? perdues pendant les guerres ?
28	Seguin	Jean	1569-1577	Joblin, Bourgeois.
21	Servin	Antoine	1644-1672	Gaullier.
21	Servin	Antoine	1672-1707	Gaullier.
1	Sévin	Barthelemy	1481-1515	Fauchon (1497-1502). Gaullier.
2	Sévin	Berthelemy	1585-1617	Fauchon.
24	Sévin	Guillaume	1550-1576	Gaullier.
2	Sévin	Louis	1480-1481	Gaullier.
2	Sévin	Nicolas	1515-1540	Gaullier, Fauchon.
	Simart	Pierre	1487-1491	
30	Simon		1815-1822	Berlencourt.

(1) D'après M. E. Jarry l'étude Baron ne posséderait que les minutes suivantes : Rousseau père, 1516-1517, 1518-1519, 1521-1525, 1528-1529, 1531, 1541, 1543, 1546-1550, 1554-1555. Rousseau fils, 1556-1558, 1558-1559, 1559-1562, 1563-1565, 1567, 1568, 1569, 1570, 1573-1575, 1577, 1580.

(2) **Sarce** est une mauvaise lecture pour **Sarre**,

13	Simon	Etienne	1758-1782	Berlencourt.
13	Simon	Etienne-Daniel	1782-	Berlencourt.
10	Sonnet	Jacques-François-Hubert	1790-1812	Gaullier.
29	Sonnier	Jean-Antoine-Denis	1735-1787	Fauchon.
17	Soulas	Jacques	1591-1607	Pierson.
23	Soulterre	Victor	1562-1567	Jouanneau.
24	Stample	André	1642-1656	Nouvellon.
16	Stuard (ou Stuart)	François (1)	1554-1573	Joblin.
16	Stuart	Pierre (2)	1523-1554	Berlencourt (1533, 36 et 37). Joblin (1539, 43 et 44) (3). Gaullier.

T

3	Taillebois jeune	Pierre-Auguste	1843-1854	Tulpain.
10	Taillebois aîné	Jean-Odard-Léandre	1844-1860	Nouvellon, Gaullier.
7	Thauvin	Ernest-Armand	1868-1882	Pierson.
29	Thibault	Denis (ou Louis ?)	1569-1597	Fauchon.
32	Thillier	François-Joseph	1870-1894	Leslang.
18	Thué de Beauvais	Etienne	1718-1758	Berlencourt.
6	Thué	Philippe	1586-1621	Juy.
18	Thué	Philippe	1640 ?-1662	Berlencourt.
18	Thué l'aîné	Pierre	1665-1718	Berlencourt.
25	Thué le jeune	Pierre	1712-1735	Nouvellon.
14	Thuillier	Théodore	1846-1864	Baron.
3	Trezin	Etienne	1743-1775	Tulpain.
3	Trezin	Etienne	1775-1776	Tulpain.
3	Trezin	Etienne	1777-1795	Tulpain.
3	Tulpain	Julien-André	1920-	Tulpain.
	Turpin	Jean	1424	
18	Turtin	Claude	1618-1627	Berlencourt.

V

8	Vaillant	Amédée-Etienne	1884-1897	Couturier.
7	Vaillant	François	1653-1662	Pierson.
11	Vallée-Durant	Louis-Jacques	1772-1797 ?	Berlencourt.
29	Vannier	François	1580-1595	Fauchon.
16	Vaslin	Jacques (3)	1573-1599	Leslang.
16	Vée	Gabriel-Marcou	1773-1786	Gaullier.
5	Verdier	Jean-Baptiste-Louis	1809-1820	Baron.
11	Verneau	Michel	1572-1582	Berlencourt.
5	Villeneufve (ou de Villeneufve)	Michel	1634-1668	Baron.
2	Villiers		1819-1821	Fauchon.
14	Vivien	François	1582 ?-1587 ?	Baron, Lépine.
	Voisin	Jacques		Gaullier, Berlencourt.

Y

28	Ytasse	Florent-Sébastien	1763-1773	Bourgeois.

Z

31	Zanole	Antoine-François	1784-1813	Millard.

(1 et 2) Une note de la main de Marcou Vée, datée du 3 octobre 1778, indique que dans son étude il n'existe aucune minute de Pierre et François Stuard. Il existe chez Mr Joblin 25 registres de Pierre Stuart.

(3) Même note de Marcou Vée qui ne possède aucune minute de Jacques Vaslin.

LISTE DES SYNDICS

Sauf pour les années postérieures à 1764, où les Syndics étant élus par la Communauté leurs noms sont consignés aux procès-verbaux des assemblées, il est assez difficile de dresser une liste rigoureusement exacte du Syndicat. Ce n'est que très rarement qu'on trouve leurs noms dans les registres des délibérations et il ne faut accorder qu'une créance relative aux noms portés sur les listes imprimées ou manuscrites qui donnent l'ordre du Syndicat. Ces listes établies par avance étaient basées sur l'ordre du roulement entre les diverses études, mais cet ordre pouvait être faussé quand un notaire se faisait décharger du Syndicat ou refusait d'en exercer la charge. Ce n'est donc que sous toutes réserves et en faisant observer que certaines erreurs de noms ou de dates ont pu s'y glisser, que je donne la liste suivante dont le début est emprunté à la liste manuscrite de Louis Boucher signalée précédemment sous le n° 4.

9 mai 1685-9 mai 1686 Héau.	1700-1701 Landron.
1686-1687 Jacquet.	1701-1702 Poullin.
1687-1688 Servin.	1702-1703 Odigier.
1688-1689 Ducloux.	1703-1704 Guindel.
1689-1690 Rou.	1704-1705 Martin (1).
1690-1691 Thué.	1705-1706 Godeau.
1691-1692 Aignan l'aîné.	1706-1907 Maugas (a refusé la
1692-1693 Mithonneau.	charge).
1693-1694 Brimbœuf.	1707-1708 Saulger.
1694-1695 Boucher.	1708-1709 Gaudeffroy.
1695-1696 Hurault.	1709-1710 Lion.
1696-1697 Aignan le jeune.	1710-1711
1697-1698 Faucheux.	1711-1712 Fieffé.
1698-1699 Canel.	1712-1713 Reullon.
1699-1700 Pasquier.	1713-1714 Blandin.

(1) Pour 1704 et années suivantes la liste de Boucher indique les noms de Riboult (1704), Chicoisneau (1705), Martin, Maugas, Saulger, Gaudeffroy (1709), Lion, Godeau, Fieffé (1712). Mais des documents certains indiquent au contraire Martin en 1704, Godeau en 1705, Gaudeffroy en 1708 ; j'ai dû, par suite, modifier les noms de la liste de Boucher.

1714-1715 Mauduison.
1715-1716 Couet.
1716-1717 Hubert.
1717-1718
1718-1719 Boudeau.
1719-1720 Ducloux.
1720-1721 Rou.
1721-1722 Thué.
1722-1723 Godeau le jeune.
1723-1724 Mithonneau.
1724-1725 Blandin.
1725-1726 Boucher.
1726-1727 Robillard.
1727-1728 Aignan.
1728-1729 Faucheux.
1729-1730 Delarouc.
1730-1731 Regnault.
1731-1732 Thué.
1732-1733 Poullin.
1733-1734 Mallier.
1734-1735 Odigier le jeune.
1735-1736 Bourdelier.
1736-1737 Philippe-Etienne Jullien.
1737-1738 Martin.
1738-1739 Gilles Jullien.
1739-1740 Chassinat.
1740-1741 Pichet.
1741-1742 Lion.
1742-1743 Hubert.
1743-1744 Destas.
1744-1745 Charpentier.
1745-1746 Blandin.
1746-1747 Pisseau.
1747-1748 Assellineau.
1748-1749 Pompon.
1749-1750 Changeux.
1750-1751 Garnier.
1751-1752 Johanneton.
1752-1753 Binechère.
1753-1754 Chaubert.

1754-1755 Chappé.
1755-1756 Godeau.
1756-1757 Sarradin.
1757-1758 Trézin.
1758-1759 Capitant.
1759-1760 Couzé.
1760-1761 Aignan.
1761-1762 Bordier.
1762-1763 Percheron.
1763-1764 Sonnier.
1764-1765 Sonnier et Jumeau.
1765-1766 Jumeau et Guillon.
1766-1767 Guillon et Garnier.
1767-1768 Garnier et Jullien le jeune
1768-1769 Jullien le jeune et Couzé
1769-1770 Couzé et Odigier.
1770-1771 Odigier et Deschamps.
1771-1772 Deschamps et Houry.
1772-1773 Houry et Johanneton.
1773-1774 Johanneton et Porcher.
1774-1775 Porcher et Trézin.
1775-1776 Trézin et Jumeau.
1776-1777 Jumeau et Sonnier.
1777-1778 Sonnier et Chappé.
1778-1779 Chappé et Rou.
1779-1780 Rou et Danglebermes.
1780-1781 Danglebermes et Chau.
1781-1782 Chau et Defaucamberge.
1782-1783 Defaucamberge et Lesourd.
1783-1784 Lesourd et Jullien.
1784-1785 Jullien et Porcher.
1785-1786 Porcher et Asselin.
1786-1787 Asselin et Vallée-Dunant.
1787-1788 Vallée-Dunant et Gaillard.
1788-1789 Gaillard et Gallard.
1789-1790 Gallard et Johanet.
1790-1791 Johanet et Chartrain.
1791   Johanet.

CHAPITRE VIII

Bibliographie

Je n'ai pas l'intention de publier ici une liste de tous les ouvrages concernant le notariat. Cette bibliographie a déjà été faite et, il y a peu d'années, M. L. Langlois a fait suivre son *Histoire de la Communauté des Notaires de Tours* d'une très copieuse table chronologique des édits, arrêts, sentences, règlements et ordonnances se rapportant aux notaires : de 1291 à 1791 il a pu citer près de 450 pièces. Mon but est beaucoup plus modeste et je ne mentionnerai que les pièces imprimées concernant les Notaires au Châtelet d'Orléans : un grand nombre d'entre elles n'ont été signalées nulle part et leur réunion constituera une bibliographie orléanaise spéciale ayant son intérêt. A la suite du titre complet de chaque document on trouvera, avec la cote, l'indication du dépôt où il est conservé.

Mai 1575. — Edit du Roy sur la Création des Notaires Gardenotes en tous les Bailliages, Sénéchaussées, Prévôtez et autres Sièges royaux de ce royaume.

Ensemble les Lettres de Jussion dudit Seigneur et l'Arrest de la Cour du mois de may 1575.

Réimprimé le 9 juin 1747.

Orléans, Ch. Jacob, 7 p. in-4.

Bibliothèque d'Orléans, E. 4412, pièce 6.

14 octobre 1597. — Extraict des Registres du Conseil d'Etat. Arrêt du Conseil en date du 14 octobre 1597 déchargeant les notaires d'Orléans de l'exécution de l'édit du mois de may 1597 quant à la suppression de leurs offices et réunion d'iceux au domaine.

Les notaires d'Orléans et de Paris paieront seulement 200 écus chacun pour l'hérédité.

Placard imprimé s. l. ni nom d'imprimeur, larg. 0.29 × haut. 0.44.

Chambre des Notaires d'Orléans.

Décembre 1691. — Edit de création des Notaires Royaux et Apostoliques, du mois de décembre 1691. Registré au Parlement de Paris le 2 janvier 1692.

S. l. ni nom.

Petit in-folio de 4 p.

Archives du Loiret, C. 115.

1695. — Nouvelle création du Rolle des sommes que le Roy en son Conseil Royal des Finances a ordonné estre payées en exécution de l'Edit du mois de décembre 1691. par ceux qui seront pourvûs des Offices de Notaires Royaux et Apostoliques, créez héréditaires par ledit Edit, a esté extrait ce qui en suit [pour le] diocèze d'Orléans.

S. l. n. d. ni nom.

In-4 de 7 p.

Bibliothèq. d'Orléans, E. 4395 [16].

1er septembre 1703. — Arrest du Conseil d'Etat en faveur de tous les Officiers qui sont dans les Parties Casuelles de l'Appanage de Monsieur le Duc d'Orléans.

Du 1er septembre 1703.

S. l. n. nom.

In-4 de 4 p.

Archives du Loiret, C. 115.

12 février 1704. — Arrêt de la cour de Parlement du 12 février 1704 portant Homologation du Traité de Bourse commune fait entre les Notaires au Châtelet d'Orléans le 25. avril 1703.

12 février 1704.

S. l. n. nom.

In-4 de 4 p.

Bibliothèq. d'Orléans, B. 1565 (15), pièce 12.

1706. — Arrêt du Conseil d'Etat servant de Règlements sur les scellés et inventaires des comptables.

6 mars 1709. — Arrêt de la cour de Parlement du 6 mars 1709 portant Règlement pour la Préséance entre Me. Pierre Reullon, Notaire au Châtelet d'Orléans ; et la Communauté des Notaires dudit Châtelet.

contre Maîtres Louis Masuray et Symphorien Neron Procureurs ; et la Communauté des Procureurs dudit Châtelet.

6 mars 1709.

S. l. n. nom.

In-4 de 7 p.

Bibliothèq. d'Orléans, B. 1565 (15), pièce 13.

24 mai 1723. — Arrest notable du Conseil d'Estat du Roy, contre le notaire subalterne de la Baronie de Cléry du 24 may 1723.

Orléans, Veuve A. J. Jacob et Ch. Jacob, 1723.

In-4 de 8 p.

Bibliothèq. d'Orléans, E. 4412, pièce 61.

3 septembre 1735. — Arrest de la cour de Parlement du 3 septembre 1735 portant Homologation des Statuts et règlemens pour la Communauté des Notaires au Châtelet d'Orléans.

Orléans, F. Rouzeau, 1735.

In-4 de 18 p.

Bibliothèq. d'Orléans, E. 4415, pièce 34.

1737. — Mémoire pour la Communauté des Notaires au Châtelet d'Orléans ; Défendeurs. Contre Mes Philippes-Etienne Jullien le jeune ; Jacques-Michel Odigier ; et Joseph Legrand, Notaires audit Châtelet ; Démandeurs aux fins de l'exploit du 9 avril 1737.

Orléans, Charles Jacob.

In-folio de 6 p.

Archives de M. Charles de Beaucorps.

1737. — Mémoire pour Mes Philippe-Etienne Jullien ; Jacques-Michel Odigier, et Joseph Legrand, Notaires au Châtelet d'Orléans ; Opposans et Demandeurs en Requête. Contre Mes Boucher, Doyen ; Robillard, Poullin et autres, tous Notaires audit Châtelet, Défendeurs.

Orléans, Charles Jacob.

In-folio de   p. (plus de 8 p.).

Archives de M. Charles de Beaucorps.

20 août 1740. — Arrest de la cour de Parlement qui maintient et garde les notaires au Châtelet d'Orléans dans leur droit et possession de passer les Actes concernans l'Office de Notaire dans l'étenduë du Royaume et fait défenses de les y troubler.

Du 20 août 1740.

Orléans, Ch. Jacob, 1740.

In-4 de 12 p.

Bibliothèg. d'Orléans, B. 1565 (15), pièce 22.

1742. — Liste des notaires royaux au Châtelet d'Orléans avec l'ordre de leur syndicat.

Orléans, Ch. Jacob, 1742.

In-4 de 9 p.

Bibliothèg. d'Orléans, E. 4395, pièce 24.

1743. — Ordonnance du Bailliage d'Orléans défendant aux notaires de faire aucuns procès-verbaux de ventes de meubles.

1745. — Arrêt du Conseil d'Etat condamnant Mrs Pompou et Odigier pour avoir fait contrôler des actes dans un autre Bureau que celui de leur résidence ou de la passation desdits actes.

3o avril 1748. — Arrest du Conseil d'Estat du Roy par lequel S. M. a entr'autres choses maintenu et confirmé les Notaires au Châtelet d'Orléans dans l'union faite à leurs Offices par l'Arrêt du Conseil du 18 janvier 1695, de ceux de Notaires Apostoliques du Diocèse d'Orléans, créés par l'Edit du mois de Décembre 1691, pour les exercer conformément audit Arrêt et au Tarif y annexé.

3o avril 1748.

Orléans, Courel de Villeneuve, 1748.

In-4 de 8 p.

Bibliothèg. d'Orléans, E. 4412, pièce 66.

29 août 1752. — Arrest du Conseil d'Etat du Roi qui ordonne que les Notaires du Châtelet d'Orléans seront remboursés par préférence à tous créanciers des droits de Con-

trôle, Insinuation et 100° Denier qu'ils auront payés à
cause des Actes par eux reçus, sur les Effets ou successions
des Particuliers pour lesquels ils auront fait le payement...

29 août 1752.

Orléans, Ch. Jacob, 1752.

In-4 de 8 p.

Bibliothèq. d'Orléans, E. 4399, pièce 9.

1752. — Arrest du Conseil d'Etat du Roi concernant les
notaires du Châtelet d'Orléans.

Orléans, Ch. Jacob, 1752.

In-4 de 8 p.

Bibliothèq. d'Orléans, E. 4392, pièce 9.

26 janvier 1754. — Sentence contradictoire rendue au
bailliage d'Orléans au profit de la Communauté des notaires
au Châtelet d'Orléans portant défenses à André Bougue-
reau, et à tous autres, de garder aucune Minute des Actes
d'Arpentage, Partages et Lots : leur enjoint d'en faire le
dépôt aux Notaires, à peine d'être poursuivis extraordinai-
rement.

26 janvier 1754.

Orléans, Ch. Jacob.

In-4 de 4 p.

Bibliothèq. d'Orléans, E. 4394, pièce 25.

4 septembre 1756. — Arrest de la Cour de Parlement
qui ordonne que les Vacations des Notaires au Châtelet
d'Orléans seront fixées sur le même pied des Notaires au
Châtelet de Paris, lesquels seront réglées, en cas de contestation, par deux d'entr'eux convenus ou nommés d'office par la Communauté desdits Notaires, à la charge qu'en
cas de difficulté, les Parties se retireront par devant le
Lieutenant Général du Bailliage.

Du 4 septembre 1756.

S. l. ni nom.

In-4 de 2 p.

Bibliothèq. d'Orléans, B. 1565 (15), pièce 28.

19 avril 1758. — Arrêt de la cour de Parlement qui ren-
voie pendant deux ans les causes des notaires au Châtelet

d'Orléans, tant communes que personnelles, Civiles et Criminelles, en demandant et défendant, au bailliage de Chartres, sauf l'apel.

19 avril 1758.

S. l. n. nom.

In-4 de 2 p.

Bibliothèq. d'Orléans, B. 1565 (15), pièce 29.

1760. — Règlement arrêté et approuvé par la communauté des Conseillers du Roy, Notaires au Châtelet d'Orléans, pour l'Exercice des Offices de Commissaires aux Prisées et Ventes qu'ils ont réuni.

S. l. n. d. ni nom.

In-4 de 10 p.

Bibliothèq. d'Orléans, E. 4395, pièce 32.

1760. — Titres de l'Union faite à la Communauté des Notaires au Châtelet d'Orléans, de deux Offices de Conseillers du Roi Syndics des Notaires et de six Offices de Conseillers du Roi Commissaires aux prisées et ventes de meubles. Ensemble des Fonctions, Droits, Privilèges et Exemptions y attribuées.

Paris, Veuve d'Houry, 1760.

In-4 de 23 p.

Bibliothèq. d'Orléans, E. 3911, pièce 11 *bis*.

1760. — Titres concernant les Qualités, Fonctions, Droits, Privilèges et Exemptions attribués à chacun des Notaires au Châtelet d'Orléans comme ayant acquis les deux Offices de Conseillers du Roi Syndics des Notaires et les six Offices de Conseillers du Roi Commissaires aux Prisées et Ventes de meubles. Auxquels ils ont été confirmés par Arrêt du Conseil d'Etat du Roi, et Lettres Patentes sur icelui, du 20 juillet 1760.

Paris, Veuve d'Houry, 1760.

In-4 de 23 p.

Bibliothèq. d'Orléans, E. 4395, pièce 34.

1760. — Mémoire pour la Communauté des Notaires au

Châtelet d'Orléans contre les Maire et Echevins de la même ville, 1760.

Paris, D'Houry, 1760.

In-4 de 20 p.

Bibliothèq. d'Orléans, B. 2099 (6), pièce 9.

1760. — Mémoire pour la Communauté des Notaires au Châtelet d'Orléans (Signé : Polier du Mont, notaire député).

Paris, Veuve d'Houry, 1760.

In-folio de 3 p.

Collection de M. Benoit.

1760. — Précis de l'affaire pendante au Conseil du Roi entre Messieurs les Maire et Echevins d'Orléans et les Notaires au Châtelet de la même ville. (Signé : les syndics des notaires).

S. l. n. d. ni nom.

In-4 de 14 p.

Bibliothèq. d'Orléans, B. 2099 (6), pièce 10.

1760. — Observations des Maire et Echevins de la Ville d'Orléans sur le Mémoire des Notaires de la même Ville.

Paris, Vᵉ Delatour, 1760.

In-4 de 12 p.

Bibliothèq. d'Orléans, E. 3911, pièce 9 bis et H. 2788.

1760. — Arrest du Conseil d'Etat du Roy et Lettres patentes sur icelui du 20 juillet 1760, registrés au Parlement et en la Chambre des Comptes, les 3o aoust et 18 septembre suivant, portant confirmation de l'Union faite à la Communauté des Notaires au Châtelet d'Orléans de deux offices de Conseillers du Roi Syndics des Notaires et de six offices de Conseillers du Roi Commissaires aux prisées et ventes de meubles, créés par édits des mois de mars 1706 et août 1712 ; ensemble des fonctions, droits, privilèges et exemptions y attribués.

Paris, Veuve d'Houry et fils, 1760.

In-4 de 8 p.

Bibliothèq. d'Orléans, E. 3911, pièce 11.

1760. — Arrest du Conseil d'Etat du Roy et Lettres patentes sur icelui du 20 juillet 1760 registrées au Parlement et en la Chambre des Comptes les 3o août et 18 septembre suivant, portant confirmation de l'Union faite à la Communauté des Notaires au Châtelet d'Orléans de deux Offices de Conseillers du Roi Syndics des Notaires et de six Offices de Conseillers du Roi Commissaires aux Prisées et Ventes de meubles, créés par Edits des mois de Mars 1706 et Août 1712. Et qui ordonnent que chacun d'eux prendra la qualité de Conseiller du Roi et jouira des Fonctions, Droits, Privilèges et Exemptions attribués auxdits Offices, en payant par ladite Communauté une nouvelle Finance.

A Paris, chez la Veuve d'Houry, 1760.

In-4 de 8 p.

(Malgré la différence du titre, cette pièce est absolument semblable à la précédente) (E. 3911, 11).

Bibliothèq. d'Orléans, E. 4395, pièce 33.

5 janvier 1761. — Ordonnance rendue au Bailliage d'Orléans qui fait défenses à la Communauté des Notaires au Châtelet d'Orléans d'exercer les Fonctions de Commissaires aux Prisées et Ventes, en vertu de Lettres Patentes, et de percevoir en conséquence aucuns des droits qui y sont attachés jusqu'à ce que lesdites Lettres-Patentes ayent été publiées et registrées audit Siège à peine de poursuite extraordinaire contre les contrevenans ; Ordonne qu'à la Requête de M^r le Procureur du Roy il sera informé contre ceux desdits Notaires qui auroient exercé et fait les fonctions de Commissaires et en auroient perçu les Droits.

Orléans, Ch. Jacob, 1761.

In-4 de 6 p.

Bibliothèq. d'Orléans, E. 3911, pièce 9.

7 juillet 1761. — Arrêt de la Cour de Parlement portant Règlement rendu en faveur de la Communauté des Notaires au Châtelet d'Orléans, Conseillers du Roi Gardes Scel audit Châtelet contre les Officiers du Bailliage de la même Ville.

Du 7 juillet 1761.

Paris, imprimerie d'Houry.

In-4 de 22 p.

Bibliothèq. d'Orléans, E. 3911, pièce 11⁴.

26 juillet 1762. — Arrêt de la Cour de Parlement confirmatif du Droit d'attribution de Jurisdiction appartenant au Scel du Châtelet d'Orléans.

Du 26 juillet 1762.

Paris, Veuve d'Houry et fils.

In-4 de 15 p.

Bibliothèq. d'Orléans, E. 4399, pièce 6.

1762. — Mémoire pour M. le Duc d'Orléans contre M. le Duc de Chevreuse.

Paris, Veuve d'Houry, 1762.

In-4 de 63 p.

Bibliothèq. d'Orléans, B. 2099 (6), pièce 11.

1762. — Réplique au Mémoire de M. le Duc de Chevreuse pour M. le Duc d'Orléans.

Paris, Veuve d'Houry, 1762.

In-4 de 12 p.

Bibliothèq. d'Orléans, B. 2099 (6), pièce 12.

18 novembre 1766. — Délibération de la Communauté des Conseillers du Roi, Notaires au Châtelet d'Orléans, du 9 mai 1765, concernant leur Bourse-Commune.

S. l. n. d. ni nom.

In-4 de 8 p.

Bibliothèq. d'Orléans, E. 4410, pièce 6.

1770. — Arrêt du Conseil d'Etat et lettres patentes portant confirmation du titre de Conseillers de Sa Majesté.

1771. — Arrêt du Conseil d'Etat ordonnant que certains actes devront être expédiés en parchemin timbré pour être mis à exécution.

23 juin 1775. — Arrest du Conseil d'Etat du Roy du 6 novembre 1770 et lettres patentes sur icelui du 19 dudit mois registrés au Parlement le 24 mars 1775, au Bailliage d'Orléans le 2 mai audit an et au greffe de l'Hôtel de Ville

d'Orléans le 23 juin suivant, portant confirmation, en faveur des Notaires au Châtelet d'Orléans, du titre de conseillers de Sa Majesté et de la jouissance des privilèges et exemptions attribués à leurs Offices, notamment du logement de Gens-de-Guerre, Guet, Garde et autres.

23 juin 1775.

Orléans, C. A. Le Gall, 1775.

In-4 de 11 p.

Bibliothèq. d'Orléans, B. 1565 (14), pièce 57.

24 février 1778. — Arrêt du Conseil d'Etat concernant les inventaires des bibliothèques. Délibération de la Communauté du 24 février 1778.

19 avril 1784. — Arrest d'homologation d'une délibération du 1er avril 1784 relativement à l'ouverture et Lecture des Testamens déposés dans les Etudes des Notaires au Châtelet d'Orléans.

Du 19 avril 1784.

Paris, Simon [et] Nyon, 1784.

In-4 de 3 p.

Bibliothèq. d'Orléans, E. 4411, pièce 23.

2 août 1784. — Arrest de la Cour de Parlement rendu sur les conclusions de Monsieur le Procureur Général homologatif de deux Délibérations des Notaires au Châtelet d'Orléans des 13 et 21 février 1784 qui fixent le temps d'étude nécessaire aux Récipiendaires, et les charges, pour être admis à l'état de Notaire au Châtelet d'Orléans.

Du 2 août 1784.

Paris, Simon et Nyon, 1784.

In-4 de 6 p.

Bibliothèq. d'Orléans, E. 4411, pièce 27.

25 janvier 1785. — Arrêt de la Cour de Parlement portant Homologation de la Délibération arrêtée le 7 janvier 1785 par les Conseillers du Roi, Notaires au Châtelet d'Orléans, et qui contient Règlement pour la forme des Assemblées et des Répertoires, et pour le payement des Charges de la Compagnie.

Du 25 janvier 1785.

Orléans, C. A. Le Gall.

In-4 de 8 p.

Bibliothèq. d'Orl., E. 4412, pièce 74, et E. 4399, pièce 10.

24 février 1785. — Arrest de la Cour de Parlement qui homologue une Sentence rendue par les Officiers du Bailliage d'Orléans par laquelle il est enjoint... aux Notaires... qui recevront des Testamens... d'en donner avis au Substitut du Procureur général du Roi... et de remettre entre ses mains... des extraits... desdits actes.

24 février 1785.

A Paris, chez Simon et Nyon.

In-4 de 12 p.

Musée historique.

22 décembre 1785. — Arrêt de la Cour de Parlement portant Homologation d'un Tarif de Bourse-Commune sur les Actes que recevront les Conseillers du Roi, Notaires au Châtelet d'Orléans.

Du 22 décembre 1785.

Orléans, Le Gall.

In-4 de 6 p.

Bibliothèq. d'Orléans, E. 4412, pièce 73.

1785. — Arrest du Conseil d'Etat du Roi concernant les Notaires du Châtelet d'Orléans.

Orléans, C.-A. Le Gall, 1785.

In-4 de 8 p.

Bibliothèq. d'Orléans, E. 4392, pièce 10.

1786. — Arrêt du Parlement sur les substitutions.

1786. — Mémoire pour les doyen, syndics et Communauté des Conseillers du Roi Notaires au Châtelet d'Orléans, Demandeurs et Défendeurs. M. le duc d'Orléans, premier prince du sang intervenant et joint. Contre les doyen, syndics et Communauté des Conseillers du Roi Notaires au Châtelet de Paris, Défendeurs et Demandeurs.

Paris, Simon et Nyon, 1786.
In-4 de 56 p.
Bibliothèq. d'Orléans, R. 4436, pièce 12.

24 décembre 1786. — Consultation pour les Notaires au
Châtelet de Paris contre les Notaires au Châtelet d'Orléans.
26 décembre 1786.
Paris, Veuve Valade, 1787.
In-4 de 64 p.
Bibliothèq. d'Orléans, H. 4333, pièce 4.

17 avril 1787.
Mémoire pour les Notaires au Châtelet de Paris défendeurs et demandeurs en présence de M. le procureur du
roi dudit Châtelet intervenant ; contre les Notaires au Châtelet d'Orléans demandeurs et défendeurs, M. le duc d'Orléans intervenant.
17 avril 1787.
Paris, Clousier, 1787.
In-4 de 116 p.
Bibliothèq. d'Orléans, H. 4333, pièce 3.

7 mai 1787. — Mémoire à consulter pour les Notaires au
Châtelet d'Orléans, M. le duc d'Orléans... intervenant et
joint, contre les Notaires au Châtelet de Paris, M. le procureur du Roi au Châtelet de Paris intervenant.
7 mai 1787.
Paris, Clousier, 1787.
In-4 de 60 et 5 p. (Les 5 pages supplémentaires sont les
lettres patentes de 1510 pour Paris et 1512 pour Orléans.)
Bibliothèq. d'Orléans, H. 4333, pièces 5 et 6.

7 mai 1787. — Même pièce que la précédente sans les
lettres patentes.
Paris, Nyon, 1787.
In-4 de 60 p.
Bibliothèq. d'Orléans, E. 4429, pièce 19.

1787. — Lettres patentes accordées aux notaires de Paris
en 1510 et lettres patentes accordées aux notaires d'Orléans
en 1512.

Paris, Nyon, 1787.
In-4 de 5 p.
Bibliothèq. d'Orléans, E. 4429, pièce 20.

1787. — Mémoire pour les doyen, syndics et communauté des Conseillers du Roi Notaires au Châtelet d'Orléans demandeurs et défendeurs ; M. le duc d'Orléans... intervenant et joint. Contre les doyen, syndics et communauté des Conseillers du Roi Notaires au Châtelet de Paris, défendeurs et demandeurs.
Paris, Clousier, 1787.
In-4 de 56 p.
Bibliothèq. d'Orléans, H. 4333, pièce 2.

12 mai 1787. — Consultation pour MM. les officiers du Châtelet intervenans dans l'instance appointée entre les Notaires au Châtelet de Paris et les Notaires au Châtelet d'Orléans.
12 mai 1787.
Paris, J.-Ch. Desaint, 1787.
In-4 de 16 p.
Bibliothèq. d'Orléans, H. 4333, pièce 8.

15 mai 1787. — Seconde consultation pour les Notaires au Châtelet de Paris contre les Notaires au Châtelet d'Orléans.
15 mai 1787.
Paris, Veuve Valade, 1787.
In-4 de 18 p.
Bibliothèq. d'Orléans, H. 4333, pièce 7.

20 mai 1787. — Résumé et seconde consultation pour les notaires au Châtelet d'Orléans, M. le duc d'Orléans intervenant et joint. Contre les notaires au Châtelet de Paris, M. le procureur du Roi au Châtelet intervenant.
20 mai 1787.
Paris, Clousier.
In-4 de 12 p.
Bibliothèq. d'Orléans, H. 4333, pièce 10.

1787. — Résumé de l'affaire des notaires de Paris contre les notaires d'Orléans.

Paris, Clousier, 1787.

In-4 de 6 p.

Bibliothèq. d'Orléans, H. 4333, pièce 9.

22 mai 1787. — Arrêt de la Cour du Parlement qui maintient et garde les Notaires au Châtelet de Paris contre les Notaires au Châtelet d'Orléans et tous autres dans le droit et possession exclusifs d'instrumenter… à Paris et d'exclure en cas de concurrence tous notaires, d'Orléans et autres, tant à Orléans que partout ailleurs hors de… Paris.

Du 22 mai 1787.

Paris, Clousier, 1787.

In-4 de 42 p.

Bibliothèq. d'Orléans, H. 4333, pièce 1.

1789. — Arrêt du Parlement sur les formes à suivre dans la vente des biens dépendans des successions bénéficiaires et vacantes.

1789. — Réflexions d'un citoyen de la ville d'Orléans sur les droits de contrôle des actes, d'insinuation, de 100° denier, de timbre et de franc-fief.

S. l. n. d. ni nom.

In-4 de 51 p.

Bibliothèq. d'Orléans, E. 4419, pièce 18.

1791. — Loi portant exemption d'enregistrement pour les quittances de remboursement des offices.

1791. — Précis pour Me Bottet, notaire à Orléans, demandeur, d'une part ; contre M. Thénaisie, président du Tribunal de la Haute-Cour Nationale provisoirement établie à Orléans, d'autre part.

Orléans, Couret, s. d.

In-4 de 7 p.

Bibliothèq. d'Orléans, E. 4423, pièce 23.

1792. — Loi ordonnant de déclarer les objets appartenant aux émigrés.

1793. — Délibération du Directoire du département du Loiret sur les certificats de civisme.

1793. — Décret de la Convention relatif aux fonctionnaires suspendus.

1793. — Décret de la Convention qui excepte les dépôts d'actes publics de l'apposition des Scellés chez les personnes suspectes.

1793. — Décret de la Convention ordonnant de verser à la Trésorerie nationale les dépôts faits chez des officiers publics.

An II. — Décret de la Convention relatif aux fonctions des notaires.

CHAPITRE IX
Pièces justificatives

I

Orléans, 1er mai 1368. — Lettres de Philippe Ier, duc d'Orléans, exemptant les notaires de contribuer a une levée de 5.000 francs demandée aux habitants de la capitale de son Duché. (*Bibliothèque d'Orléans*, manuscrit 557, page 103, copie).

Philippe fils de Roy de france, Duc d'Orliens, comte de Valois et de Beaumont à notre Bailli d'Orliens ou à son Lieutenant. Salut. Oye la Supplicacion de nos Nottaires, Sergens et autres officiers d'Orliens contenant que comme Nous à la requeste des Procureurs, Manans et habitans de nostredicte ville, pour nous paier la somme de cinq mille francs que yceulx procureurs et habitans nous ont accordé et promis, pour certaines causes, et aussi pour certaines mises nécessaires pour ladicte ville ayons de nouvel ordené en nostredicte ville certains subsides à prendre sur les farines moulues, et sur plusieurs autres daurrées et marchandises, Desquelx subsides, par l'ordenance sur ce faictes, lesdicts Supplians, qui de tout temps ont esté et sont frans de contribuer ès subsides et ès tailles de la dicte ville, pouvoient estre compris, qui seroit en leur très grand grief, prejudice et domaige, et contre la teneur de leurs franchises et libertés, si sur ce ne leur estoit par nous pourveü de remède convenable, si comme il dient : Pour quoy nous eüe consideracion aux choses dessus dictes et aus bons et agreables services que il nous ont faiz et font chascun jour, ayons volu, octroié et ordené en nostred. Conseil et par ces presentes volons, octroions et ordenons ausdiz supplians usans de leurs offices que desdiz subsides, ils soient frans et tenus quittes et paisibles sens estre contrains de daucune chose en paier. Sauve tant que si d'aucuns d'eulx faisoient fait de marchandise, ils paieront du fait de ladicte marchandise seulement. Si vous mandons et comettons que de nostre dicte ordenance nous faictes et lessiez joir et user les diz suppliaus et chascun d'eulx paisiblement, sans les molester ne empescher ne souffrir estre molester ou empescher en aucune manière au contraire. Car ainssi le volons nous estre fait, non obstant lettres mandemens ou ordenances quelxconques faictes ou à faire au contraire. Donné à Orliens le premier jour de may l'an de grace mil trois cens sexante et huict souz nostred. seel secret et en absence du Grand.

Sur un vidimus de Jehan Riole Bailli d'Orleans portant commission pour l'exécution des dites lettres, du 2° jour du mois de juin 1368 à l'hôtel de ville (suit la copie de l'ordonnance du Bailli).

II

Blois, mai 1512. — Lettres de Louis XII portant confirmation des privilèges accordés par Philippe le bel, en 1302, aux notaires du Chatelet d'Orléans (*Archives de la Chambre des Notaires d'Orléans*, pièce sur parchemin $0^m60 \times 0^m47$, dont le sceau a disparu) (1).

Louys par la grace de dieu Roy de france Scavoir faisons à tous presens et advenir, nous avoir reçeu humble supplication de nos chers et bien améz nos quinze clercs notaires en nostre chastellet d'orleans contenant que d'ancienneté nos predecesseurs Roys de france par meure deliberation et bonne cause créérent ordonnèrent et décrétèrent le dit nombre de quinze pour Servir et Subvenir au bien et estat de la chose publicque à quoy ils sont journellement occupés en leurs propres personnes, et à iceux pour ces causes donnèrent et concédèrent aucuns privillèges statutz immunitéz libertéz et franchises les quels leur ont esté depuis.

(1) Le 6 avril 1754 Me Thué, qui possédait dans son étude les originaux des lettres patentes de 1512, 1519, 1539, 1544, 1550 et 1584, les rapporta à la Communauté et on les mit au Trésor. Toutes ces lettres étaient alors scellées du Grand Sceau de cire verte en lacs de soie rouge et verte.

continuéz et confirméz par nos predecesseurs Roys que
dieu absolve. Et desquels privillèges iceux suplians ont
touiours iouy et usé ainsy qu'ils font encores de present
paisiblement Et sont ainsy que les dits suplians ou les aucuns d'eux experts et entenduz en leurs offices ayent par cy
devant esté ainsy qu'ils sont encores souventefois priéz et
requis par plusieurs personnes de nostre Royaume et le
plus souvent par les princes et Seigneurs de nostre Sang
et autres grands et notablés personnages tant de l'ecclésiastique chapitre que autres d'aller et eux transporter en
autres lieux et villes de nostre Royaume pour y dresser faire
passer et grossoier diverses lettres et contratz soubz le Sceel
de nostre prevosté d'orleans et en suivans les privilèges à
iceux suplians octroyéz et ordonnances Sur ce faittes en l'an
mil trois cent et deux au moys de Janvier par nostre prede-
cesseur le Roy Philippe lors regnant par le quel privillège
fut Statué ordonné et estably qu'aucun notaire ou tabellion
ne peut passer ne recevoir lettres qui vaillent ou on adiouste
foy oultre leurs chastellenies Sinon nos dits notaires de
nostre chastellet d'orleans et ceux de nos chastellets de paris
et de montpellier qui par privilèges peuvent passer et recevoir tous contracts traictéz par nostre dit Royaume en nous
requerant que pour plus grande approbation des choses
dessus dittes et que on ne les puisse en temps advenir en ce
inquietter ne molester Il nous plaise Sur ce leur impartir
nos graces et libéralités et leur confirmer icelluy privillège
duquel ils ont depuis le dit temps iouy et usé iouissent et
usent encores de present *Pour ce est* il que nous ces choses
considérées inclinans liberallement à la Supplication et requeste des dits Suplians à iceux pour ces causes et autres a
ce nous mouvans avons permis et octroyé permettons et oc-
troyons voullons et nous plaist qu'ils Se puissent et leur
loyse eux transporter es villes et lieux de nostre Royaume
pour faire recevoir et passer pour toutes et chacunes personnes dont ils seront requis toutes lettres contracts testamens inventaires instrumens et autres convenances et deppendances de leur dit office ainsy qu'il ont par cy devant
faict à la charge touteffois qu'ils ne S'habitueront ou feront

leur résidence ailleurs que en nostre ville d'orleans pour
l'exercice de leurs offices, et quant aux choses dessus dittes
les avons habilité et auctorisé habilitons et auctorisons par
ces dittes presentes, Et oultre leurs dits privillèges statuts
franchises et libertés a eux donnés et confirmés comme dit
est par nos dits predecesseurs Roys de france avons eue et
avons pour agréable, Et en tant que mestier est les avons
loüés ratifiés confirmés et approuvés louons agréons rati-
fions confirmons et approuvons de grace especialle par ces
dittes presentes pour en iouir par eux et leurs Successeurs
clercs notaires ainsy qu'ils ont par cy devant bien et deuement faict et font encores de present *Si donnons* en mandement par les dittes presentes à nos amés et feaux conseillers
les gens de nostre cour de Parlement bailly et prevol d'orleans et à tous nos autres Justiciers ou a leurs lieutenans
presens et advenir et a chacun d'eux Si comme a luy appartiendra que de nos presentes grace confirmation et contenu
es dits privillèges et en ces dittes presentes il facent souffrent
et laissent les dits Suplians et leurs Successeurs es dits offices
iouir et user plainement et paisiblement Sans leur faire
mettre ou donner ne souffrir estre faict mis ou donné aucun
destourbier ou empeschement au contraire lequel si fait
mis ou donné leur avoit esté ou estoit le feront oster et
mettre incontinent et Sans délais au premier estat et deub
et pour ce que de ces dittes presentes et contenu esdits privilleges on pourroit avoir a besogner en plusieurs et divers
lieux... nous voulons qu'au vidimus diceux faict soubz
Sceel Royal foy soit adiousté comme aux originaux et affin
que ce soit chose ferme et estable a Touiours nous avons
faict mettre nostre Sceel a ces dittes presentes Sauf en autres
choses nostre droit et l'autruy donné à Blois au mois de
may l'an de grace 1512. et de nostre règne le quinziesme.
[Sur le repli :] par le Roy maistre pierre de la Vernade
maistre des requestes ordinaire de l'hostel et autres presens,
garbot, [et au dessous :] visa contentor garbot.

[La copie collationnée des Archives départementales C. 115, ajoute :
« et scellées du grand Sceel de sa majesté en lacqs de soie. »]

III

Blois, décembre 1519. — Confirmation par François Ier des privilèges des notaires au Chatelet d'Orléans. (*Archives de la Chambre des Notaires d'Orléans*, pièce sur parchemin 0^m55 × 0^m27, dont le sceau a disparu.)

Francoys par la grace de dieu Roy de france Scavoir faisons a Tous presens et a venir nous avons receu l'humble Supplicacion de noz chers et bien amez les quinze clercs notaires en nostre chastellet d'orleans contenant que par nos predecesseurs Roys leur ont esté donnez et octroyez plusieurs beaulx privillèges exemptions libertez et franchises, et depuis confirmez mesmes par feu nostre tres cher Seigneur et beau père le Roy louis derrenier deceddé que dieu absoille Desquels les dits Supplians ont par ci devant bien et deuement Joy et Usé plainement et paisiblement ioyssent et usent encores de present Neantmoins Ilz doubtent que obstant ce qu'ilz n'ont eu de nous aucunes lettres de don et confirmacion de leursdits privillèges noz officiers ou autres leur voulsissent a ladvenir en la Joissance diceux donner aucun destourbier ou empeschement, Nous humblement requerans Sur ce Impartir noz grace et libéralité, Pour ce est-il que nous desirans favorablement traicter lés dictz Supplians inclinans a leur supplicacion et Requeste A iceux avons tous et chacuns leurs dictz privillèges exemptions libertez et franchises a eulx concédez et octroyez par nos dictz predecesseurs Jouëz confirmez ratiffiez et approuvez Et par la teneur de ces presentes de nostre grace especialle plaine puissance et auctorité Royal louons confirmons ratiffions et approuvons pour diceux privillèges franchises et libertez ioyr et user par lesditz Supplians et leurs successeurs clercs notaires tant et Sy avant qu'ilz et leurs predecesseurs en ont par cidevant deuëment et iustement ioy et usé Joyssent et usent encores de present, *Si donnons* en mandement par ces mesmes presentes a noz amés et féaulx conseillers les gens de nostre court de Parlement bailly et Prevot d'orleans et à Tous nos autres Justiciers ou à leurs

lieutenans presens et a venir et a chacun d'eulx Si comme
a luy appartiendra. Que de noz presente grace confirmacion
et contenu esdictz privilleiges et en cesdictes presentes Ils
facent souffrent et laissent lesdictz supplians et leurs successeurs esdictz offices Joir et User plainement et paisiblement ainsi qu'ilz en Joissent et Usent de present sans leur
faire mectre et donner ne souffrir estre faict mys ou donné
ores ne pour ladvenir aucun destourbier ou empeschement au contraire Lequel si faict mys ou donné leur avoit
esté ou estoit Le facent oster et mectre Incontinant et sans
delay au premier estat et deu. Et pour ce que de cesdittes
presentes et contenu esdits privileges on pourroit avoir a
besogner en plusieurs et divers lieux Nous voulons que au
vidimus d'icelle faict Soubz Scel Royal foy soit adioustée
comme aux originaux Et affin que ce soit chose ferme et
estable a tousiours Nous avons faict mectre nostre scel à
cesdictes presentes, Sauf en autres choses nostré droit et
Lautruy en toutes donné à Blois au mois de decembre lan
de grace mil cinq cens et dix neuf et de nostre regne le
cinquiesme [Sur le reply :] par le roy a la relacion du conseil guyot [et au dessous :] visa contentor guyot.

[La copie collationnée des Archives départementales C. 115 ajoute
« et scellées du grand scel de sa majesté en lacqs de soye. »]

IV

Paris, juillet 1539. — Lettres de François Ier confirmant aux vingt-quatre notaires du chatelet d'Orléans et spécialement aux neuf notaires créés en 1519 les privilèges accordés antérieurement. (*Archives de la Chambre des Notaires d'Orléans*, pièce sur parchemin o^m59 × o^m31, dépourvue de sceau.)

Francoys par la grace de dieu Roy de france scavoir faisons à tous présens et advenir nous avons receu l'humble
supplication et requeste de nos chiers et bien amez les vingt
quatre clercs notaires de nostre chastellet d'orleans conte-

nant que d'anciennetté nos predecesseurs Roys voullans
mectre et establir nostre ville et citté d'orleans en bonne
pollice ordonnèrent et créèrent en icelle le nombre de
quinze Clercs notaires Ausquelz Ilz donnèrent plusieurs
beaulx previlleiges Immunitez libertez et franchises mesmement qu'ilz pourroient recepvoir contractz Traictez testamens Inventaires et faire Instrumens et aultres actes
appartenans à l'office et estal de notaire par tout le Royaume
de france pour quelque personne que ce feust dont Ilz
seroient requis pourveu qu'ilz ne feroient leurs demou-
rances ailleurs que en ladicte Ville d'orleans et banllieue
d'icelle pour faire l'exercice de leursdictz offices depuis
lequel temps lesdictz quinze notaires ont tousiours Joy et
Joissent encores de present paisiblement desdictz privilleiges qui leur ont estez confirmez par noz predecesseurs
Mesmes par feu nostre très cher seigneur et beau père le
Roy loys dernier deceddé que dieu absolve et aussy par
nous au moys de decembre Mil cinq cens dix neuf Ainsy
que tout ce appert par lesdictz privilleiges et confirmations
cy attachées soubz le contre scel de Nostre chancellerye
ouquel temps Ils estoient seullement et avoient tousiours
esté jusques allors quinze clercs notaires en ladicte Ville et
Cité d'orleans et peu après ladicte confirmation oudict an
Cinq cens dix neuf pour aulcunes bonnes causes fut par
nous ordonné qu'oultre ledict nombre ancien de quinze
seroit créé et érigé en nostredicte ville et cité d'orleans le
nombre de neuf notaires qui feroient Ensemble le nombre
de vingt quatre pour Joyr desdictz offices à telz droictz
prerogatives proffictz et esmollumens que faisoient les
quinze aultres notaires anciens et en ensuivant Icelluy
nostredict cedict création et ordonnances avons pourveu
ausdictz neuf offices de notaires de nouvel crééz certains
bons et notables personnaiges Tellement que ledict nombre
despieca est du tout remply et ont lesdictz vingt quatre
notaires exercé et exercent ensemblement lesdictz estatz et
Joy desdictz previlleiges Tout ainsy que faisoient auppara-
vant lesdictz anciens quinze notaires paisiblement et sans
contredict ne empeschemen quelzconques et encores en

Joissent de present Neantmoings doublent que soubz.
Umbre de ladicte confirmation de previlleiges n'a esté leue
ne publyée que lesdictz neuf notaires par nous de nouvel
crééz ne sont compris en Icelle ne esdictz previlleiges Ains
seullement lesdictz quinze anciens que en la Joissance
d'iceux leursdictz previlleiges au temps advenir leur feust
donné empeschement Requérant sur ce leur Estre par nous
pourveu de nostre Grace *Pour ce est il que* nous inclinans
à la supplication et requeste desdictz supplyans a iceulx en
faveur du labeur et travail qu'ilz preignent chacun jour à
l'exercice de leursdictz offices pour la chose publicque les
voullants rémunérer de leurdict labeur peine et travail
ad ce qu'ilz soient plus enclins de eulx occuper à l'exercice
de leursdictz offices et faire service a nous et a la chose
publicque de nostre royaulme Pour ces causes et aultres con-
sidérations à ce nous mouvans avons ausdictz vingt quatre
notaires supplyans et à leurs successeurs esdictz Estatz de
nostre grace especial plaine puissance et auctorité royal
par ces presentes en tant que besoing est ou seroit derechef
confirmé ratiffyé et approuvé ratiffions approuvons et
confirmons tous et chacun lesdictz previlleiges statuts
Immunittez et libertez donnés conceddés et octroyez et confirmez par nos predecesseurs et nous ausdictz quinze anciens
notaires voullons et ordonnons que d'iceux lesdictz vingt
quatre clercs notaires Joissent et Usent ainsi qu'ilz en ont
Joy Usé Joissent et usent de present paisiblement tout ainsy
que en la forme et manière que se lesdictz neuf notaires
par nous de nouvel créez estoient compris esdictz previlleges et confirmations *Sy donnons en mandement* par cesdictes presentes à nos amez et féaux conseillers les gens de
nostre court de parlement a paris au bailly d'orleans ou
son lieutenant et à tous nos autres Justiciers et officiers ou
leurs lieutenans et a chacun d'eulx Si comme à luy appartiendra Que de noz presents confirmation ratiffication
approbation don concession et contenu en cesdictes presentes et desdictz previlleiges Ilz facent souffrent et laissent
lesdictz vingt quatre clercs notaires et leurs successeurs
esdictz estatz et offices Joyr et user plainement et paisible-

ment sans souffrir ne permectre que en ce leur soiet faict
mis ou donné aucun destourbier arrest ou empeschement
au contraire Lequel si faict mis ou donné leur avoiet esté
ou estoit le mectent ou facent mectre incontinant et sans
delay au premier estat et den car tel est nostre plaisir
Nonobstant quelsconques lectres subreptices à ce contraires
Et affin que ce soit chose ferme et stable à tousiours Nous
avons faict mectre nostre seel à cesdictes presentes sauf en
autres choses notre droict et l'aultruy en toutes donné à
paris ou Moys de juillet l'an de grace Mil cinq cens trente
neuf et de nostre règne le vingt cinquiesme [Ainsy signé
sur le reply] par le roy à la relation du conseil Longuet [a
costé est escript :] Visa contentor [et plus bas] Deslandes.

[La copie collationnée des Archives départementales C. 115 ajoute :
« et scellées du grand seel de sa Maté en lacz de soye. »]

V

Reims, 27 Juillet 1544. — Déclaration du duc d'Orléans
pour empêcher l'établissement d'un tabellionnage a
Orléans. (*Archives de la Chambre des notaires d'Orléans*, pièce sur parchemin.)

Charles fils du Roy de france duc d'orleans, d'angou-
lesme, Bourbonnois et chastellerault A tous ceulx qui ces
presentes lettres verront Comme après l'Ecdict faict par le
Roy nostre très honnoré sieur et père Sur l'érection des
Tabellionnaiges par son Royaulme pays et Seigneurie
portant permission et pouvoir aux aultres seigneurs de
sondict Royaulme de mectre et establir pareils Tabellions
en leurs Terres et Seigneuries Sy bon leur Sembloit et
Icelluy Ecdict publié en la cour du Parlement à paris
Eussions par l'avis des gens de nostre conseil decérné et
envoyé nos lettres de Commission à nostre prevot d'orleans
pour en la presence de nos avocat et procureur audict
lieu informer Sur les articles a ceste fin dresséz par nostredict conseil attachéz à la dicte commission Sur la commo-

dité ou incommodité laquelle pourroit Ensuivre Sy en la
Ville d'orleans estoit erigé et estably ung ou plusieurs
Tabellionnaiges, En vertu de la quelle commission nostre
dict prevot eust faict information et Icelle renvoyée avec
l'advis de nosdicts avocat et procureur et aultres nos officiers audict orleans Par laquelle information et advis eussions congnu avec nostredict conseil que ladicte erection
de Tabellionnaiges Sy aulcune estoit faicte en ladicte ville
ne Seroit commode ne proufitable a nous ne a la chose
publicque de ladicte Ville Mais au contraire Seroit grandement preiudiciable et nuisible au bien publicq de la dicte
ville de laquelle nous desirons de tout nostre cœur l'augmentation et accroissement et Sy viendroit a diminution
de nostre domaine abolition et ruisne des offices des vingt
quatre notaires du chastellet dudict lieu desquelles nous
appartient la provision quand elles vacquent qui nous Sont
de grand proufit et Seroit par le moiën dudict Tabellionnaige annichillé les privilleges desdicts notaires qui peuvent
passer et recevoir tous contracts et actes par et au dedans
de ce Royaulme Terres et Seigneuries qui est pareil pri-
villege que celluy des notaires du chastel de Paris et d'une
mesme qualité, *Scavoir* faisons que nous ce considéré avons
par l'advis et deliberation des gens de nostre conseil y
estans avons dict et declaré, disons et déclarons que nostre
voulloir et intention et deliberation est tant pour le present
que pour le temps advenir qu'il ne Soit mis ne Erigé aulcuns Tabellion ou Tabellionnaige en ladicte Ville faulxbourgs ne banlicuë d'orleans et que lesdicts 24. notaires
du Chastellet d'orleans demoureront a tousiours en leurs
estats et offices de notaires et Jouissent de la grosse de
leurs contractz ainsy et en la forme et manière qu'ilz
et leurs predecesseurs ont cy-devant faict et qu'ils puissent
recevoir et passer tous contracts actes instrumens de les
grossoier doubler copier et delivrer Signéz aux parties ainsy
qu'ilz ont accoustumé pour eulx en ayder par les contrahans et aultres qu'il appartiendra. Et les quels estans
ainsi Signéz desdicts notaires feront plaine foy tout ainsy
que auparavant ledict Eedict nonobstant la publication que

avous par cy devant faict faire dudict Eedict en ladicte ville
d'orleans non adverty de leurs privileiges et confirmation
et quelzconques aultres declarations par nous faictes contraires a ces presente lesquelles par ces dictes presentes
nous avons revocquéz et adnullés revocquons et adnullons
Supliant et requerant très humblement nostre dict Seigneur et père qu'il luy plaise avoir agreable et approuver la presente nostre declaration Et deliberation, et en ce
faisant declarer ladicte Ville faulxbourgs et banlieuë et lesdictz notaires dudict chastellet d'orleans et leurs successeurs exemps dudict Tabellionnaige et non estre compris
en icelluy Eedict et qu'ilz et leurs successeurs iouissent de
leurs offices de notaires et grosse de leursdicts contracts
tout ainsy qu'ils ont accoutumé faire auparavant ledict
Eedict leur confirmant et approuvant tous leurs privilleges
droicts préhéminences a eux donnéz par sesd. predecesseurs roys de france, confirméz et approuvéz par luy Et sur
ce leur en octroyer Ses lettres en tels cas requises et perti-
nentes En tesmoing de ce nous avons Signé cesdictes presentes de nostre main et a icelle faict mettre et apposer
nostre Seel Donné à Reims le vingt-septiesme iour de iuillet
l'an 1544. ainsy Signé soubz le reply charles et sur le Reply
signé par monseigneur le duc bargensier.

Extraict des Registres des ordonnances Royaulx registrées en parlement.

VOISIN.

VI

Nanteuil, 6 août 1544. — Déclaration de François 1er
pour exempter les notaires au Chatelet d'Orléans
du tabellionage et confirmer leurs privilèges.
*(Archives de la Chambre des notaires d'Orléans, pièce
sur parchemin.)*

Francois par la grace de dieu Roy de france a Tous ceulx
qui ces presentes lectres verront Salut comme pour certaines bonnes et Justes causes avons cy devant par nostre
Eedict general dit, Statué et ordonné que doresnavant

Seroient instituez et establiz Tabellions es lieux pays et Seigneuries de nostre Royaulme et terres de nostre obéissance
es quelz n'y a aulcuns Tabellions par devers lesquelz les
notaires desdicts lieux Seroient tenuz envoyer les contracts
par eulx receuz pour les grossoier et delivrer aux parties
contrahantes et permis aux Seigneurs Barons et chastel-
lains de nostre dict Royaulme et pays user desdicts droicts
de Tabellionnaige, Suivant le quel nostre Eedict nostre tres
cher et tres amé filz charles duc d'orleans auroit faict faire
information par le prevot dudict orleans Sur la commodité ou incommodité qu'il pourroit avoir en mectant et
erigeant ung Tabellionnaige en sadicte Ville d'orleans et
par icelle information raportée par devers luy et communiquée à son conseil avec l'advis dudict prevot et aultres
ses officiers trouvé qu'il n'estoit commode ne utile pour
luy que l'erection et establissement dudict Tabellionnaige
se fist et que en ce faisant Il auroit très grande perte interest et dommaige tant à l'occasion de la diminution qui
s'en suivroit de la valleur des 24 offices de Notaires du
chastellet dudict orleans et perte des droicts et privilleges
desdicts notaires qui sont de pareille creation et privilleige
de passer contracts et actes par tout Nostre Royaulme
pays terres et seigneuries que ceulx de nostre chastellet
de paris que aussy pour ce que ladicte creation de tabellion tourneroit a la diminution des droicts et dommaine
de nostredict filz de ladicte Ville et de sa justice Au
moien de quoy auroit par bonne et meure deliberation
des gens de son conseil declairé son Voulloir n'estre qu'il
soiet mis et erigé ung ou plusieurs tabellionnaiges en
ladicte Ville d'orleans faulxbourgs et Banlieue d'icelle
mais au contraire qu'il veult et entend tant pour le
present que pour le temps advenir que lesdictz 24 notaires
du chastellet dudict lieu et leurs successeurs esdictz estatz
et offices de notaires soient et demeurent a tousiours en
leurs estatz et offices de Notaires sur aulcune innovation
et Immutation de leur antienne creation privilleiges et
droictz susdictz et joissent de la grosse de leurs contractz
comme Ilz faisoient auparavant ledict Eedict Nonobstant

que nostredict filz eust faict publier nostredict Eedict audict
orleans revocquant toutes declarations qu'il pourroit avoir
faictes contraires et prejudiciables ausdictz Notaires Ainsy
qu'il appert plus amplement par sesdictes lectres de declaration que avons cy faict attacher soubz le contre sceel de
nostre chancellerie lesquelles Icelluy nostredict filz nous a
supplié et requis voulloir avoir agréable et de nostre part
declarer sur ce nostre voulloir et intention, Nous à ces
causes inclinant liberallement à la requeste de nostredict
filz et voullant bien en luy satisfaisant en cest endroict
pourveoir par mesme moien au commun bien prouffict et
utilité de ladicte Ville d'orleans et après avoir eu sur ce
l'advis et deliberation des gens de nostre conseil privé
avons en aiant agréable la declaration d'icelluy nostredict
filz dict et declairé disons et declairons que en faisant par
nous ledict Eedict Sur le faict et erection desdictz Tabellionnaiges nous n'avons entendu ne entendons ladicte ville
d'orleans faulxbourgs et banlieuë d'icelle y estre aulcunne-
ment comprise ny entendue ne que en icelle Soit erigé mis
et estably ung ou plusieurs Tabellions ainsy les en avons
de nostre grace especial plaine puissance et auctorité Royal
exceptez et exemptez, exceptons et exemptons par lesdictes
presentes voulant que lesdictz vingt quatre notaires et leurs
Successeurs esdictz estatz Joyssent lors et pour le temps
advenir de la grosse des contracts qu'ils passeront comme
ils ont faict par cy devant et qu'ilz font de present et que
lesdictz contractz signez d'eulx soient de pareil effect et
vertu et que telle foy y soict adioustée comme il a esté
faict par le passé et auparavant ledict Eedict sans que
à l'occasion d'icelluy Eedict et publication qui en a esté
faicte audict orleans ne semblablement desdictes declarations sy aulcunnes avoient esté faictes par nostredict filz le
duc d'orleans qui ont esté par luy revocquez par ladicte
dernière déclaration comme dict est Il leur puisse estre
faict mis ou donné aulcun Ennuy destourbier ou empeschement en ce que dessus ne semblablement des droicts
privileiges et auctorités par nos predecesseurs et nous a
eulx octroyez et ausquelz vingt-quatre notaires dudict chas-

tellet d'orleans nous avons icculx droicts privilleiges et auc-
toritez d'abondant de nostre plus ample grace confirmez et
confirmons pour en Joyr par culx et leurs Successeurs
esdictz estatz ainsy qu'ils ont faict par cy devant et auparavant l'expedition et publication dudict Eedict, *Si donnons en mandement* par ces mesmes presentes à nos amez
et feaulx les gens de nostre cour du parlement a paris
Bailly dudict orleans ou son lieutenant que nos presentes
declaration vouloir intention et confirmation Ilz entretiennent gardent observent et facent entretenir garder et
observer les publier et enregistrer et du contenu cy dessus nostredict filz le duc d'orleans et lesdicts 24 notaires
Joir et uscr plainement et paisiblement cessant et faisant
cesser tous troubles et empeschemens au contraire Lesquelz sy faictz mis ou donné leur avoient esté ou estoient
le reparent et remectent ou facent reparer et remectre
incontinant et sans delay au premier estat et deu. Car tel
est notre plaisir Nonobstant ledict Eedict et publication
faicte d'icelluy en la dicte Ville d'orleans, Ensemble les
declarations sy aulcunes ont esté faictes par nostre filz, a
ceste fin que ne voullons nuire ne prejudicier à l'effect et
contenu de ces dictes presentes et quelzconques ordonnances
mandemens ou deffences à ce contraires. En tesmoing
de ce nous avons faict mectre nostre sceel à ces presentes
Donné à Nantheuil le Sixiesme d'aoust l'an de grace mil
cinq cens quarante quatre et de nostre regne le trentiesme
ainsy Signé par le roy de l'aubespine lecta publicata et
registrata audito procuratore generali regio Parisiis in parlamento duodecima die augusti anno domini millesimo
quingentesimo quadragesimo quarto Ainsy Signé Berruyer.

Extraict des Registres des ordonnances Royaulx registrés en parlement.

Voisin.

VII

Nanteuil, aout 1544. — Lettres de François Ier portant
confirmation des privilèges des notaires au Chatelet
d'Orléans et commettant leurs causes par devant
les bailly et prévot conservateurs des privilèges de
l'Université. (*Archives de la Chambre des notaires
d'Orléans*, pièce sur parchemin o^m 66 × o^m 35.)

François par la grace de dieu Roy de france Savoir faisons à tous présens et advenir. Nous avoir receu l'humble
supplication de nostre très cher et très amé filz Charles
duc d'orleans et d'angoulmois contenant que d'ancienneté
noz predecesseurs roys de france créèrent ordonnèrent et
establirent par bonne et meure deliberation quinze notaires
au chastellet dudit orleans pour le bien prouffict et utillité
de la chose publicque Tant de ladicte ville que de nostre
roiaume et ce à l'instar et forme de ceulx du chastellet de
nostre ville de paris et pour plus les rendre conformes
leur donnèrent concédèrent et confirmèrent nosdicts predecesseurs et mesme le feu roy philippes le bel en l'an mil
trois cens et deux telz et semblables previlleiges statuz
Immunitez libertez et franchises que ont les notaires dudict
chastellet de paris : Mesmement de pouvoir passer et recevoir tous contractz testamens Inventaires et autres actes
concernans et deppendans dudict estat et office de notaire
generallement par tout nostre roiaume Lesquelz privilleiges
leur ont esté depuis par nous continuez et confirmez et
encores puis naguères aiant creu et augmenté ledict nombre
ancien desdicts quinze notaires de neuf offices de notaires
pour parfaire jusques au nombre de vingt-quatre avons
continué et confirmé à tous lesdicts vingt quatre notaires
Iceulx previlleiges franchises libertez et Immunitez de
sorte que lesdicts notaires en ont Joy et Usé comme Ilz
font encores de présent plainement et paisiblement et sans
aucun contredit ne empeschement Et pour ce que nous
avons puisnaguères délaissé à nostredict filz ledict duché
d'orleans ses appartenances et deppendances pour partie

de son appanage Et que à l'occasion de ce que l'on voul-
droit par adventure cy après troubler et empescher lesdicts
vingt quatre notaires en la Joyssance des dessusdicts previlleiges et mesmes de pouvoir passer recevoir et grossoier
tous contractz testamens Inventaires et autres actes deppendans de leursdicts offices par tout nostre roiaume suivant la teneur de leursdicts previlleiges nostre filz le duc
d'orleans qui désire les veoir confirmez et entretenuz en
Iceulx sans que à l'occasion dudict appanaige à luy faict
Ilz puissent encourir en aucune diminution de leursdietz
estatz et offices previlleiges libertez et dignitez susdictes
nous a humblement supplié et requis voulloir pour plus
grande conservation et approbation d'iceulx faire déclaration sur ce de noz voulloir et Intencion Et davantaige con-
siderant que Iceulx vingt quatre notaires sont erigez à
l'instar et forme de ladicte ville de Paris et doivent Joyr
des mesmes previlleiges que font ceulx d'icelle ville Lesquelz ont leurs causes commises pardavant Le prevost dudict
paris dont touteffois lesdicts vingt quatre notaires n'ont
encores Joy pour leur regard enquoy se treuvent seullement différends de ceulx dudict paris nostre plaisir soit
affin qu'ilz ne soient en riens moins favorisez et advan-
taigez que lesdicts notaires de paris leur octroier qu'ilz
aient en semblable leurs causes commises pardevant les
bailly et prevost conservateurs des previlleiges roiaulx de
l'université dudict orleans et à ceste fin leur Impartir nostre
grâce Nous à ces causes Inclinant liberallement à la supplication et requeste de nostre filz et voullant bien luy
gratiffier et satisfaire en cest endroit et aussi entretenir lesdicts vingt quatre notaires en leursdicts previlleiges franchises libertez et Immunitez ainsi que les bons et agréables
service qu'ilz ont cy davant faictz et font chacun Jour a
la chose publicque en l'exercice de leursdicts offices le
meritent Avons par l'advis et délibération des gens de
nostre conseil prins dit et declairé disons et declairons que
nostre voulloir et Intention est que Iceulx XXIIII notaires
dudict orleans Joyssent des mesmes previlleiges franchises
et Libertez dont Ilz ont Joy et Usé par cy davant et aupa-

ravant ledict appanaige par nous faict à nostre filz Et tout
ainsi qu'il est contenu et declairé et continuations et confirmations d'iceulx privilleiges cy attachées soubz le contre
scel de nostre chancellerie et lesquelz previlleiges franchises et Immunitez nous avons à Iceulx XXIIII notaires
en tant que besoing est ou seroit de rechef confirmez ratiffiez et approuvez Confirmons ratiffions et approuvons voullons et nous plaist qu'ilz et leurs successeurs esdicts offices
puissent et leur loyse eulx transporter en toutes les villes
lieux terres et seigneuries de nostre roiaume pour y recevoir passer et grossoyer pour toutes et chacunes les personnes dont Ilz seront requis Toutes lettres Testamens Inventaires contractz et autres actes et Instrumens deppendans de
leursdicts estatz et offices de notaires ainsi qu'ilz ont fait
et accoustumé faire auparavant ledict appanaige pourveu
touteffois que pour l'exercice de leursdicts offices Ilz ne se
habitueront ou feront leur résidence ailleurs que en ladicte
ville d'orleans et faulxbourgs d'icelle Et affin que lesdicts
notaires qui ont esté erigez à l'instar de ceulx de ladicte
ville de paris comme dit est ne soient en riens différens
d'eulx et Joyssent d'autant de preheminance et libertez que
font ceulx dudict paris Avons d'abondant de nostre grâce
especiale pleine puissance et auctorité roial dit declairé et
ordonné disons declairons et ordonnons voullons et nous
plaist que Iceulx vingt quatre notaires et leurs successeurs
esdicts offices aient toutes et chacunes leurs causes personnelles et possessoires tant en demandant comme en defen-
dant (ou touteffois sera question des choses estans au dedans
du bailliage et prevosté d'orleans et anciens ressorts
d'iceulx) commises par davant lesdicts bailly et prevost
conservateurs des previlleiges roiaulx de l'université dudict
lieu ou leurs lieutenans à chacun d'eulx sans que pour raison desdictes causes Ilz ne leursdicts successeurs puissent
ores ne pour le temps advenir estre traictez ne convenuz en
première Instance par davant autres Juges que lesdicts
bailly et prevost conservateurs susdicts ou leurs lieutenans.
Si donnons en mandement par ces mesmes presentes à nos
amez et feaulx conseillers Les gens tenant nostre court de

parlement à paris et ausdicts bailly et prevost du chastellet
où leurs lieutenans que nos presens grace declaration voulloir confirmation et approbation Ilz entretiennent gardent
et observent facent entretenir garder et observer Lire publier et enregistrer Et de tout le contenu cy-dessus nostre
filz et les vingt quatre notaires et leursdicts successeurs
Joyr et User plainement et paisiblement et perpetuellement
sans en ce leur faire mectre ou donner ne souffrir estre fait
mis ou donné aucuns destourbier ou empeschement au-
contraire Lesquelz si faict mis ou donnez leur avoient esté
ou estoient les reparent et remectent ou facent reparer et
remectre Incontinant et sans delay au premier estat et deu
Car tel est nostre plaisir Nonobstant quelzconques ordonnances mandemens ou deffences à ce contraires Et pour ce
que de ces presentes l'on pourra avoir affaire en plusieurs
et divers lieux nous voullons que au vidimus d'icelle fait
soubz seel roial foy soit adjoustée comme à ce present original. Auquel affin que ce soit chose ferme et estable à
tousiours nous avons fait mectre nostre seel. sauf en autres
choses nostre droit et l'autruy en toutes. donné à Nantueil
Ou mois de Aoust L'an de grâce Mil cinq cens quarante
quatre et de nostre regne le trenteiesme.

(Sur le repli :) Par le Roy de l'Aubespine.

Lecta publicata et registrata audito procuratore generali
regio ad hoc consentiente parisiis in parlamento quarta
decima die augusti anno domini millesimo quingentesimo
quadragesimo quarti (Signé :) Berruyer.

Visa contentor Coctier.

VII *bis*

Blois, décembre 1550. — Lettres de Henri II confirmant aux notaires du Chatelet d'Orléans « les privilèges, exemptions, libertés et franchises a eux concédés et octroyés par nos prédécesseurs même par le feu roy nostre très honnoré seigneur et père que Dieu absolve. »

Les termes de ces lettres étant à peu près semblables à ceux des lettres précédentes, il est inutile de les reproduire.

La Chambre des Notaires d'Orléans possède, dans ses archives, une expédition originale sur parchemin, mesurant $0^m51 \times 0^m24$, des lettres de 1550. Sur le repli est écrit : « Par le Roy, Clausse » et plus bas « Visa ».

Deux copies existent aux Archives départementales du Loiret, l'une collationnée par Brachet, notaire et secrétaire du Roi, sous la cote C. 115, l'autre dans la série E. en cours de classement.

VIII

Orléans, 12 décembre 1580. — Déclaration de Guillaume de Maulvault, commissaire député, reconnaissant qu'il n'y a pas lieu, a Orléans, de réunir le tabellionnage au domaine du Roi. (*Archives départementales du Loiret*, C. 115 et   . (en cours d'inventaire) : deux copies collationnées sur parchemin).

Guillaume de Maulvault conseiller du roy en la court de parlement à Paris commissaire deputté de par le Roy pour l'exécution de l'éedict du mois de Mars dernier contenant la réunion au dommaine de sa majesté des greffes clercs d'iceux sceaux tabellionnages et gardenottes de ce royaulme vente et revente d'iceux et de la declaration depuis faicte par sadicte majesté pour l'esclaircissement d'aulcuns poinctz mentionnez suivant le pouvoir à nous donné par lettres patantes et commission à nous adressée du douxiesme Jour

de septembre dernier passé salut Scavoir faisous que pour
l'occasion dudict cedict declaration faicte sur icelluy memoires instructions et contract faict avecq Claude de la
Bistrade bourgeois de paris Le procureur du roy en ceste
partie ayt en vertu de nostre commission du vingt
deuxiesme jour d'octobre dernier faict adjourner par Estienne Gasset sergent exploictant par tout le royaulme de
france par exploicts des vingt huict et vingt neuf iesmes
jours de novembre aussy dernier passé Les notaires royaux
au Châtellet d'orleans à comparoir par devant nous en
nostre hostel seis au cloistre de l'église Saincte croix de la
ville d'orleans ledict vingt neuf iesme Jour de Novembre
heure de deux heures de rellevée pour veoir procedder à
l'exécution dudict cedict et réunion au domaine du roy du
tabellionnage pretendu en la ville et banlieue dudict orleans
anexé à leurs estats et aultres fins contenues esdictes lettres
de commission Auquel jour et heure seroient lesdicts notaires comparus par devant nous et sur les remonstrances
qu'ilz nous auroient faictes pour estre deschargez de ladicte assignation Aurions ordonné qu'ilz bailleroient leurs
dictes remonstrances par escript et ce que bon leur semble-
roit dedans le lendemain pour le tout communiqué audict
procureur du roy estre ordonné ce que de raison suivant
lequel nostre jugement auroient lesdicts notaires baillé par
escript leursdictes remonstrances inscrites en nostre procès
verbal et icelles avecq leursdictz tiltres et lettres de provisions mis par devers nous qui auroient de nostre ordonnance esté communiquées audict procureur du roy lequel
auroit sur icelles et après avoir veu lesdicts tiltres pris ses
conclusions Veu par nous nosdictes lettres de commission
dudict vingt deuxiesme octobre dernier exploicts faicts en
vertu d'icelle lesdicts vingt huict et vingt neuf iesmes novembre aussy dernier passé nostredict appoinctement dudict vingt neuf iesme novembre lesdicts cedict declaration
memoires et instructions lettres patentes en forme de
chartes et declarations faictes par les Roys Loys douxiesme
au mois de may mil cinq cens douze françois premier dudict mois de decembre mil cinq cens dix neuf, Juillet mil

cinq céns trente neuf, sixiesme aoust mil cinq cens quarante quatre veriffiées en la court de Parlement a paris oudict mois d'Aoust mil cinq cens quarante quatre et par
Charles duc d'orleans le vingt sept iesme Jour de Juillet
aussy oudict an mil cinq cens quarante quatre Par lesquelles il est dict que en ladicte ville d'orleans ny banlieue
ny aura aulcun tabellionnage que les notaires d'icelle ville
auront pouvoir de recepvoir passer grossoier et delivrer
tous les contractz actes Inventaires et partages qu'ilz recep-
vront par tout le royaulme de france lettres de provision en
offices desdictz notaires Les acquitz de la finance par eux
païée pour obtenir leursdictes provisions Les remonstrances
à nous faictes par les maire et eschevins de la Ville d'orleans
pour L'interest de ladicte Ville remonstrances et conclusions tant desdicts notaires que dudict procureur du roy
et tout considéré Avons dict et declaré disons et declarons
qu'il ny a lieu de réunion de tabellionnage au dommaine
au proffict du roy en la Ville et banlieue d'orleans et en ce
faisant avons deschargé et deschargeons lesdictz notaires
de la dicte assignation faict à orleans le douze^me Jour de decembre mil cinq cens quatre vingts Ainsy signé debourges
et scellées du seel des armes dudit sieur de Maulvauit.

IX

Paris, décembre 1584. — Lettres de Henri III confirmant
les privilèges des notaires au Chatelet d'Orléans.
(*Archives départementales du Loiret,* C. 115 et E., (en
cours de classement) : deux copies collationnées sur
parchemin.)

Henry par la grace de dieu Roy de france et de poul-
longue à tous presens et advenir salut nos chers et bien
amez les notaires et tabellions royaux du chastellet de notre
Ville d'orleans Nous ont faict remonstrer que par nos predecesseurs roys leur ont esté donnez et octroiez plusieurs

beaux previlleiges... (1) et iceux creez et establiz à l'instar
et conformité de ceux du chastellet de notre Ville de Paris
et lesquelz depuis leur ont esté par nos predecesseurs confirmez... desquels lesdictz supplians ont par cy devant bien
et deuement Jouy et Usé comme ilz font encores de present
Mais Ilz doubtent que au moien de ce qu'ilz n'ont eu de
nous aulcunes lettres de don confirmation de leursdictz previlleiges nos officiers ou aultres Leur voulsissent a ladvenir
en la Jouissance d'Iceux donner aulcun destourbier ou empeschement si sur ce par nous ne leur estoit pourveu de nos
lettres de confirmation nécessaires *Pour ce est il* que nous
desirant favorablement traicter lesdicts supplians..... A
iceux avons tous et chascuns leursdicts previlleiges exemptions libertez et franchises a eux conceddez et octroiés par
nosdictz predecesseurs .....loués confirmés ratiffiés et approuvés et par la teneur de ces presentes de nostre grace
especial plaine puissance et auctorité royal louons confirmons ratiffions et approuvons.....*Sy donnons en mandement* par ces presentes à nos amés et féaux conseillers, les
gens de nostre court de Parlement Bailly et prevost d'orleans..... que de nos presente grace confirmation ratiffication et approbation et du contenu de cesdictes présentes Ilz
facent souffrent et laissent lesdicts supplians et leursdicts
successeurs Jouir et User plainement et paisiblement.....
et pour ce que de cesdictes presentes et contenu esdictz privilleiges on pourra avoir a besongner en plusieurs et divers
lieux Nous voullons que au vidimus d'Icelle faict soubz
seel royal foy soit adionstée comme aux originaux et affin
que ce soit chose ferme et stable a tousjours Nous avons
faict mettre nostre seel a cesdictes presentes..... donné à
Paris au mois de decembre l'an de grace mil cinq cens
quatre vingts quatre et de nostre regne le unze iesme Ainsy
Signé par le roy Gourdon, Visa contantor Poussepin et
scellées du grand seel de sa majesté en lacqs de soye et sur
le reply est escript ce qui ensuict registré ouy le procureur

(1) Les formules étant toujours les mêmes, nous en supprimons
une partie pour ne pas répéter trop souvent les mêmes choses.

général du roy Comme il est contenu ou registre de ce Jour à Paris en parlement le dix sept iesme Jour de Janvier L'an mil cinq cens quatre vingts cinq signé de Hèves (?)

X

Paris, 14 octobre 1597. — Arrêt du Conseil déchargeant les Notaires au Chatelet d'Orléans de l'exécution de l'édit de mai 1597 relativement a la suppression de leurs offices, mais leur enjoignant de payer 200 écus chacun pour l'hérédité. (*Archives de la Chambre des Notaires d'Orléans*, placard imprimé 0ᵐ29 × 0ᵐ44, avec additions manuscrites. Une copie manuscrite est déposée aux Archives du Loiret, E (en cours d'inventaire).

Extraict des Registres du Conseil d'Estat

Le Roy en son Conseil sur les remonstrances faictes à sa Maiesté, que les Notaires des Chasteletz de Paris et Orléans ont particulièrement estez créez et establiz par les Roys ses predecesseurs, avec beaucoup de grandz et beaux previlleges, dont ilz ioissent de tout teps et ancieneté, entre aultres de grossoyer tous contractz, obligations et instrumens par eulx receuz et passez, Avoir la garde et conservation de leurs nottes et minuttes, bailler commissiõ sur les obligations qu'ilz recoyvent, pour les faire executer par tous les lieux et endroictz, ou sont demourans les parties obligées, et plusieurs autres libertez, dont aucuns autres Nottaires de ce Royaume ne iouissent et ne sont fondez, Nayant à ceste occasion esté compris par les Eedictz dès creations de Tabellions et gardenottes cy-devant faictz, desquelz ilz sont demourez exemptz, Comme encores ilz pretedent debvoir estre exceptez de l'Eedict naguères faict par sa Majesté, au mois de May dernier, pour la supression de tous les offices de Notaires leur reunion à son Domaine, pour estre vendue hereditairement, avec le tiltre et quallité de Tabelliõ et Gardenottes, tant pour les raisons susdictes, que pour ce que ledict Eedict a esté faict pour rendre tous les autres Nottaires seblables à eux, et leur bailler pouvoir de grossoier

leurs expedictions, et garder leurs registres et minuttes,
ioinct que la plus part desdictz Notaires desdictz Chasteletz
de Paris et Orlã ont acquis les survivances de leurs offices, tant de sadicte Majesté que de sesdictz predecesseurs
qu'en tout evenement ledict Eedict ne leur pouvoit aporter
ny attribuer autre advantaige que la seulle heredité, soubz
pretexte de laquelle il ne seroit raisonnable de les traicter
ainsy que lesdicts autres notaires, par la vete de leursdictz
offices, les en desposeder, et de leurs minuttes et registres,
par le moyen de leur rembourcemet pour leur exposer en
vente, au plus offrãt et dernier encherisseur, contre la teneur de leursdicts previlleges, consideré que outré la perte
et dommaige qu'ilz en recéveroient en General, plusieurs
d'etre eux seroient du tout ruinez, n'ayant autre bien que
leursdictz offices dont ilz maintienent leurs familles, et desquelz ilz n'ont poinct de quittance de Finance payée, soit à
sa Majesté, ou à ses Predecesseurs, les ayans bien cherement
accheptez de personnes à qui sadicte Majesté et sesdicts predecesseurs en avoient faict don, en récompense de leurs
services, desquelles ne leur seroit faict aucun rembource-
ment ou sy peu qu'il ne viendroit au tiers de ce qu'ilz en
ont payé d'avãtage que les meilleurs et plus notables familles desdictes ville de Paris et Orleãs, ausquelles se faict
beaucoup plus grãdes negotiations, Contractz, et commerces
qu'en toutes les autres villes de cedict Royaume, ont très
grãd interestz que les minutes des contractz qui les con-
sernent, demeurent és mains des Notaires qui les ont passées, de la congnoissance et fidellité desquelz ilz sont très-
asseurez que tous les autres Notaires et villes ne peuvent
avec raison tirer consecquence de ceste gratiffication
n'estant come dict est fondez en mesmes previlleges, ne de
tel respect et consideration que lesdictes villes de Paris et
Orléans. *Sa Majesté en sondict Conseil* desirant bien et favorablement traicter lesdictz Notaires desdicts Chastelletz de
Paris, et Orléans, Et les maintenir en la iouissance et po-
cession de leurs previlleges, espérant qu'ilz seront d'aultant
plus affectionnez et dispossez à secourir la necessité de ses
affaires, et ayder au payement de ce qui est par elle deub

aux Suisses, en faveur desquelz ledict Eedict a esté faict et
resolu en lassemblée dernièrement tenue en la ville de
Rouen, pour le bien et utilité de cest estat. A declaré, veult
et ordonne que lesdicts Notaires desdictz Chastelletz de Paris et Orléans ne serõt compris audict Eedict, duquel elle les
a exeeptez et reservez, fors de l'heredité contenue en icelluy, pour laquelle sadicte Majesté a ordonné, et ordonne,
que lesdictz Notaires de Paris et Orléans seront tenuz de luy
payer la somme de deux cens escuz chacun. A laquelle
somme sadicte Majesté en sondict Conseil, les a taxez pour
ladicte heredité, et icelle mettre es mains du Commis à la
recepte Generalle des deniers provenant dudict droict, ung
mois apres que le present Arrest aura esté signiffié, à leurs
Procureurs et scindicqz, pour tous lesdictz Notaires, duquel
ilz retireront quitance, pour sur icelle leur estre par lesdicts
Cõmissaires deputtez par sadicte Majesté pour l'execution
dudict Eedict, esdicts lieux de Paris et Orléans, passé contract de ladicte heredité de leursdictes offices pour en iouyr
cy apres hereditairement eulx leurs successeurs et ayans
cause, et en disposer à leur vollonté comme de leur acquest,
et a faulte d'avoir par lesdicts Notaires payé ladicte somme
de deux cens escuz chacun, après lesdictes signifficatiõs et
ledict temps passé *Ordonne* sadicte Majesté qu'ilz y seront
particullierement contrainctz comme pour ses propres deniers et affaires, nonobstant oppositions, ou appellations, et
sans preiudice d'icelles, desquelles elle a retenu et reservé
la congnoissance à elle et à sondict Conseil d'Estat, icelle
interdicte et deffenduë à toutes ses Cours de Parlement, et
autres Juges quelzconques. *Veult* en oultre sadicte Majesté,
que ledict Eedict soit entièrement executé par tous les
aultres lieux et endroits de ce Royaume, selon sa forme et
teneur. *Faict* au Conseil d'estat du Roy tenu à Paris, Le
quatorze-iesme iour d'Octobre, mil cinq cens quatra vingtz
dix sept. Ainsi Signé.

MELIAND.

Collaõn faicte a l'original par Moy Greffier soubz^{né}. Le vingtz
huictiesme Janvier l'an mil Cinq cens quatre vingtz dix huict.

HERPIN.

XI

Paris 29 janvier 1611. — Arrêt du Conseil d'État du Roi déclarant que les offices des notaires au Chatelet d'Orléans ne sont pas domaniaux. (*Archives de la Chambre des Notaires d'Orléans*, pièce sur parchemin 0^{m}53 × 0^{m}32.)

Extraict des Registres du Conseil d'estat

Sur la requeste présentée au roy en son conseil par les Notaires Royaulx du chastellet d'orleans Et Les Maire et Eschevins dudit Orleans Joinctz avecq eux a ce qu'ayant esgard que lesdits Notaires ont esté creez a l'instar et avecq mesmes privileges que les notaires du chastellet de Paris Nayant oncques esté domaniaulx ny subjectz a réunion au domaine de sadicte Majesté Ainsy qu'il appert par Les Lettres de leurs privilèges conceddez par les feuz Roys Arrestz et Jugements cy devant donnez sur l'execution des Edits de Réunion Vente provenant des offices de notaires et tabellions de ce Royaulme ayant tousjours lesd. notaires d'orleans esté Comme ceux de Paris declarez non domaniaulx ny subjectz a lad. reunion. N'estant raisonnable que soubz pretexte de l'hereditté desd. offices que lesd. Notaires ont esté contrainctz achepter Ilz soient tenus preputtez domaniaulx. En ayant par tous les Editz cy devant faitz pour Les Ventes et reunions du domaine de sa Majesté et de lad. hereditté esté exceptez. Il pleust au Roy ordonner qu'ilz Jouiront de leursd. offices Comme non domaniaulx Ainsy qu'ont fait et font ceux de la Ville de Paris et soient eux deschargez des taxes que l'on veut faire sur les Notaires de ce Royaulme Veu les lettres de Confirmation des privileges desd. Notaires d'Orleans du feu Roy françois premier du mois d'aoust 1544. Confirmatives d'autres precedentes par eux obtenues dès le règne du Roy Philippes Le Bel et Arrest du Conseil du xiiie jour d'Octobre 1597. L'ordonnance des Commissaires à l'execution de l'Edit de réunion au domaine des Greffes sceaulx et tabellionnaiges de l'année 1580. Autre Ordon-

nance desd. Commissaires du dix neuf^me May 1601 à la revente dudit domaine en l'estendue du parlement de paris.
Lesd. ordonnances portant renvoy et descharges des assi-
gnations données ausd. Notaires Comme n'estant leurs offices domaniaulx Le Contract fait par sa Ma^te Le xxvi^e
Septembre vi^e neuf avecq Mes Claude Barbin et Martin Lefebvre pour le supplément de l'hérédité et réunion des
offices de Notaires en l'estendue d'aucuns parlemens, La
Requête présentée à sa Ma^te Le dix neu.^me decembre vi^e
neuf par lesd. Notaires d'orleans affin de les faire Jouir de
leursd. privilèges L'arrest du conseil du xxviiie d'aoust dernier et après que lesd. Barbin et Le Febvre ensemble Michel
Bazin et Estienne Chaussier procureurs desd. Notaires d'orleans ont esté ouys. *Le Roy en son conseil a déclaré et déclare* lesd. offices de Notaires d'orleans non domaniaulx ny
subjectz a Reunion Ordonné que les possesseurs d'Iceux en
Jouissent tout ainsy qu'ilz ont cy devant fait et font encores
de present et neantmoings que pour le supplément du
droit d'hereditté cy devant vendu ausd. Notaires d'orleans
ensemble pour celuy de Confirmation deu à sa Ma^te pour
son advennement à la Couronne Ilz payeront les sommes
esquelles Ilz ont esté taxez audit Conseil qui leur tiendront
lieu de finance sans qu'à cause dud. payement leursd.
offices puissent à l'advenir estre reputtez domaniaulx ny
subiectz a reunion Ains pourra Sa Ma^te faire cesser lad.
hereditté en les remboursant de la finance payée pour Icelle
hereditté et loyaux coustz Et ce faisant demeureront lesd.
offices de Notaires au nom de ceux qui en seront lors pourveus subjectz aux parties Casuelles de sad. Ma^te Fait au
Conseil d'Estat du Roy tenu à Paris le vingt neuf^e jour de
Janvier mil six cent unze.

MALICE.

XII

Versailles, 10 février 1780. — Lettres d'honneur pour Monsieur Chappe. (*Archives de la Chambre des Notaires d'Orléans*, cinquième registre des Délibérations de la Communauté des Notaires au Châtelet, f° 19.)

Louis par la grâce de Dieu Roy de france Et de Navarre A notre amé Et féal Conseiller Notre Bailly D'Orleans, ou son Lieutenant Général et autres Officiers qu'il appartiendra, salut Notre amé Jacques Philippe Chappe Nous a fait Exposer qu'il a rempli avec autant d'application Et De Zèle que d'intégrité les fonctions de L'Etat Et Office de Notre Conseiller Notaire au Châtellet D'orleans pendant plus de quarente quatre années Consécutives à Compter du trois février mil sept Cent Trente Cinq qu'il a Eté Reçu En Conséquence des provisions qu'il En avoit obtenu de notre très Cher Et très aimé Cousin Le Duc d'Orleans premier Prince de Notre Sang Le vingt quatre Janvier Mil sept Cent Trente Cinq Jusqu'au quinze Decembre mil sept Cent soixante Dix Neuf. Que s'en Etait Demis, Le sieur Martin Bruslé son gendre y a été reçu En son lieu Et place, que ledit Exposant, Sous Doyen de sa Communauté a succédé à Pierre Thué son oncle Maternel qui avoit Exerçé Ledit Etat de Notaire pendant vingt deux ans, Lequel Etoit fils de Pierre Thué ayeul dudit Exposant decedé Doyen desdits Nottaires au Châtelet D'orleans après avoir exercé ledit Etat de Notaire pendant Cinquante trois ans Et que lui-même Etoit fils de Philippe Thué Bisayeul dudit exposant qui avoit pareillement exercé ledit Etat de Notaire pendant vingt deux ans, et qu'en outre Etienne Thué oncle dudit Exposant, Et qui etoit aussy fils dudit Pierre Thué ayeul Dudit Exposant avoit de même exercé ledit Etat de Notaire audit Châtellet D'Orléans pendant Trente Neuf années.

Et Dans Ces Circonstances Nous avons crû devoir Luy donner des preuves de la satisfaction que nous avons de la probité Et distinction avec Lesquelles il a ainsy que sesdits Ancêtres maternels, Exerçé les fonctions dudit Etat et office

De Notaire audit Châtellet D'orléans, A ces Causes Et pour
autres Considerations de notre Grace spéciale pleine puissance Et autorité Royale, Nous avons permis Et accordé par
ces présentes signées de Notre main Permettons Et accor-
dons audit Jacques Philippe Chappe, Voulons Et nous plait
que nonobstant La Resignation qu'il a faite de sondit office
il puisse Toujours se dire Nommer Et qualifier En tous actes
Et en toutes Occasions tant en Jugement que dehors notre
Conseiller Notaire honoraire au Châtellet D'orleans, Et
qu'en cette qualité il Jouisse de tous les honneurs prerogatives preeminences franchises Immunités, privilèges et
Exemptions attachés audit Office et dont il a joui ou du
jouir avant sa Resignation sans Neanmoins pouvoir faire
aucunes fonctions de Notaire. Luy permettons En outre
D'assister Et prendre place à laditte Communauté des Notaires au Châtellet d'orléans aux assemblées ordinaires de
laditte Communauté Si vous Mandons que ces presentes
vous ayez à faire Registrer Et de leur contenu faire jouir Et
user ledit Chappe pleinement, paisiblement, Cessant Et faisant cesser tous troubles Et Empêchements à ce Contraires
car tel Est notre plaisir, Donné à Versailles Le Dixième Jour
de fevrier L'an De Grace Mil sept Cent quatre vingt Et de
notre Règne Le sixième signé Louis Et plus bas Par Le Roy
Amelot ; A Côté est Ecrit Registré en Greffe Du Baillage
Civil D'orleans En Execution De L'ordonnance de Ce jour-
d'huy Dix sept fevrier mil sept Cent quatre vingt signé
Brusneau.

INDEX

DES NOMS CITÉS DANS LE CORPS DE L'OUVRAGE

(EN DEHORS DES DIVERSES LISTES DE NOTAIRES)

D

Orléans. — Imprimerie Moderne

DESACIDIFIÉ
A SABLE : 2001

www.ingramcontent.com/pod-product-compliance
Lightning Source LLC
LaVergne TN
LVHW021118050726
842519LV00002B/280